本书获南通大学人文社科精品著作工程重点资助

经济管理学术文库·经济类

汇率制度、汇率行为与贸易收支调整

Exchange Rate Regime, Exchange Rate Behavior and Trade Balance Adjustment

印 梅／著

图书在版编目（CIP）数据

汇率制度、汇率行为与贸易收支调整/印梅著. —北京：经济管理出版社，2017.2
ISBN 978－7－5096－4932－9

Ⅰ.①汇…　Ⅱ.①印…　Ⅲ.①人民币汇率—货币制度—研究　Ⅳ.①F832.63

中国版本图书馆 CIP 数据核字（2017）第 025210 号

组稿编辑：曹　靖
责任编辑：杨国强　张瑞军
责任印制：黄章平
责任校对：王淑卿

出版发行：经济管理出版社
　　　　　（北京市海淀区北蜂窝 8 号中雅大厦 A 座 11 层　100038）
网　　址：www.E-mp.com.cn
电　　话：（010）51915602
印　　刷：北京玺诚印务有限公司
经　　销：新华书店
开　　本：720mm×1000mm/16
印　　张：12.25
字　　数：234 千字
版　　次：2017 年 2 月第 1 版　　2017 年 2 月第 1 次印刷
书　　号：ISBN 978－7－5096－4932－9
定　　价：58.00 元

·版权所有　翻印必究·
凡购本社图书，如有印装错误，由本社读者服务部负责调换。
联系地址：北京阜外月坛北小街 2 号
电话：（010）68022974　　邮编：100836

序

　　2005年7月的人民币汇率制度改革与当时我国贸易收支失衡的背景有着密不可分的联系。汇率制度改革以后的贸易收支效应问题得到了持久、广泛的关注。明晰汇率制度、汇率行为与贸易收支的关系，无论对汇率制度的完善、汇率调节还是对促进贸易收支均衡、促进经济发展都具有非常重要的意义。本书通过理论分析、历史分析以及实证分析从国别视角探讨了人民币汇率制度转换、汇率行为变化对我国贸易收支的影响，并基于研究结论对现行汇率制度下的汇率制度完善、汇率调整与贸易收支均衡等问题提出了建议。

　　本书首先构建了汇率制度、汇率行为与贸易收支的理论分析框架。通过理论分析阐明汇率制度、汇率行为与贸易收支之间的内在联系，将研究汇率制度与贸易收支的问题转化为研究汇率行为与贸易收支的问题。其理论研究结果表明，进出口价格是连接汇率行为与贸易收支的重要桥梁；基于汇率弹性推导的判定条件与基于供求价格弹性的判定条件具有共通性，从而为后续的实证分析奠定了基础。

　　国内外研究显示，汇率制度、汇率行为与贸易收支有着千丝万缕的联系，那在人类历史进程中，汇率制度变迁与贸易收支的关系又经历了怎样的演变呢？从国际货币体系演变的历史看，汇率制度的更迭往往伴随着世界政治、经济格局的演变，导致各国货币关系的重塑，贸易政策的变更，对各国的贸易收支产生了深远的影响。世界上不存在最佳汇率制度，对一国而言，最合适的汇率制度即是最好的汇率制度。从人民币汇率制度变迁的历程看，人民币汇率制度与贸易收支关系的紧密程度、贸易主体对汇率行为的重视程度会根据历史时期的不同而变化。但历史实践表明，贸易收支通常都是人民币汇率制度沿革、汇率调节中需着重考虑的因素。随着国际经济联系不断深化，汇率政策服务对象和汇率影响因素多元化一定程度上减弱了汇率政策对对外贸易的"服务"意识，但在市场机制下，汇率因素作为影响涉外经营利润的主要因素之一，却愈加受到微观贸易主体的重视。

在经过理论分析以及历史分析之后，本书采用经验数据分别从总体分析、国别分析两个维度论证了汇率行为与进出口贸易价格的关系，并以此界定了我国贸易进出口中定价能力的强弱。本书认为，人民币汇率行为对进出口价格的传递具有的差异性反映了出口国资源、产业发展的比较优势以及进口国资源、产业发展的比较劣势状况。

继汇率与贸易价格关系的论证之后，本书转向探索汇率行为与贸易收支之间的联系。汇率与贸易收支余额的关系是个经典的研究议题，本书理论部分在打通汇率、价格以及贸易收支关系的基础上，直接论证了汇率行为变动与进出口贸易以及贸易余额之间的关系，并且分析了双边贸易收支短期偏离向长期均衡调整的时间区间。

我国对主要进出口贸易伙伴的进出口份额均呈现下降趋势，对部分新兴市场国家的贸易比重呈上升趋势，进出口市场分散度都呈不断递增的趋势。其中，进口市场分散程度更高，市场结构不断优化降低了对外贸易的风险，符合国家的指导方向。本书的实证检验表明，汇率行为对市场分散度的影响主要是汇率波动的影响，有效汇率波动增加，进出口市场分散度不同程度下降，汇率波动状况对贸易渠道的选择具有重要的影响。

综上所述，无论是理论分析、历史回顾，还是实证检验均表明，汇率制度、汇率行为与贸易收支都有着或松散或紧密的联系，那么现行汇率制度下的汇率调整与贸易收支均衡的关系应该如何界定呢？本书经分析认为，在一篮子货币制度下，通过调整基准汇率能够实现保持本国货币相对于货币篮子的稳定以及实现贸易收支相对均衡的双重目标。随着对外开放程度的加深，人民币汇率的服务对象以及影响因素的多元化使得实际汇率与贸易收支均衡目标下汇率偏离的现象成为必然，但一国贸易收支均衡的重要性决定了贸易收支均衡目标下汇率是人民币汇率调整的重要参考，可以偏移，但不能远离。

虽然2015年下半年以来人民币兑美元呈现出贬值趋势，并屡创新低，一时间针对人民币贬值原因及后期的走势众说纷纭，但本书基于经济发展、对外贸易以及储备资产等数据的国别对比分析后发现，至少目前人民币不存在大幅贬值的基础。就目前我国国际收支以及汇率制度改革的建议而言，首先应该把握好人民币汇率调整的节奏和步伐，促进对外贸易平稳发展。在此基础上进一步完善人民币汇率形成机制，逐步提高信息透明度，加强与市场的沟通；同时，在加强金融监管的前提下提倡金融创新，发展规避汇率风险的金融工具；从优化商品结构与渠道结构入手，提高对外贸易竞争力。总之，在调节贸易收支均衡的过程中应该加强各种措施的搭配与协调。

我国经济发展正处于历史性的转变之中，这些转变是发展方式的转变，亦是制度模式的转变，其中包括汇率制度的转变。我国发展道路的特殊性决定了不同于其他国家以往经验的特点，也决定了经济发展转型时期对经济理论及实践研究的重要性和迫切性。在这种形势下，本书作为抛砖引玉之作，能使人们对人民币汇率制度框架下的汇率行为与贸易收支的关系有更清晰的了解，也能促使人们对从国别视角研究人民币汇率制度、汇率行为与贸易收支问题有更多、更深的思考。

目 录

第一章 导论 ··· 1

    第一节 选题背景及研究意义 ·· 1

    第二节 几个相关概念解析 ·· 3

    第三节 相关文献综述及评述 ·· 10

    第四节 研究思路及内容 ·· 23

    第五节 研究方法 ·· 25

    第六节 可能的创新之处 ·· 26

第二章 汇率制度、汇率行为与贸易收支的分析框架 ········· 28

    第一节 汇率制度要素与贸易收支的理论联系 ············· 28

    第二节 汇率制度与贸易收支关系的一般均衡模型分析 ··· 35

    第三节 汇率升贬值与贸易余额变动的判定条件 ········· 38

第三章 国际汇率制度变迁、汇率行为与贸易收支的互动历程 ··· 44

    第一节 金本位体系下的汇率制度与贸易收支 ············· 44

    第二节 两次世界大战之间的汇率制度与贸易收支 ····· 46

    第三节 布雷顿森林体系下的汇率制度与贸易收支 ····· 48

    第四节 牙买加体系下的汇率制度与贸易收支 ············· 50

第四章 人民币汇率制度沿革、汇率调整与贸易收支的历史关系 ··· 54

    第一节 计划经济时期的汇率制度与贸易收支 ············· 54

    第二节 经济转轨时期的汇率制度与贸易收支 ············· 57

第三节　社会主义市场经济时期的汇率制度与贸易收支 …………… 59

第五章　国别视角下的汇率行为与进出口定价能力 ………………………… 66
　　第一节　国别视角下的汇率与进出口价格变动 …………………… 66
　　第二节　国别视角下汇率行为对进出口价格的传导 ……………… 80
　　第三节　传导系数国别异质性的原因分析 ………………………… 91
　　第四节　我国进出口定价能力的市场分类 ………………………… 93

第六章　国别视角下汇率行为的贸易收支效应 ……………………………… 96
　　第一节　我国贸易收支变动的趋势特征 …………………………… 96
　　第二节　ML 条件以及拓展 ………………………………………… 103
　　第三节　汇率行为影响贸易收支的实证检验 ……………………… 104

第七章　国别视角下汇率行为与贸易余额关系的进一步分析 …………… 118
　　第一节　分析方法、模型与数据 …………………………………… 118
　　第二节　数据平稳性检验 …………………………………………… 119
　　第三节　同阶平稳序列的实证检验 ………………………………… 121
　　第四节　非同阶平稳序列的实证检验 ……………………………… 125
　　第五节　汇率冲击与贸易余额变动轨迹 …………………………… 129

第八章　汇率行为对贸易收支国别分布的影响 …………………………… 133
　　第一节　贸易收支国别分布的变动趋势 …………………………… 133
　　第二节　汇率行为与贸易收支国别分布的理论联系 ……………… 139
　　第三节　汇率行为与贸易收支国别市场分散度的关系检验 ……… 140

第九章　一篮子货币汇率制度、汇率调节与贸易收支均衡 ……………… 145
　　第一节　一篮子货币汇率制度介绍 ………………………………… 145
　　第二节　贸易收支均衡与人民币一篮子货币权重 ………………… 148
　　第三节　贸易收支均衡与人民币汇率调节 ………………………… 154
　　第四节　参考一篮子货币与钉住一篮子货币比较 ………………… 157

第十章　研究结论与政策建议 ·· 160

　　第一节　主要结论 ·· 160

　　第二节　政策建议 ·· 163

　　第三节　进一步展望 ·· 169

参考文献 ·· 171

后记 ··· 185

第一章 导 论

第一节 选题背景及研究意义

一、选题背景

Frankel（1999）曾经说过，没有一种汇率制度可以在任何时候适用于任何国家。从演变的时间维度看，汇率制度呈动态的变化过程。迄今为止，国际金融史上货币体系一共经历了三个时期，每个时期均存在着不同的汇率制度安排和规定。依据国际货币体系的更迭，汇率制度总体可划分为金本位体系下的固定汇率制、布雷顿森林体系下的固定汇率制以及牙买加体系下的多元化汇率制度。自1949年至今，人民币汇率制度也由最初的单一浮动过渡到现在的参考一篮子货币的汇率制度，共经历了7个特征明显的阶段，每个阶段亦在不断地调整和修正。人民币汇率制度最近的一次大调整是 2005 年 7 月 21 日，由单一的、有管理的浮动汇率制度转变为以市场供求为基础的、参考一篮子货币进行调节的、有管理的浮动汇率制度。在随后的几年内，货币当局更是不断地扩大人民币汇率弹性以及完善人民币汇率中间价的形成机制，以进一步提高人民币汇率形成的市场化程度，这一系列的转变标志着人民币汇率制度的市场化倾向越来越突出。

在日益开放的条件下，选择什么样的汇率制度安排对于一国的经济发展有着至关重要的影响，汇率制度设定无疑是一国调整经济内外均衡的手段之一。例如 2005 年 7 月的人民币汇率制度大调整与其说是国际政治博弈的结果，倒不如说是我国政府部门主动适应国内外经济形势、调节内外均衡的重要措施。自加入世贸组织以来，我国对外经济联系逐渐加深，国际收支巨额双顺差，外汇储备位列世界第一。美、日等国家出于自身利益的考虑，不断就人民币汇率问题施加压力，国际摩擦加剧。在外汇储备急剧攀升的同时，中国内部经济也产生了失衡的倾向。据中国统计年鉴数据显示，2005年底我国货币供应量（M2）为29.88万亿元，是2000年的221.99%，其中外汇占款约23%。而当年以不变价计算的国内生产总值为2000年的1.59倍。货币供给过快推动了要素价格的增长，2005年城镇单位就业人员平均工资由2000年的9333元上升为2005年的18200元，全国综合用途、商服用途、住宅用途以及工业用途的土地价格分别上涨30%、34%、39%以及15%。况且，保持人民币兑美元名义汇率稳定并不意味着能够保持人民币对外实际价值的稳定，据唐国兴和徐剑刚（2003）的测算，自从1994年汇率制度改革以来人民币兑美元名义汇率升值4.1%，但兑美元实际汇率却升值12.3%，兑日元实际汇率升值58.5%。种种迹象显示，当时相对僵化的汇率制度已经无法起到资源的调配作用，人民币汇率制度因势调整已然成为国家经济内外均衡要求的体现。

  汇率制度不同，外部环境影响国内经济的方式与程度也不同。贸易和投资均是一国主要的对外经济方式，理论界习惯于首先通过论证汇率制度对贸易和投资的影响并对汇率制度的特点做出判断，例如固定汇率制度与浮动汇率制度的优缺点之辩，但在中国这样一个资本尚未完全自由流动的发展中国家，对外贸易无疑是汇率制度与宏观经济之间重要的传输纽带。人民币汇率制度历次调整之后的经济效应总能引起广泛的关注，其中汇率制度调整的对外贸易收支效应问题更是吸引了众多研究者的兴趣。

  汇率制度如何影响贸易收支？在笔者看来，这个问题至今仍然没有得到系统的回答，理论界的关注点主要放在了汇率制度调整后的汇率变动对贸易收支的影响上，很少从汇率制度视角分析问题。然而即便以汇率与贸易收支的关系看，理论与实践往往呈现出背离的现象。就人民币汇率制度最近一次大调整看，其调整背景中原有贸易收支失衡的原因所在，但汇率制度调整之后的几年内人民币对美元的一路升值并没有缓解中国贸易收支失衡的状况。非但如此，贸易顺差额还屡屡创出新高。国内外学者从各个角度研究了这一现象。通过对已有研究的回顾不难发现，已有成果侧重于从总量视角、产业分类视角、贸易方式分类视角研究问题存在的原因。虽然已有成果中也不乏对双边贸易收支的分析，但主要集中在对少数几个国家或者重点区域的研究。Bahmani-Oskooee和Brooks（1999）等认为，总量视角的分析还不足以估计汇率和贸易平衡的关系，原因在于与某一贸易伙伴顺差的同时与另一伙伴有可能逆差，总量分析屏蔽了许多国别性的信息。因此，基于国别视角的研究是有必要的，无论是贸易政策的制定还是汇率的调整，都需要考虑到国别的差异性。

  由此，本书将在前人研究的基础上构建汇率制度与贸易收支的分析框架，通过理论分析、历史分析以及实证分析来研究人民币汇率制度与我国贸易收支之间的关系,并试图在研究上述问题的基础上,对相关领域已有研究中的薄弱环节做进一步补充和完善,比如汇率调节的多目标性趋向与贸易收支均衡目标的协调等。

二、研究意义

Koopmans 和 Mintias(1971)认为,各国经济结果的区别在于各国经济环境、经济制度、经济政策构成要素的不同。如果 e 表示经济环境,s 表示经济制度,p_s 表示经济政策,则一个经济结果与构成要素之间广为引用的数学关系可以表达如下:$o=f(e, s, p_s)$。该表达式说明了经济结果取决于经济环境、经济制度和经济政策,经济制度是影响经济结果的三大要素之一。作为经济制度的子集,汇率制度必然对经济发展产生影响。汇率制度通过汇率作用于价格与交易成本,进而左右着国际贸易与投资,影响着国际收支、物价水平、产出等其他宏观经济变量(裴平,2006)。在我国这样资本尚不能完全自由流动的发展中国家,对外贸易作为内外经济主要的传输纽带,是开放经济下汇率制度的宏观经济效果最为直观的、相关的、可测的中介目标。

英国学者卢瑟福在《经济学中的制度》一书中曾谈道:"制度可能以未经设计的方式产生和延续,成为有意行为下的无意结果。而人类是有目的的行动者,制度是有目的行为的预期或未预期的结果,制度被设计或修正,使之能够更好地发挥某种作用。"评价这种制度所产生的效果是修正的前提,思考如何更好地修正是使其发挥更大作用的保证。因此,正确评价汇率制度的效果是完善汇率制度和更好地发挥汇率制度作用的必要步骤。明晰现行汇率制度、汇率行为与对外贸易的关系,无论是对于促进贸易收支均衡、经济发展还是对于汇率制度的修正和完善都具有非常重要的意义。而且,本书对相关领域研究中尚待解决的一些问题以及薄弱环节做进一步分析,其结果也将进一步丰富该领域的研究。

第二节 几个相关概念解析

一、汇率制度

在定义汇率制度之前,首先界定一下什么是制度。对于"制度"是什么,不同的经济流派,不同的经济学家之间研究的出发点与研究目标不同,因而也有

---

① 引自李静萍(2008)的研究。

着不同的见解。旧制度经济学家凡勃伦是最早给制度下一般性定义的人。1899年，在著名论著《有闲阶级论》中，他将制度定义为"由环境引起的刺激发生反应时的一种习惯方式"。① 在凡勃伦看来，制度即是一种非正式的约束，是一种约定俗成的"精神状态"和"流行的生活理论"。与凡勃伦同时代的经济学家康芒斯把凡勃伦的理论向前推进了一大步。他提出，"如果找出一种普遍的原则，适用于一切所谓属于制度的行为"，则可以把制度解释为"集体行动控制个体行动"。② 新制度经济家学本质上继承了旧制度经济学家关于制度的观点，舒尔茨1968年在《制度与人的经济价值的不断提高》中将制度定义为"一种行为规则"，这些规则涉及"社会、政治及经济行为"③。诺斯认为制度是"社会的博弈规则"，是人为设计、形塑人们互动关系的"约束"。兼有正式的约束（如人为设计的规则）与非正式的约束（如惯例）。④ 可见，虽然新旧制度经济学对制度的定义及内涵理解各有侧重，但是，制度从本质上可以归纳为"约束和规范主体行为的规则的综合"。

汇率制度是制度的子集，根据制度实质进行演绎，汇率制度即是约束和规范汇率行为的规则。从汇率制度本身的定义看，大体可以分为广义定义和狭义定义两种。刘鸿儒的《新金融辞海》中将汇率制度定义为"各国对于确定、维持、调整和管理汇率的原则、办法、方式和机构等做出的系统安排和规定"⑤，从广义上表明汇率制度主要在于确定汇率的原则和依据、维持汇率的方法和手段、汇率管理的政策以及汇率管理机构。从汇率制度定义的运用看，广义角度理解的汇率制度定义包罗甚广，更多的学者则从狭义的角度定义汇率制度。陈雨露将汇率制度定义为"一国货币当局对本国汇率的形成和变动机制所做出的一系列安排或规定"。⑥ 这个定义与姜波克对汇率制度做的界定"一国货币当局对本国汇率水平的确定、汇率的变动方式等问题所做的一系列安排或规定。主要内容为确定汇率的原则和依据，维持和调整汇率的方法"⑦ 基本一致。可见，狭义角度定义的汇率制度主要包括汇率的形成机制和变动机制两个方面，而它的定义也更接近对制度的本质的演绎。本书采纳狭义角度对汇率制度的定义。

---

① ［美］凡勃伦. 有限阶级论［M］. 北京：商务印书馆，2007：149.
② ［美］康芒斯. 制度经济学（上册）［M］. 北京：商务印书馆，2011：87.
③ ［美］R. 科斯，A. 阿尔钦，D. 诺斯等. 财产权利与制度变迁［M］. 上海：上海三联书店、上海人民出版社，1994：253.
④ ［美］道格拉斯·C. 诺思. 制度、制度变迁与经济绩效［M］. 上海：上海三联书店、上海人民出版社，2008：3.
⑤ 刘鸿儒. 新金融辞海［M］. 北京：改革出版社，1995：355.
⑥ 陈雨露. 国际金融精编版［M］. 北京：中国人民大学出版社，2008：283.
⑦ 姜波克. 国际金融新编［M］. 上海：复旦大学出版社，2001：135.

二、汇率制度分类

（一）IMF 汇率制度分类

根据不同的方法、从不同的角度所进行的汇率制度分类的结果不同。在众多分类中，固定汇率制和浮动汇率制是两种最基本的汇率制度类型。除此以外，Edwards 和 Savastano（1999）、Frankel（1999）、Reinhart 和 Rogoff（2002）、Levy–Yeyati 和 Sturzenegger（2005）等一批经济学家还借助定性、定量等分析方法，依据不同的原则给出了汇率制度更为细化的分类方法。本书主要对 IMF 的汇率制度分类进行简要的介绍。

布雷顿森林体系崩溃之前，固定汇率制度大行其道。20 世纪 70 年代国际货币制度进入牙买加体系之后，各国可以自由选择固定汇率制度和浮动汇率制度，汇率制度的安排逐步开始多样化。Reinhart 和 Rogoff 汇总了 1950~2001 年 IMF 的汇率制度分类。他们研究发现，1999 年之前，汇率制度的种类总的来说比较单调，分类较少。1950~1973 年，IMF 的汇率制度分类有两种："存在平价或中心汇率"以及"除了绝大部分交易使用的平价或中心汇率还有固定或浮动的有效汇率"；1974~1982 年的汇率制度基本可归结为"汇率维持相对狭窄浮动幅度内"和"汇率没有维持在相对狭窄的浮动幅度内"；1983~1998 年可以分为"钉住单一货币或货币组合"、"有限灵活"、"管理浮动"以及"自由浮动"四种，后两种往往又被归纳为"更加灵活"的汇率制度。①

随着各国汇率制度安排的多样化，也为了更准确地统计、分析各国的汇率制度，避免成员国所报告的法律意义上的汇率制度与其执行的实际汇率制度不相符的现象，1999~2009 年，IMF 改变了汇率制度传统的分类方法，在汇率形成机制、政策目标的差异以及通胀目标等货币政策框架下，将各国汇率制度划分为八大类，按照汇率的灵活程度分类，从最高的固定程度到最高的浮动程度依次为无独立的法偿货币的汇率安排（Exchange Arrangement With No Separate Legal Tender）、货币局安排（Currency Board Arrangement）、传统钉住的制度安排（Other Conventional Pegged Arrangement）、钉住平行制度安排（Pegged Exchange Rate within Horizontal Bands）、爬行钉住的制度安排（Crawling Peg）、爬行浮动制度安排（Crawling Band）、事先不宣布汇率路径的管理浮动制度安排（Managed Floating with No Pre–determined Path for the Exchange Rate）以及独立浮动的制度安排（Independently Floating）。

2009 年，鉴于当时的分类制度下对管理浮动和自由浮动的区别太依赖于判

---

① Carmen M. Reinhart & Kenneth S. Rogoff. The modern history of exchange rate arrangements: A reinterpretation [R]. NBER Working Paper, No. 8963, 2002: 9.

断,以及许多国家认为它们没有承诺维护一个特定的汇率水平,反对将管理浮动划归为固定钉住的汇率制度,IMF 对汇率安排分类制度作了修订。一是用浮动(Floating)和自由浮动(Free Floating)取代了管理浮动和独立浮动(Independently Floating);二是增加了稳定化安排(Stabilized Arrangement)和类似爬行(Crawl - like)以及其他有管理的安排(Other Managed Arrangement),取消了爬行浮动。

在最新的汇率制度分类中,无独立的法偿货币和货币局制度属于严格钉住的汇率制度;传统钉住、稳定化安排、爬行钉住以及钉住平行这些汇率制度属于软钉住的汇率制度;浮动与自由浮动属于浮动汇率制度。

(二)IMF 对人民币汇率制度的分类

自 1994 年汇率并轨至 1998 年初,IMF 将我国汇率制度定性为更加灵活的汇率安排(管理浮动)。① 1999~2012 年,IMF 将人民币汇率制度划分为传统钉住、爬行钉住、稳定化安排以及类似爬行四种。表 1-1 统计了 1999 年以来 IMF 对人民币汇率制度所做的归属。从统计看,2005 年的汇率制度改革之前,IMF 认为人民币汇率制度属于钉住单一美元的汇率制度;2005 年汇率制度改革之后逐步脱离了钉住的传统安排,灵活性逐步增强。2006~2007 年,人民币被归为钉住爬行的汇率制度,IMF 认为虽然市场供求在人民币汇率的决定中起到了作用,但汇率变动的路径显示官方行为还是起到主要作用。2008 年和 2009 年人民币升值的步伐一度停滞,IMF 将这段时间的人民币汇率归为稳定化安排的汇率制度。2010 年开始,人民币被归为类似爬行的汇率制度,但 IMF 认为人民币仍然将美元视为事实意义上的锚。

表 1-1 1999 年以来的人民币汇率制度分类

时间	汇率制度分类
截至 1999 年 12 月 31 日	传统钉住
截至 2000 年 12 月 31 日	传统钉住
截至 2002 年 4 月 30 日	传统钉住
截至 2003 年 1 月 31 日	传统钉住
截至 2004 年 5 月 31 日	传统钉住
截至 2005 年 7 月 31 日	传统钉住
截至 2006 年 1 月 31 日	传统钉住
截至 2007 年 2 月 28 日	爬行钉住

---

① IMF 编制的 1995~1999 年的 *Annual Report on Exchange Arrangements and Exchange Restrictions*。

续表

时间	汇率制度分类
截至2008年3月31日	爬行钉住
截至2008年12月31日	稳定化安排
截至2009年12月31日	稳定化安排
截至2011年1月31日	类似爬行
截至2011年12月31日	类似爬行
截至2013年4月30日	类似爬行
截至2014年4月30日	类似爬行
截至2015年4月30日	类似爬行

资料来源：IMF编制的1999~2015年的 Annual Report on Exchange Arrangements and Exchange Restrictions。

（三）世界各国汇率制度分布

表1-1显示了人民币汇率制度的分类，那么从整个世界来看，汇率制度的分布又如何呢？表1-2给出了1981年至2015年初这段时间内IMF成员国采用的汇率制度分布的情况。1981~1998年，各国汇率制度的分布趋向于更具弹性的汇率制度。1999年改革了汇率制度的统计口径以后，各国汇率制度的分布主要集中在首尾两端。无独立法偿货币、传统钉住、管理浮动以及独立浮动制是主要的分类形式。2009年，IMF对汇率制度分类做出了重大修正以后，传统钉住仍然占比最大的分类形式。如果按照上文对严格钉住、软钉住与浮动汇率制度分类，那么严格钉住的汇率制度占比比较稳定；浮动汇率制度的占比呈现不断地滑落趋势；软钉住的汇率制度占比呈现缓慢的上升态势。

虽然20世纪90年代以来，"中间制度消失论"一度甚嚣尘上。然而，本书的统计结果说明中间汇率制度仍然是现在最重要的汇率制度形式，其比重处于相对稳定的状态。正如邓立立博士所述，虽然新兴市场国家汇率制度更替频繁，汇率制度的灵活性不断增加，但处于中间状态的汇率制度仍然是、也将是未来新兴市场国家和地区的主要选择①。结合表1-1不难总结，我国汇率制度分类的变更态势符合世界汇率制度分布更替的主流趋势。

表1-2 1981年以来IMF成员国汇率制度更替情况统计表　　单位：%

年份	1981	1982	1983	1984	1985	1986	1987	1988	1989
钉住	0.65	0.64	0.62	0.63	0.64	0.59	0.61	0.62	0.61
有限灵活	0.12	0.12	0.12	0.10	0.08	0.09	0.08	0.08	0.09

---

① 邓立立. 汇率制度的选择与发展趋势研究［D］. 东北财经大学博士学位论文，2004：215.

续表

年份	1981	1982	1983	1984	1985	1986	1987	1988	1989
更加灵活	0.23	0.24	0.26	0.27	0.28	0.32	0.30	0.29	0.30
成员数	144	145	146	147	149	150	151	151	152
年份	1990	1991	1992	1993	1994	1995	1996	1997	1998
钉住	0.56	0.52	0.50	0.42	0.39	0.37	0.36	0.36	0.35
有限灵活	0.08	0.09	0.08	0.07	0.08	0.08	0.09	0.09	0.09
更加灵活	0.36	0.39	0.42	0.51	0.53	0.56	0.55	0.55	0.55
成员数	153	156	167	175	178	180	181	181	182

年份	截至1999年底	截至2000年底	截至2001年底	截至2002年底	截至2003年底	截至2004年底	截至2006年4月底	截至2006年底	截至2007年底
无独立法偿货币	0.21	0.21	0.22	0.22	0.22	0.22	0.22	0.05	0.05
货币局安排	0.04	0.04	0.04	0.04	0.04	0.04	0.04	0.06	0.06
传统钉住	0.24	0.24	0.22	0.22	0.22	0.21	0.26	0.37	0.36
钉住平行	0.03	0.03	0.03	0.02	0.03	0.03	0.03	0.02	0.02
爬行钉住	0.03	0.02	0.02	0.03	0.03	0.03	0.03	0.03	0.04
爬行浮动	0.03	0.03	0.03	0.03	0.03	0.01	0.00	0.01	0.01
事先不宣布汇率路径的管理浮动	0.15	0.18	0.23	0.24	0.27	0.29	0.28	0.26	0.24
独立浮动	0.27	0.25	0.22	0.20	0.18	0.18	0.14	0.19	0.22
成员数	185	186	186	187	187	187	187	185	185

年份	截至2009年4月底	截至2010年4月底	截至2011年4月底	截至2012年4月底	截至2013年4月底	截至2014年4月底	截至2015年4月底
无独立法偿货币	0.05	0.06	0.07	0.07	0.07	0.07	0.07
货币局安排	0.07	0.07	0.06	0.06	0.06	0.06	0.06
传统钉住	0.22	0.23	0.23	0.23	0.24	0.23	0.23
稳定化安排	0.07	0.13	0.12	0.08	0.10	0.11	0.12
爬行钉住	0.03	0.02	0.02	0.02	0.01	0.01	0.02
类似爬行	0.01	0.01	0.06	0.06	0.08	0.08	0.11
钉住平行	0.02	0.01	0.01	0.01	0.01	0.01	0.01
其他有管理的安排	0.11	0.11	0.09	0.13	0.10	0.09	0.05
浮动	0.24	0.20	0.19	0.18	0.18	0.19	0.19

续表

年份	截至2009年4月底	截至2010年4月底	截至2011年4月底	截至2012年4月底	截至2013年4月底	截至2014年4月底	截至2015年4月底
自由浮动	0.18	0.16	0.16	0.16	0.16	0.15	0.16
成员数	188	189	190	190	191	191	191

资料来源：1981～1998年数据来自于马正兵. 汇率制度福利论 [D]. 西南财经大学博士学位论文，2005：15；其余数据根据IMF各年报告 Annual Report on Exchange Arrangements and Exchange Restrictions 整理而成。

三、汇率制度要素、汇率制度转换与汇率行为

上述内容表明，不仅是我国，世界上其他各国汇率制度的稳定都是相对的，汇率制度的更替才是常态。本书将汇率制度之间的更替称为汇率制度转换。① 汇率制度转换必然导致制度要素发生相应的变更。什么是制度要素并没有明确的理论可以借鉴，本书认为它是此制度区别于彼制度的特征所在。从本质上讲，制度无非是约束和规范行为的规则总和。规则制定的目的是为了约束和规范行为，明确行为的准则、行为的范围、行为的规律。因此，它至少具备两类功能：一是可以在行动前形成预期；二是可以在行动中规范行为。制度要素通过这两类基本功能改变人们的行为抉择。

汇率制度转换，汇率制度要素至少产生两方面的变化：一是汇率制度规则改变导致提供的制度信息发生变化，以致参与人对行为的预期发生改变。不同的汇率制度下，提供汇率变动的规则信息不同，市场的参与者对汇率变动的预期不同，从而形成不同的激励和约束，而后作用于参与者的行为，影响经济结果。二是汇率的行为规则发生变化，导致汇率的行为表现发生改变。

在汇率制度转换过程中，汇率的行为表现也主要有两个方面：一是基准汇率水平的调整状况。汇率制度之间的转换往往带来汇率形成机制的变动。形成机制的变动不仅导致基准汇率确定准则的改变，而且可能导致新旧汇率的基准汇率水平之间存在一定的调整空间。二是汇率围绕基准汇率水平的波动状况。汇率制度的转换伴随着汇率变动灵活性的调整，不同的汇率制度下汇率围绕汇率水平波动的频繁度、幅度将有所区别。

依据上述分析结果以及汇率制度的本质，本书将汇率制度分解为三种制度要素，即汇率预期、汇率水平以及汇率波动，其中，将汇率水平与汇率波动状态的变动统称为汇率行为。汇率制度之间的转换将引起人们对汇率的预期发生改变、

---

① 汇率制度更替更多地被称为汇率制度改革，这里采用"转换"一词，意在从更中性的角度来看待汇率制度的更替问题。

汇率水平可能呈现升值或贬值以及汇率波动的幅度发生改变。

第三节 相关文献综述及评述

一、汇率制度与贸易收支的相关文献综述

（一）有关汇率制度对贸易收支的影响的研究

1. 理论研究回顾

长期以来，理论界对于汇率制度的探讨主要集中在物价、增长以及稳定这些直接的宏观经济目标上，从汇率制度视角研究贸易收支的理论文献不多。自21世纪初开始，Rose 等（2000）开始关注货币联盟对成员国贸易往来的促进作用。Barr 和 Breedon 等（2003）、Baldwin（2005）专门针对欧元区进行了研究，在 Rose 等研究的基础上进一步发展，推导欧元区建立影响贸易往来的各种机理。然而，货币联盟只是相对固定的汇率制度中的一种形态，汇率制度与贸易收支关系需要从更广泛的基础上进行分析。虽然 Yano 和 Kosaka（2003）、Adam 和 Cobham（2007）等一批学者更广泛地研究了灵活的汇率制度是否会抑制贸易流的问题，但这些研究主要偏重于实证分析，在理论发展上少有建树。

Bacchetta 和 Wincoop（2000）的文章是为数不多的直接构建理论模型严格推导汇率制度与贸易关系的文献。Bacchetta 和 Wincoop 认为，汇率制度与贸易之间的联系是比较模糊的，主要取决于宏观经济冲击的性质和消费者的偏好。尤其是垄断竞争厂商所采取的价格战略。他们通过一般均衡的货币模型分析指出，在以生产者货币定价（PCP）方式下，本国货币升值，国外产品价格降低；本国货币贬值，本国货币产品价格降低，在对称性假设下的贸易流不受汇率变动的影响；在以市场货币定价（PTM）方式下，如果汇率风险不能完全对冲，则贸易水平与市场上本国商品和国外商品的价格之比有关。Aristotelous 和 Fountas（2003）也认同汇率制度与贸易之间的联系是比较不确定的观点。他们总结了有关汇率制度与贸易关系的两种观点及原因。第一种观点认为，灵活的汇率制度不利于国际贸易，原因在于：其一，灵活的汇率制度导致了更高的汇率波动性，抑制了贸易；其二，灵活的汇率制度下，政府为了减少汇率波动带来的不稳定影响而采取贸易壁垒，从而抑制了贸易。第二种观点则支持灵活的汇率制度，认为固定汇率制度约束了贸易的发展。因为固定汇率制度约束了国际收支不平衡的调节机制，从而迫使政府采取贸易保护措施。

有关汇率制度对国际贸易作用的争论更多地集中在汇率波动对贸易的影响视

角。但就现有的研究而言，对两者关系的看法仍然是难以确定的。尽管汇率波动增加了收入的不确定性或者增加了厂商的避险成本，因而会阻碍国际贸易发展的观点普遍存在，但诸多的实证研究表明，汇率的不稳定和国际贸易阻碍之间并没有必然的联系。从理论分析来看，以下三种观点颇具代表性。作为这一领域的开创者，Clark（1973）的主要研究思想表明，如果贸易商是一名价格接受者，本币收入直接受汇率变动的影响。假设他是风险厌恶型的，在汇率波动过大的情况下，出口利润下降，其效用是降低的，因此宁可选择减少出口。Clark认为，有两点原因决定了出口企业无法摆脱汇率风险。首先，期货市场发展程度远不足以覆盖全部的汇率风险；其次，企业无法确定需要规避汇率风险的外汇价值。因此，完美的期货市场虽然可以降低风险却不可以消除风险。Hooper 和 Kohlhagen（1978）见解较为中立，他们综合考虑风险偏好，建立了贸易品进口需求与出口供给的市场均衡模型，分析了汇率波动对美国与德国的贸易冲击和价格冲击。分析结论表明，如果贸易商是风险厌恶的，那么不管风险产生于进口方还是出口方，汇率风险将减少贸易额。然而汇率风险对价格的影响取决于贸易商对风险的承担。如果进口商承担风险，价格下降进口需求降低；反之如果出口商承担风险，价格因承受风险上升而上升。比较来看，Franke（1991）的看法较为激进，他认为如果企业是风险中性的，垄断竞争市场中的汇率波动反而能提升国际贸易。厂商将进出口市场的收入与成本对比以及退出市场的成本与损失对比作为权衡是否进入出口市场或者退出出口市场的标准。由于汇率波动是出口收入的增函数，汇率波动时若是利润增加速度大于进入或退出出口市场的成本速度，汇率波动就会致使厂商提早进入或延迟退出出口市场，从而促进贸易增长。

2. 实证研究回顾

汇率制度与贸易收支关系实证研究的主要方式是在贸易方程中添加制度变量，以实证结果判断何种汇率制度更利于国际间的贸易往来；在汇率制度的划分方式上，多数采用相对固定与相对灵活的二分法；从研究结论看，主要分为制度无关论、支持稳定的汇率制度对国际贸易的作用以及支持更灵活汇率制度对国际贸易的作用三种观点。

Aristotelous（2001）和 Fountas 等（2003）都将英美两国的贸易作为研究对象，结果却得到了不同的结论。Aristotelous（2001）采用引力模型实证了汇率体制、汇率波动对英国向美国出口的影响。他将1889~1999年中的1915~1918年、1931~1939年和1973~1999年作为管理浮动期，1919~1924年作为自由浮动汇率制度，1889~1914年、1925~1930年和1940~1972年作为固定汇率期，采用虚拟变量区分不同的汇率制度，并且将汇率波动率作为另一个汇率制度的特征变量。研究结果发现，无论是汇率制度虚拟变量还是汇率波动，对出口贸易均无影响。Fountas 等（2003）也以引力模型为基础，通过协整和误差修正模型实证了1900～1998年的美国与英国间的双边出口受不同汇率体制的冲击效应。Fountas 等对制度特征变量的处理方法与 Aristotelous（2001）基本一致，也运用虚拟变量划分不同的汇率制度，将上述划分为固定汇率制度、管理浮动汇率制度以及自由浮动汇率制度三个时期并且放入汇率波动率变量。实证研究得到两个结论：一是固定汇率制度与管理浮动汇率体制有利于双边的贸易发展，二是浮动汇率体制更有利于双边贸易的发展。作者对此的解释是，固定汇率制度可能伴随着更严重的贸易保护主义，从而抑制了国际贸易的发展。An 和 Park（2016）认为，有关汇率制度对贸易收支影响的持久而激烈的争论之所以没有答案是因为已有的研究没有统一考虑贸易双方的汇率制度，他们采集了80多个国家1980～2010年的数据通过经常账户均值回归模型实证后发现，多与非自由浮动国家进行贸易的国家，其经常项目调整的速度整体上要慢于多与自由浮动国家进行贸易的国家。

相对于前两种观点，更多的研究结论支持稳定的汇率制度，认为更灵活的汇率制度不利于国际贸易（Lopez – Cordova & Meissner，2003；Bouoiyour & Rey，2005；Damaceanu，2010；Qureshi & Tsangarides，2012）。Lopez – Cordova 和 Meissner（2003）的研究结果坚定地支持了稳定汇率制度的作用。他们采用引力模型对1870～1910年众多国家进行研究，并运用汇率截面或时序的方差作为汇率制度的选择标准。通过对代表性的国家研究发现，共享货币制度的国家比控制相互间货币波动的国家间的贸易密切程度更为显著。国与国之间的贸易在金本位体系下比非金本位体系下多了近60%。Damaceanu（2010）采用跨学科的方法研究了汇率制度与国际贸易的关系。首先通过历史数据对比了固定汇率、浮动汇率以及中间汇率状态下世界贸易的增长率，其次通过理论推导和模拟实验了三种汇率制度下的世界贸易，分析结论认为，在无世界性经济危机的条件下，固定汇率制度或相对窄幅的钉住汇率制度更能确保国际贸易的快速发展。Qureshi 和 Tsangarides（2012）区分了传统软钉住和硬钉住（货币联盟）的情况下汇率制度与贸易的关系，研究发现，在两组样本中，钉住汇率制度的贸易创造效应基本与货币联盟的效果等同，说明钉住汇率制度可以作为货币联盟的替代汇率制度以促进地区贸易，而且货币联盟或钉住汇率制度下增加的贸易额几乎是更灵活的汇率制度下的双倍。

（二）有关人民币汇率制度与贸易收支关系的研究

针对人民币汇率制度与贸易收支的大量研究是从21世纪初开始的，主要围绕人民币汇率升值压力与对外贸易的关系以及改革之后的贸易效应展开研究。

在2005年7月的汇率制度改革之前，文献主要围绕是否应该进行人民币汇率制度改革，人民币汇率制度改革能否解决我国与美国等发达国家之间贸易收支失衡问题等展开研究。自1998年至2005年7月人民币汇率制度改革之前,美元兑人民币汇率一直在8.27附近窄幅波动,以至于外界认为中国事实上采取的是钉住单一美元的固定汇率制度①。2001年我国加入了世界贸易组织,相对稳定汇率制度促进了我国的对外经济交流。其实早在入世之初,许少强(2001)等学者就敏感地意识到人民币钉住单一美元的汇率制度不可持续,将有可能扭曲汇率水平,难以适应形势的变化。余永定(2001)指出,准固定汇率制度、资本管制和持续的双顺差是我国目前开放经济的三大特点,也是开放经济下我国宏观管理复杂性的主要来源。从我国货币政策视角看,现存的汇率制度是非持续的。他认为,钉住美元的汇率制度以及国际收支的双顺差将给中国的货币政策效应带来巨大的负面作用。国际收支带来的双顺差必将导致货币过度供给。随着顺差越来越大,外汇储备也越来越多,如果中央银行实行冲销政策,非常有可能会导致货币供给的波动,从而对经济的稳定性造成影响,其冲销政策的成本高昂。

余永定一语中的,21世纪以来我国的国际收支失衡情况越发严重。现实扭曲的汇率导致外汇资源的配置扭曲,加剧失衡(陈平和王曦,2002)。许少强(2003)认为,我国持续的国际收支顺差是人民币升值压力的主要原因。如果要保持汇率不变,政府将必须持续地大力干预外汇市场,为平衡国际收支而放松货币金融以及财政政策,其负面效应比调整汇率更大。李晓鹏(2005)从国际背景总结了对外贸易与人民币汇率升值压力的关系,他指出我国主要贸易伙伴美、日等发达国家与我国双边贸易赤字持续扩大,逆差加剧。贸易状况诱发了贸易政治化倾向,美、日政府迫于劳工组织的压力,希望能够通过人民币升值阻止中国商品进入本国,以保护相关产业的利益,缓解国内不满情绪,转嫁危机;另外也为了遏制中国发展,提升自身的出口竞争力。然而,贺力平(2003)等一批学者认为,人民币升值无助于改善贸易伙伴的经济境况,中美收支失衡是结构性问题,非人民币升值能够解决。尹翔硕和俞娟(2004)以及强永昌和吴兢等(2004)分别通过日本以及中国的数据进行了实证分析,实证结果均显示,汇率不是影响贸易收支的主要因素,说明用人民币升值调节中美收支失衡不符合"对症"原则。

人民币汇率制度改革之后,不少文献主要围绕汇率制度改革对贸易收支的作用展开争论。Kamada 和 Takagawa(2005)构建了宏观经济模型模拟了人民币汇率升值的影响,假设人民币升值10%(事实上仍然保持钉住美元的汇率制度),则我国的进口确实有较大的增长,同时也促进了贸易伙伴国出口的增长。Marquez 和 Schindler(2006)实证分析了人民币实际有效汇率与进出口贸易世界份额之间的

---

① 1997~2006年IMF出版的 *Annual Report on Exchange Arrangements and Exchange Restrictions*.

关系。研究结果表明，10%的升值会导致出口份额降低0.5个百分点，进口份额下降约0.1个百分点，升值对进出口贸易均存在抑制作用。龚秀国（2006）考察了2005年7月至12月的进出口数据后认为，人民币汇率制度改革，人民币升值确实在减缓了我国出口商品过快的增长势头的同时也加快了我国进口商品的增长速度，对我国贸易收支乃至国际收支产生了预期的积极影响，能够有效缓解贸易摩擦和货币升值的压力。但李成和姜柳（2007）对此却持不同意见，认为虽然2005年7月我国进行了汇率制度的改革，但事实上仍在努力维持汇率的稳定，从三元悖论视角看，理论选择了汇率稳定和货币政策独立，限制资本自由流动。一方面，升值幅度较小，对国际收支变化的影响有限；另一方面，外商直接投资没有因人民币升值有减少的趋势，我国低廉的资源、广阔的市场和优惠的政策的吸引力远大于货币升值带来的成本，因此双顺差的压力没有得到根本性改变。何凌云和刘传哲等（2008）从静态和动态两方面对"汇改"的作用进行了阐释，认为虽然从静态层面看，汇率对贸易差额的影响微弱，但较"汇改"之前相比已有了极大的改善；从动态层面看，"汇改"之后，弹性较之前稳定，"汇改"的确使得人民币汇率对国际收支的调节作用得以提高。

人民币汇率制度改革之后几年的统计数据表明，我们贸易收支失衡状况非但没有缓解反而愈发严重。围绕人民币汇率制度改革、人民币升值对我国贸易余额影响微弱的原因，学界从不同视角进行了解释。

李成和蔡达建（2007）从贸易方式结构视角进行了解释，他们认为汇率制度调整在逆转我国贸易顺差持续快速增长的局面方面是乏力的，原因是顺差对于我国来说根植于经济结构的特殊性以及深刻的社会背景。我国出口商品集中于劳动密集型和资源密集型产品，出口结构没有体现出多元化的特征。由于拥有良好的工业配套能力、大量廉价劳动力以及对加工贸易实行保税政策，这些措施对外资具有较大吸引力，导致全球制造业迅速向我国转移，以致加工贸易成为我国主要的贸易方式。故内部经济结构失衡所导致的国际收支失衡是无法通过人民币名义汇率水平的变动而根本改善的。

李众敏和吴凌燕（2008）认为，人民币升值没有到位导致了对贸易均衡的反作用。他们通过多国比较静态模型模拟得出，人民币升值的负面影响将呈现递进趋势，因此，如果货币升值没有到位，那么升值的结果不仅不利于贸易平衡反而进一步刺激贸易顺差的增加，而且技术进步能够缓解和抵消人民币升值对宏观经济的作用。

何凌云和刘传哲等（2008）认为汇率制度改革之后，汇率对国际收支的调控能力显著提高。他们从静态和动态两方面对汇率、贸易差额、外汇储备以及外债规模等变量进行了实证研究，结果显示，收支变动与预期不一致的原因主要在于其他变量冲销了汇率的调节成效。除此以外，他们还认为人民币汇率传导机制存在阻滞，影响了汇率升值效应的发挥。

胡春田和陈智君（2009）从滞后性上进行解释，他们认为"汇改"后贸易顺差不减反增原因是商品贸易对实际汇率变动具有滞后性，人民币汇率升值对贸易收支的影响大约2年后才做出充分反应。

戴翔（2011）利用1994~2009年的季度数据，从模式贸易视角比较分析了不同贸易模式下中国贸易收支对有效汇率指数变动敏感性的差异性，结果表明，产品内贸易模式下的敏感性比传统产业间和产业内贸易模式下的敏感性更低。因此，他认为融入产品内国际分工体系是我国持续性贸易顺差的原因。

奚君羊和李志军（2011）从国别角度估算了我国与前18大贸易伙伴贸易收支的长期双边汇率弹性和收入弹性。实证发现，一方面，汇率弹性有正有负，存在相互抵消现象，因此，汇率对总贸易收支影响可能不显著；另一方面，收入弹性普遍大于汇率弹性，因而我国和贸易伙伴的经济增长对中国贸易收支的影响要明显大于汇率。所以他们指出，在全球经济的长期增长幅度一般要超过汇率变动幅度下，我国的巨额贸易顺差主要来源于中国和全球的经济增长而非汇率变动。

孙浦阳和靳舒晶等（2011）则从金融市场完善程度角度解释为何人民币升值不能改善我国国际收支失衡的状况。他们以美国为例，将美元指数计算中包含的24个国家（地区）1980~2009年的数据作为样本，检验了经常账户与GDP的相对规模和美元指数以及一系列金融市场完善程度指标之间的关系，研究结果表明，货币升值能否改变失衡的局面取决于一国的金融市场完善程度。我国金融市场完善程度不高，导致了人民币升值无法改善国际收支实证的问题。

彭斯达和熊梦婷（2015）从人口年龄结构视角解释中美双边贸易收支失衡的原因。他们认为其机制在于人口年龄结构差异导致了两国在消费水平以及储蓄水平上的相对差异，消费和储蓄的差异不可避免地作用于双边进口需求，从而成为影响双边国际贸易收支差额的重要因素。

岳柳汐和张志敏等（2015）利用萨缪尔森生命周期理论分析了中国国际收支偏离（失衡）的原因，认为房地产疯狂发展造成国际热钱流入是中国双顺差的根本原因。

此外，还有一批学者从汇率不完全传递的角度解释我国贸易收支失衡与传统国际金融理论相悖的现象。如果汇率变动不传递给进出口价格，即便ML条件成立，汇率变动也不能影响贸易收支。陈学彬和李世刚等（2007）、毕玉江和朱钟棣（2007）、刘思跃和叶苹（2011）、李艳丽和彭红枫（2014）以及王雅琦和戴觅（2015）等一批学者通过不同的样本数据以及计量方法研究了汇率变动对进出口价格的传递效应，研究结果表明，人民币汇率对进出口价格的传递是不完全的,并且传递程度因产品、时期、国别等因素的不同而不同。

二、汇率行为与贸易收支的相关文献综述

(一) 理论文献回顾

涉及汇率与贸易收支关系的理论分析体系有弹性论、吸收分析法、货币主义分析法以及蒙代尔—弗莱明模型等。本书主要围绕弹性论进行理论综述。

19世纪之前,无论是最早有国际收支记载的重商主义理论还是英国经济学家大卫·休谟(1752)提出的著名理论"价格—现金流动机制",都没有将汇率行为与国际收支联系起来。直到1937年,琼·罗宾逊(Jone Robinson, 1937)在Taussig(1917)、Bickerdike(1920)以及Marshall(1923)所做的奠基性工作的基础上,运用局部均衡分析方法系统地提出了国际收支的弹性分析法(Elasticity Approach),指出汇率变动对于贸易余额的影响取决于进出口的供求弹性。事实上,Bickerdike(1920)已经以逆弹性的形式推导出汇率与贸易差额之间的进出口供求弹性关系,并给出了逆供给弹性为0的假设,但他的研究目的不在于分析汇率变动对收支差额的影响。随后,围绕汇率贬值之后贸易收支变动的临界点问题,Lerner(1944)、Metzler(1948)先后对弹性学说做了重要的补充,形成了著名的马歇尔—勒纳条件和毕肯戴克—罗宾逊—梅茨勒条件。

20世纪50年代以来,作为探讨汇率与贸易收支的基础理论,众多学者从多个角度对马歇尔—勒纳(ML)条件和毕肯戴克—罗宾逊—梅茨勒(BRM)条件进行了不断的修正。

弹性分析方法只考虑了汇率调整的初期结果,在上述分析中,收入被假定是恒定的,没有明确地体现在需求方程里。Harberger(1950)以及Laursen和Metzler(1950)从收入变动视角论证了贬值与贸易收支的关系,形成了Harberger – Laursen – Metzler效应。HLM效应将收入决定与收支均衡结合起来分析,结论表明,本币贬值能够引起贸易收支改善以及贬值带来收入增加到引起进口增长两种效应。只有前一种效应超过后一种效应,本币贬值才能带来贸易收支的改善。

或许是消费者改变消费计划行动比较迟缓,或许是进口商预测将来汇率水平上升而囤积更多商品以避免进口价格上升。总之,这些行为导致货币贬值后进口量在短期内迅速增长,出口量无明显上升。短期内货币贬值后贸易收支可能出现赤字,随着贬值效应的逐步显现,贸易收支经短暂恶化后才能逐步改善。贸易收支的变化轨迹形同字母J,故称"J曲线"效应。Maggee(1973)、Junz和Rhomberg(1973)对"J曲线"的形成机制以及数学表达进行了研究。

由于弹性论的核心思想研究建立在局部均衡分析的基础上,由此其结论与研究方法后来受到了广泛的质疑。Dornbusch(1975)等学者还建立一般均衡框架,

对传统局部均衡框架下推导出的 ML 条件、BRM 条件进行修正。Dornbusch 在 BRM 条件的基础上引入非贸易品，建立一般均衡框架，阐述了汇率贬值在非贸易品边际消费倾向为 1、大于 1 以及小于 1 的情况下，不同政策措施下贸易收支改善的效果。

随着 20 世纪三四十年代乘数理论的发展，考虑国民收入与乘数的贸易收支调整机制受到广泛关注。50 年代初，Alexander（1952）等创立了国际收支调节的吸收分析理论，以凯恩斯国民收入方程式为基础，将贸易余额视为总收入与总吸收的差，从宏观需求管理政策角度（包括汇率政策、支出减少政策、支出转移政策等）提出调节贸易余额的措施。由于对传统的弹性公式存在不同的看法，吸收分析法在 50 年代引发了一场激烈的争辩。Alexander（1959）试图将弹性分析法与吸收分析法进行综合，在传统弹性分析法分析的基础上考虑收入效应，再由收入变化考虑对其贸易的引致效应，汇率变化的综合效应（收入效应与引致效应）共同决定着货币贬值对贸易收支的总效应。然而，Alexander 在弹性分析的基础上简单叠加了乘数效应，这样的综合是欠妥的，原因在于乘数效应还导致了相对价格发生新的变化，商品之间又出现新一轮的替代效应，而 Alexander 并未做进一步的分析。

无论是 ML 条件还是 BRM 条件，其理论推导都建立在汇率变动对价格完全传导的基础上。然而，现实经济的运行结果却往往与传统理论相悖。如美元在 1980～1985 年货币贬值并没有达到贸易收支改善的预期效果，20 世纪 80 年代中后期日元的持续升值也未停止日本贸易收支顺差的势头。起初，有人提出了"弹性悲观"，然而大量的经验研究表明，绝大多数工业化国家还是满足 ML 条件的（Goldstein & Khan，1985）。这些所谓的"调整之谜"令学术界的关注重点不再锁定汇率贬值导致贸易收支改善的判定条件的修正，而是开始找寻汇率变动对贸易收支影响弱化的原因。

其中，大量的成果集中在汇率对价格的传导流程上。其实早在 20 世纪 70 年代初，Branson（1973）就曾指出，汇率调整并不能够总是通过最终进出口价格进行反应。随后，尤其是 80 年代中后期开始，学术界从各种角度论证汇率不完全传导的原因（Krugman，1986；Dornbusch，1987；Taylor，2000；Devereux & Enge et al.，2004；Chen & Juvenal，2016）。这些原因大概可以分为微观要素和宏观要素，因汇率传导本身是个微观过程，因此对于微观要素的研究更为丰富，其角度有因市定价、市场竞争结构、产品质量等；宏观要素则有通货膨胀率、货币供给状况等。

（二）实证文献回顾

作为一个经典的议题，汇率与贸易收支的研究经久不衰，积累了大量的研究成果，尤其是实证类研究成果。根据考察汇率行为的侧重点不同，实证研究可分为针对汇率水平与贸易收支的研究和针对汇率波动与贸易收支的研究。

从针对汇率水平与贸易收支的研究看，弹性理论认为只有进出口价格弹性满足一定的条件，汇率贬值才会使贸易收支改善。经文献回顾后发现，ML 等条件不一定成立，汇率变动对贸易收支的影响具有不确定性。例如，Rose 和 Yellen（1989）采用 1960 年后季度数据对美国以及其他 G7 国家的双向贸易进行实证检验。研究结果显示，发展中国家和发达国家的汇率变动对贸易收支均不存在显著的影响。Rose（1991）又利用 1974~1986 年的数据对美、加、英等国进行实证检验后表明，这些国家之间 ML 条件是不成立的，因为实际汇率与进、出口之间根本不存在长期稳定的关系。但是，Bahmani - Oskooee 和 Brooks（1999）采用美国的数据研究后发现，实际汇率与贸易收支的关系因期限的不同而不同，短期内没有实质性的影响但长期内汇率贬值将改善贸易收支。Liew 和 Lim 等（2003）针对 1986~1999 年亚洲五国与日本的数据分析结果也许更能体现"不确定性"的效果。他们经研究后发现，日元相对本币升值时，马来西亚、菲律宾、泰国以及新加坡对日本的贸易收支恶化，但是对印度尼西亚的影响并不明朗。

由于新中国成立后国家对贸易品长期实行统收统支的控制，即便在 20 世纪 70 年代后期开始国家逐步放开了对贸易品的控制，但货币汇率却仍由政府控制，因此有关人民币汇率行为对我国贸易收支影响的经验研究主要在 90 年代开始出现。其研究主要遵循两种研究思路：一种是论证我国对外贸易是否满足 ML 条件、BRM 条件，对进出口尤其是出口额的影响等；第二种围绕人民币汇率制度改革与贸易收支的关系展开研究，尤其是汇率制度改革之后，对人民币汇率升值的贸易效应进行多方面的解释。有关第二种思路的文献综述已在上文有所涉及，这里主要对第一种思路下的研究成果作梳理。

经文献回归，我国是否满足 ML 条件的研究结论分三类。第一类认为进出口需求弹性不足，无法满足 ML 条件。厉以宁等（1991）采用 1970~1983 年的数据分析得出，我国进出口需求弹性分别为 0.68 和 0.05；张明（2001）采用 1985~1998 年的数据进行回归，结果显示进出口价格弹性分别为 0.0056 和 0.0566，弹性严重不足。第二类认为弹性在临界值上。陈彪如（1992）对 1980~1989 年的进出口价格指数及贸易量指数进行分析后发现，进出口价格弹性之和正处于 ML 条件的临界点上，出口需求弹性以及进口需求弹性分别为 0.72 和 0.30，因此人民币汇率变动对我国的贸易收支影响较弱。第三类认为进出口弹性满足经典的判定条件。戴祖祥（1997）采用 1981~1995 年的数据计算了进出口需求的相对价格弹性，结果显示我国进出口贸易满足 ML 条件。后期的总量研究基本都持这种观点（卢向前和戴国强，2005；刘尧成，2010）。

近年来，学者们更加关注从商品视角以及国别视角对汇率行为与贸易收支的问题进行深化分析。赵大平和汤玉刚（2010）通过我国 2005~2009 年的分类商品的月度面板数据估计了人民币—美元名义汇率变动对中国各类商品进出口的价格效应、数量效应和贸易收支效应，结论显示只有机电产品不满足汇率贬值改善贸易收支的汇率弹性条件，认为其原因是进口数量因人民币升值反而下降。辜岚（2006）采用 1997~2004 年中国与美国、日本、加拿大、英国、韩国、欧元区国家和马来西亚 7 个国家的月度数据，实证了实际汇率指数与以美元计价的进出口额之间的关系，结论表明，马歇尔—勒纳条件只在我国与美国、欧元区国家之间成立且存在"J 曲线"效应。叶永刚和胡利琴（2006）、安辉和黄万阳（2009）等对中美、中日间汇率与贸易收支问题进行了分析。前者采用 1995~2004 年的季度数据，运用单方程分析结果表明，人民币有效汇率在长期内以及短期内对中美贸易收支差额都不存在影响，而与中日贸易收支差额互为因果关系。无论是对中美贸易收支或是中日贸易收支均不存在"J 曲线"效应；后者区分了人民币汇率水平与波动并考虑了汇率制度变量，基于 1994~2009 年的季度数据，运用双方程实证了双边实际汇率变动对中美、中日进出口量的影响。结论表明，我国对美进出口价格效应和汇率波动效应均不存在；对日出口价格效应极强，波动效应较强，从日进口价格效应、汇率波动均较强。赵颖岚和邓知博（2015）对中国与 8 个主要贸易伙伴的数据估计了进口和出口商品模型。实证表明，中国与贸易伙伴间的马歇尔—勒纳条件成立，中国进口存在"J 曲线"效应而出口并不存在。

以上研究基本只考虑了需求方面，岳昌君（2003）、黄万阳（2012）、印梅和王光伟（2012）等从供给角度考察了人民币汇率与我国贸易收支的关系。例如，黄万阳（2012）在考虑供给因素的基础上对双边实际汇率我国 17 个双边贸易之间的以美元标价的出口额、进口额以及收支余额进行了分析。结果显示，供给因素是我国对 17 个贸易伙伴国出口的重要决定因素，除新加坡外，汇率对其余贸易伙伴出口都有显著的正影响，汇率弹性在 0.46~1.56。国外供给对大多数贸易伙伴国进口有显著作用。与此类似，印梅和王光伟（2012）通过对传统模型做进一步拓展，从供给视角重新审视了人民币汇率变动与中国出口贸易的关系，研究结果也认为中国出口供给非无限价格弹性，人民币实际有效汇率升值并没有引起出口量、出口额缩减，其原因是供给等非价格因素抵消了汇率升值所带来的负面影响。

从针对汇率波动与贸易收支的实证研究看，汇率波动对贸易影响的分析结果仍然饱受争议。从影响方向上看，大多数早期的研究诸如 Clark（1973）等持汇率波动对贸易有较大负面性的观点。然而，随后的研究结论多数仍支持汇率波动对贸易影响具有不确定性的结论。Hooper 和 Kohlhagen（1978）建立了贸易品进口需求与出口供给的市场均衡模型，实证分析了汇率波动对美国与德国的贸易冲击和价格冲击。结果表明,当进口商承担大部分汇率风险,其他条件不变的情况下进口需求下降;如果出口商承担汇率风险则出口价格显著增加,因此汇率波动对贸易量没有绝对方向一致的影响。Cote(1995)曾对1988年以后的有关研究汇率波动与贸易关系的文献做了广泛的调查,尽管当时普遍认为汇率波动有损贸易水平,然而调查结果表明,结论是模糊的。即便大量的理论研究表明,汇率波动对贸易有重大影响,然而实证衡量却发现其影响甚微。库什曼(Cushman,1988)研究了美国与其他区工业国之间双边汇率的波动性对进、出口贸易的影响,结果显示,风险变量的系数多数并不显著,而从符号上看也是正负兼具。后来,众多学者(Rose,2000;Engel & Rose,2000;Frankel & Rose,2002)在研究货币联盟以及美元化的贸易问题时开始支持汇率波动对贸易存在负面影响的结论。例如,Rose(2000)运用186个国家、地区5年的跨国面板数据,通过重力模型进行分析后得知统一货币的两国之间的贸易要多于非统一货币的两国。统一货币对国际贸易有重要的影响。货币统一不仅削减了国家之间的贸易成本,贸易品的价格变得更便宜,而且消除了汇率变动对国际贸易带来的负面影响。Serenis和Tsounis(2014)沿用以往文献中采用标准差或者对数移动平均获取波动率数据的方法以及哑变量的方法同时衡量汇率的波动率并对非洲三国的出口贸易进行了实证分析,结论显示汇率波动对出口贸易有着非常重要的负面影响。

在有关汇率波动对贸易的影响程度方面,Kroner和Lastrapes(1993)运用多元GARCH – M模型对1973年1月到1983年12月的美国、英国、西德、日本、加拿大以及法国(后两者的截止日期分别为1986年12月和1986年11月)的数据进行分析得出,名义汇率变动对多边出口贸易(量或价格)有统计意义上的显著影响,但影响程度并不大。而且由于各国经济政策、结构的不同,汇率变动对各国影响大小并不相同。从行业分类看,Bahmani – Oskooee和Harvey(2014)检验了1962~2009年美国与西班牙之间的贸易,检验结果表明,美国的出口行业比进口行业更易遭受汇率波动的影响,74种出口行业中有35种行业对汇率波动做出了反应,其中11种行业呈正面反应,24种行业呈负面反应;但37种进口行业中只有3种行业呈正面反应,其中11种行业呈负面反应,没有证据表明哪种行业的商品更易受汇率波动的影响,但专业化的小众商品似乎更易做出正面的反应。

可见,汇率波动对贸易的影响无论是在方向上还是在程度上的结论都是因研究对象而异的。传统理论所认定的汇率稳定对于贸易发展的优势已经不再明显。即便可以说理论研究上由于采用模型各异,约束条件不同而导致不同的结论,但无法忽视的是实践上汇率波动对国际贸易的不同影响。为什么会出现这种现象呢,借用Cote(1995)的观点解释是:第一,风险规避企业并不一定会因为风险增加而减少风险活动；第二，套期保值工具的使用使交易商以较小的代价规避较大的风险成为可能；第三，汇率波动还有可能抵消其他的商业风险；第四，汇率波动带来的风险也可能是贸易利润创造以及投资创造的机会。

我国汇率波动与贸易收支的研究主要集中在汇率波动对出口贸易的影响上。Chou（2000）早在21世纪初就开始关注发展中国家汇率风险问题。他采用1981~1996年的季度数据对人民币实际有效汇率波动对中国出口贸易影响的问题进行了研究，成为最早关注人民币汇率风险的文献。Chou采用人民币实际有效汇率代替进出口价格大小，分析了对SITC分类（国际贸易标准分类）的中国总出口以及部门出口的影响。结果表明，人民币汇率波动对总出口以及制造业、矿物油出口的影响为负，对工业原料出口的影响为正。Lan（2004）通过对1978~1998年我国对主要贸易国的制造业SITC分类出口商品进行研究发现，实际汇率波动性对制造业出口量的影响并非系统为负，该结论进一步强调了实际汇率波动对出口贸易的影响必须在商品层面上展开。陈六傅和钱学锋等（2007）从出口主体类别视角研究了1995年1月至2005年12月人民币实际汇率波动风险对出口的影响。结果发现，长期内人民币实际有效汇率波动风险对合作企业产生显著的正向冲击，对国有企业、外商独资企业的冲击不显著，对集体企业、中外合资企业以及其他类企业出口都产生显著的负向冲击；短期内对集体企业、合资企业的负面冲击显著，尤其是对合资企业短期调整的滞后4期还起着明显作用。张伯伟和田朔（2014）基于国别视角利用2000~2011年147个国别的数据实证研究了人民币汇率波动对出口贸易的影响，研究结果显示，人民币汇率波动风险对出口贸易的影响在发达国家与发展中国家之间以及汇率制度改革前、改革后均存在显著差异，人民币汇率波动对中国出口贸易的影响存在非对称性。

除了分析汇率波动对出口的影响之外，谷宇和高铁梅（2007）还基于1994年第一季度到2006年第三季度的数据区间，分别分析了人民币实际有效汇率波动性及其对我国进、出口的长、短期影响。结果表明，长期内与短期内人民币汇率波动性对进出口的冲击也不同，长期内波动性对出口形成负向冲击而对进口形成正向冲击；但在短期均表现为负向冲击。袁申国和郑雯（2015）针对65个不同行业选取中国1992~2013年出口与进口行业数据，凭借自回归分布滞后模型以及误差修正模型实证了人民币实际有效汇率波动对分行业进出口贸易的影响，实证结果显示，就不同行业分类而言，长期内人民币汇率波动对其进、出口额的变动影响较为有限。但是短期内，人民币汇率波动表现出更为显著的进出口影响效应。行业不同，受到的影响程度不同，呈现明显的不对称性。李志斌（2009）直接实证了人民币汇率波动与贸易余额之间的关系。他基于1995年1月至2007年9月的月度数据，将采用GARCH模型计算的条件异方差作为汇率波动的代理变量实证了与中美贸易余额的关系。结果发现，长期内人民币汇率波动率增加促进了中美贸易收支顺差的缩小；短期内人民币汇率波动率增加则缩小了中美贸易收支顺差。

三、研究评述

通过上述文献回顾不难归纳：

第一，汇率制度、汇率行为以及贸易收支之间的关系是国际经济领域经久不衰的研究议题，随着国际上货币体系、各国汇率制度的转换，不同时期研究的侧重点不同。从汇率制度视角的分析倾向于分析汇率制度稳定性与贸易流之间的关系，但无论是理论上研究还是实证上的检验均无较为一致的结论；汇率制度如何影响贸易收支，影响机理是什么，这些问题看似并不晦涩，实则尚没有经过清楚地阐明；有关汇率行为与贸易收支的研究有着深厚的研究积淀，虽然多数研究倾向于采用弹性论的分析框架，但不同的样本所得出的结论差距甚大，因此对于不同对象、不同时期的研究仍然有其独特的价值。

第二，人民币汇率制度、汇率行为与贸易收支的关系也长期吸引着大量的关注。就2005年的人民币汇率制度市场化改革的相关文献分析看，无论是内因还是外因，中国对外贸易收支状况是人民币汇率制度改革的"催化剂"的观点是得到普遍认可的。人民币升值之后贸易余额持续增长引发的人民币汇率升值之谜更是引起了各界热烈的讨论。时至今日，国内外经贸形势已然发生变化，2012年以来中国外贸进出口总额增幅明显下降，2015年进出口总额更是同比下降7%，但贸易收支失衡仍然持续存在，当然在此领域的探索依然方兴未艾。

通过文献资料的回顾与分析，本书认为有关人民币汇率制度、汇率行为与贸易收支的相关议题还有几个具体问题没有得到很好的解决抑或其研究仍显薄弱，需要做进一步深究：

第一，需要直接从汇率制度视角对贸易收支问题作进一步研究。据文献回顾可知，已有研究主要侧重于直接研究汇率水平或者汇率波动率与贸易收支的关系，那么能否建立一个系统的分析框架，将汇率水平、汇率波动甚至不同的汇率制度下人们对汇率变动的不同预期等制度特征全部纳入汇率制度的分析框架中？

第二，传统的汇率变动与贸易收支关系的判定条件是既考虑供给弹性也考虑需求弹性，而运用过程中一般只以简化的马歇尔—勒纳条件（ML条件）作为标准。那么时至今日，供给弹性无限大的假设是否依然成立？而且，在ML条件的运用过程中往往以汇率弹性代替价格弹性做出判定，那么汇率弹性与价格弹性有何联系，能否替代，这种做法能否找到依据？

第三，从产品层面以及国别层面研究问题是近年来贸易收支相关问题的研究趋向，但在国别层面的研究中已有文献普遍侧重于美国、日本等少数重要的贸易伙伴国或者针对欧盟、东盟等少数重要的贸易区域进行研究，带有局部研究的特性。因此，本书样本点的选择有如下标准，即量上要具有重要性，区域上要具有代表性，总量上占绝大多数的原则，从国别层面对人民币汇率制度、汇率行为与贸易收支的相关问题做全局性研究是有必要的。

第四，在有关汇率变动与贸易收支的已有研究中，变量的选择不尽相同，存在进一步斟酌以及说明之处。例如，采用贸易额还是贸易量的问题，采用什么货币计价下的贸易额问题，采用有效汇率、双边汇率还是美元汇率的问题，汇率弹性能否直接使用于传统的 ML 条件、BRM 条件的问题等。

第四节 研究思路及内容

本书将在考虑上述问题的基础上基于国别视角对人民币汇率制度、汇率行为与我国贸易收支的关系做理论上、历史上以及实证上的分析，探讨在一篮子货币制度下贸易收支均衡与汇率调整的关系，针对分析结果给出了现行汇率制度及汇率走势下促进我国汇率制度完善，促进对外贸易平稳健康发展以及促进贸易收支均衡的对策建议。从研究对象的选择看，双边贸易收支总额重要性是已有文献资料常用的衡量方法（赵颖岚和邓知博，2015；奚君羊和李志军，2011；李文军和张巍巍，2010）。于是在研究对象的选择上，本书主要以 2005 年汇率制度改革以来至 2015 年与我国双边累计贸易收支额占总贸易收支额比重在 1% 以上作为标准，选取了 22 个国家和地区与我国的贸易往来作为研究样本，这些国家（地区）具体为日本、韩国、中国台湾地区、中国香港地区、马来西亚、印度、新加坡、泰国、沙特阿拉伯、印度尼西亚、菲律宾、英国、德国、俄罗斯、法国、意大利、荷兰、美国、加拿大、巴西、澳大利亚和南非。从分布看，这 22 个国家（地区）涵盖了五大洲，亚洲有 11 国（地区），欧洲有 6 国，其中德、法、意、荷 4 国同属欧元区国家，北美有 2 国，拉美有 1 国，大洋洲和非洲各含 1 国；从经济发展层次及与我国的贸易关系来看，这 22 个国家（地区）既含有发达国家也有发展中国家，累计进出口贸易额占我国累计总贸易额的 74.7%，同时也是我国主要的贸易差额来源地，因此对这些国家（地区）的分析具有代表意义。值得一提的是，海关统计以关境作为划分区域，我国的贸易数据中不含独立统计的香港地区、台湾地区以及澳门地区三地，因此本书中的"我国"特指中国大陆地区，与此类似文中"我国货币"特指人民币。

本书共分十章，各部分主要内容安排如下：

第一章导论部分。本章首先交代了全书的研究背景以及研究意义，其次对书中几个关键的概念进行了阐释，按照理论研究与实证研究两个层次对相关的文献进行了归纳梳理，进而做了简要评述并引出本书的研究空间，随后归纳了本书的研究思路、主要内容、研究方法；最后总结了本书研究可能的创新之处。

第二章构建汇率制度、汇率行为与贸易收支的分析框架。首先，采用局部均衡模型分别阐释汇率制度要素变动与贸易收支之间的理论联系，并进一步通过一般均衡模型分析汇率制度与贸易收支的关系；其次，推导汇率升贬值与贸易收支变动的汇率弹性判定条件，并分析与经典的价格弹性判定条件（例如 ML 条件、BRM 条件）的关系，为后续的实证分析奠定基础。

第三章描述国际汇率制度变迁、汇率行为与贸易收支的互动历程。本章将国际汇率制度划分为金本位体系下自然固定的汇率制度时期、两次世界大战之间混乱的汇率制度时期、布雷顿森林体系下"双挂钩"的汇率制度时期以及牙买加体系下多元化汇率制度时期，分析各时期贸易收支状况以及汇率制度变迁与贸易收支的联系。

第四章阐述了人民币汇率制度沿革、汇率调整与贸易收支的历史关系。本章基于历史事实阐述人民币汇率制度转换、汇率调整与贸易收支关系在计划经济时期、经济转轨时期以及社会主义经济时期的特点。

第五章基于前文的理论分析对国别视角下的汇率行为与进出口定价能力的传导作用进行实证检验。本章首先基于国别视角描述人民币双边汇率、有效汇率以及进出口价格指数的走势；其次基于理论分析构筑计量模型，分别估算各影响因素对进口价格以及出口价格的影响，以汇率对价格的传导程度界定我国进出口的定价能力；最后通过举例剖析汇率变动下我国进出口定价能力具有国别差异性的原因。

第六章基于前文的理论分析对国别视角下汇率行为的贸易收支效应进行实证检验。本章首先描述我国贸易收支变动的国别特征；其次基于前文理论分析构筑本章的实证分析框架，在同时考虑供给和需求的情况下建立双方程计量模型，分出口和进口分别估算各类影响因素对我国进出口额的影响，并通过判定条件得出汇率升贬值与贸易余额间的长期均衡关系。

第七章在上述进出口函数关系的基础上推导单方程计量模型，并依据数据平稳性特点分 VEC 和 ARDL 两种方法进一步分析汇率行为与双边贸易余额的短期调整关系。为了直观描述汇率水平冲击下贸易余额变动的动态过程，本书基于 VAR 模型做变量间的脉冲响应分析。

第八章以双边进出口占比作为国别市场分布的指标并分析我国出口目的地与

进口来源地的变动情况，同时采用赫芬达尔—赫尔希曼指数（Herfindahl – Hirschman Index）的倒数衡量进出口国别市场分散度并分析其走势，对第二章中的理论分析进行拓展，构建分析框架，在此基础上验证汇率行为对我国进出口贸易市场分散度的影响。

第九章研究了参考一篮子货币的汇率制度下对外贸易收支均衡与汇率调整的关系。本章首先以介绍一篮子货币制度入手，分析了钉住一篮子货币制度下汇率变动的特点；其次阐述了贸易收支均衡条件下人民币一篮子货币权重的计算方法；再次阐述在钉住一篮子货币的汇率制度下汇率如何调节以保证货币篮子平稳与贸易收支均衡；最后剖析了我国参考一篮子货币与钉住一篮子货币的区别。

第十章研究结论与政策建议。本章首先总结了本书的研究结论并提出了政策建议，对后续的研究进行展望。

第五节 研究方法

本书结合国际金融学、国际贸易学以及计量经济学等学科的专业知识，综合采用统计描述与比较、理论分析、历史分析、实证检验等多种分析方法，对国别视角下汇率制度转换、汇率行为与贸易收支均衡的关系进行探讨。

一是统计描述与比较。书中采用统计描述与比较分析的方法对我国与贸易伙伴的双边汇率、进出口价格以及进出口贸易额等变量的走势进行描述与比较分析。

二是理论分析。本书基于微观视角构建了理论分析框架，推导了汇率升贬值、汇率波动与贸易收支的理论联系，并阐释了汇率预期对贸易收支的影响，然后在 Bacchetta 和 Wincoop（2000）的理论基础上推导了汇率制度与贸易流的联系，最后推导了汇率升贬值与贸易收支的汇率弹性判定条件的各种可能性，并且阐明了与经典判定条件之间的联系。

三是历史分析。本书依据货币体系的划分分析了国际汇率制度的变迁与贸易收支的互动历程，并采用新中国成立以来的历史资料定性分析了人民币汇率制度转换、汇率行为与当时贸易收支状况、贸易体制之间的关系。从历史角度考察货币当局的汇率政策调整与对外贸易政策的配合程度，以说明人民币汇率制度、汇率调整对贸易收支的调控作用。

四是实证检验。本书在可获得数据的基础上，运用面板系数模型实证检验了汇率行为与进出口贸易价格以及进出口贸易额的关系；通过 VEC 模型以及

ARDL–ECM模型、脉冲响应函数实证检验了汇率行为与贸易收支余额的短期动态关系；采用 ARDL–ECM 模型检验了汇率行为与进出口市场分散度的关系。

第六节　可能的创新之处

本书力求从理论及实证两方面揭示汇率制度、汇率行为与贸易收支的关系。比较已有研究，本书的创新之处有以下几点：

一、理论上主要的创新之处

（1）本书搭建了汇率制度与贸易收支的研究框架。首先结合制度经济学以及国际金融学理论将汇率制度特征具体化，把汇率水平、汇率波动以及汇率预期界定为区别汇率制度的三种要素，在汇率制度与贸易收支之间搭建了桥梁，将研究汇率制度与贸易收支的问题转变成研究汇率制度三要素与贸易收支的问题。

（2）本书在前人研究的基础上，构建汇率水平与贸易收支的理论模型、汇率波动与贸易收支的理论模型、汇率行为与贸易收支分布的理论模型以及汇率制度与贸易收支的一般均衡模型来推导汇率制度与贸易收支的关系，得到了具有共通性的结论。

（3）本书基于汇率弹性推导汇率贬值后贸易收支改善的判定条件，并在此基础上逐步深入，厘清了基于汇率弹性的判定条件与基于价格传导弹性的判定条件以及基于供求价格弹性的判定条件（BRM 条件、ML 条件）之间的联系。值得注意的是，在汇率弹性条件下，标价货币不同以及汇率的表示方法不同，判定条件的形式也是不同的。但本书证明，无论哪种形式，满足基于汇率弹性的判定条件都能满足基于供求价格弹性的判定条件，从而为此类问题的简化分析提供了理论上的依据。

二、实证上主要的创新之处

（1）本书尝试通过两种设置方式以虚拟变量的形式考察了汇率制度的影响：第一种方式以 2005 年 7 月的汇率形成机制改革为分界点，分改革前与改革后；第二种方式以 IMF 对基于事实的人民币汇率制度的划分为基准，将 1995 年 1 月至 1997 年 12 月、2005 年 7 月至 2008 年 6 月以及 2010 年 6 月以后划分为相对灵活的汇率制度时期，将 1998 年 1 月至 2005 年 6 月以及 2008 年 7 月至 2010 年 5 月划分为相对稳定的汇率制度时期。

（2）本书不仅考虑了汇率变动对出口价格的影响，还检验了汇率变动对进口价格的影响。不仅考虑了双边汇率水平变动对进出口价格的传导，还考虑了双边汇率波动、汇率制度虚拟变量的影响，考虑较为全面。

（3）本书基于赫芬达尔—赫尔希曼指数，构建了我国进、出口市场分散度指数来反映进、出口市场的多元化程度。本书在描述进出口市场分散度指数趋势之后还实证检验了人民币汇率行为对进出口市场分散度的影响，得到了创新性的结果。结果发现，汇率行为对进出口市场多元化程度的影响在于汇率波动的影响，汇率波动对进出口贸易额的影响较弱，但是对于贸易渠道的选择十分重要。

三、视角上的创新

虽然人民币汇率行为与贸易收支的关系不乏国别视角的研究，但是已有文献主要集中在对中美、中日、中欧等少数重要国家或者主要区域的分析。本书选取的主要贸易伙伴数量达22个之多的研究并不多见。而且本书不仅实证汇率行为与贸易收支的关系，而且从国别视角研究人民币汇率行为与进出口价格的关系，并界定进出口的国别定价能力，与现有文献相比研究范围有了进一步拓展。

第二章 汇率制度、汇率行为与贸易收支的分析框架

第一节 汇率制度要素与贸易收支的理论联系

由前文可知，汇率制度要素具体可分解成汇率预期、汇率水平以及汇率波动三种基本要素，汇率制度通过汇率制度要素发生作用。这一部分将从汇率制度要素入手探讨汇率制度与贸易收支间的联系，分析汇率升值贬值、汇率波动以及对汇率的预期对贸易收支的影响。

一、汇率升贬值与贸易收支

货币形成源于商品，因而具有商品的属性。可以将货币看成是一种特殊的商品，汇率是这种特殊商品的价格，即用一种货币来表示另一种货币的价格[①]。传统理论认为，一国汇率贬值将降低本国商品在国外的售价，提高外国商品在本国的售价，使内外消费者转换需求，均倾向于购买该国的产品。这也就是凯恩斯理论的中心思想：名义汇率变动的需求转换效应。假设只有两个国家，p_f 为本币表示的进口商品价格，p_f^* 为外币表示的外国商品价格，p_h 为本币表示的本国商品价格，p_h^* 为外币表示的本国出口商品价格，E 表示外币与本币的相对价格（直接标价法）。不考虑运输成本、其他国际交易费用、企业战略因素以及其他影响因素的变动，并假设初始处于均衡状态，即单位产品在国内外市场出售给企业带来的收益是相当的。在假设条件下，一价定律成立，即有 $p_h = E p_h^*$ 以及 $p_f = E p_f^*$ 成立。当本币贬值（E 增加为 E'），本国产品在国外的

---

① 陈雨露. 国际金融 [M]. 北京：中国人民大学出版社，2000：7.

售价降低为 $p^{*'}_h$，外国产品在本国的售价提高到 p'_f，国内外市场重新达到均衡，有 $p_h = E'p^{*'}_h$ 和 $p'_f = E'p^*_f$ 成立。此时有 $p^{*'}_h < p^*_h$ 和 $p'_f > p_f$，这里 $p^{*'}_h$ 降低的比例以及 p'_f 提高的比例等同于汇率变动的比例。可见，本币贬值提升了本国出口商品在国外市场上的价格竞争力，促进了国外消费者对本国出口商品的需求；本币贬值也削弱了外国商品在本国市场上的价格竞争力，抑制了本国消费者对外国商品的需求。

从上述分析不难看出，在传统的国际金融理论中隐含着价格完全传导这一前提假设。此时，名义汇率变动对国际贸易价格有着极其重要的作用。然而在现实经济中，偏离一价定律已经成为了常态，而且超越了通过区域距离或运输成本所能解释的程度。① 因此，结合国际市场分割与价格歧视理论，一些学者如 Krugman（1986）、Obstfeld 和 Rogoff（2000）以及 Betts 和 Devereux（2000）等在分析中提出采用当地货币定价（PTM）的分析方法，认为与汇率完全传导下的 PCP 的定价方式相比，PTM 的定价方式削弱了汇率变动对价格的传导。

事实上，在汇率不完全传导下，以微观出口企业决策视角为例，当汇率变动后（以本币升值为例，E 减少为 E''），出口商品的外币价格（p^*_h 变动为 $p^{*''}_h$）可能出现 5 种变化情况。第一种情况是 $p^{*''}_h > p^*_h$，且 $p^{*''}_h/p^*_h = E/E''$，微观企业面对的单位本币收益不变，汇率变动成本完全转嫁给国外进口商；第二种情况是 $p^{*''}_h > p^*_h$，且 $p^{*''}_h/p^*_h < E/E''$，微观企业面对的单位本币收益小幅下降，汇率变动成本在进口商与出口商之间分摊；第三种情况是 $p^{*''}_h > p^*_h$，且 $p^{*''}_h/p^*_h > E/E''$，微观企业面对的单位本币收益上升，进口商承担了超过汇率变动的成本；第四种情况是 $p^{*''}_h < p^*_h$，微观企业面对的单位本币收益大幅下降，出口商承担了超过汇率变动的成本；第五种情况是 $p^{*''}_h = p^*_h$，微观企业面对的单位本币收益与汇率变动等幅度下降，出口商承担了全部的汇率变动成本。对于满足需求规律的正常品而言②，第一种、第二种、第三种情况下，需求均是下降的，但程度有所不同；第四种情况需求上升；第五种情况需求不变。那么，微观企业在面对汇率变动的情况下，是什么决定了企业对出口定价的选择呢？

本书在 Baldwin 和 Krugman（1989）、Gagnon 和 Ihrig（2004）、Marazzi 等（2005）、陈学彬和李世刚等（2007）、毕玉江和朱钟棣（2007）以及黄满盈和高存志等（2012）的研究基础上进行拓展，建立如下考虑收益最大化的分析框架。已有文献倾向于从本币出口价格的角度分析。毕玉江和朱钟棣（2007）分析认为，如果出口厂商市场竞争力越强，那么出口厂商以本币表示的出口价格对汇率

---

① 姜波克，陆前进. 国际金融学 [M]. 上海：上海人民出版社，2003：9.
② 正常品满足 $\partial x(\cdot)/\partial p_i < 0$，其中，$x$ 为需求函数，p 为价格。

的变动越不敏感，竞争力越强进行成本转嫁的能力也越强。本书认为，如果采用市场所在地货币表示的出口价格分析，则能够更直观地显示出口产品的定价能力，因此直接从外币出口价格入手考虑企业对定价的选择问题。

考虑国内某一具有代表性出口商，它向 n 个外国目标市场进行销售，假设市场充分隔绝，商品具有异质性，有一定的市场垄断地位①。国家 i 的进口需求函数为 $Q_i = Q(p_{hi}^*, \delta_i)$，式中，$\delta_i$ 为影响市场需求的其他解释变量；成本函数可以表示为 $C = C(\sum_{i=1}^{n} Q_i, \varphi)$，$\varphi$ 为影响成本的其他解释变量；利润函数可以表示为 $\pi = \sum_{i=1}^{n} E_i p_{hi}^* Q(p_{hi}^*, \delta_i) - C(\sum_{i=1}^{n} Q_i, \varphi)$。利润最大化的一阶条件为 $\partial \pi / \partial p_{hi}^* = 0$，由此可解得最优外币价格如下：

$$p_{hi}^* = \frac{MC(\sum_{i=1}^{n} Q_i, \varphi)}{E_i} \cdot \frac{\eta_i(p_{hi}^*, \delta_i)}{\eta_i(p_{hi}^*, \delta_i) - 1} \qquad (2-1)$$

式中，$\eta_i = \left| \frac{\partial Q_i / Q_i}{\partial p_h^* / p_h^*} \right|$ 为第 i 国对出口产品的需求价格弹性绝对值。不难看出，市场上的定价随着名义汇率水平、边际成本生产以及市场上产品的需求弹性变化而变化。将外币价格折算成本币表示的价格 p_h，p_h 可表示成边际成本与成本加成的乘积：

$$p_{hi} = MC(\sum_{i=1}^{n} Q_i, \varphi) \cdot \frac{\eta_i(p_{hi}^*, \delta_i)}{\eta_i(p_{hi}^*, \delta_i) - 1} \qquad (2-2)$$

为了便于分析，假设 MC 恒定，δ_i 不变，那么 η_i 是 p_{hi}^* 的函数，而 p_{hi}^* 的变动便取决于 E_i 和 η_i 共同变动的结果。依然以升值为例，令变动后的需求弹性为 η''_i（同样，其他变动后的变量也作此标志），如果 $\frac{\partial \eta_i / \eta_i}{\partial p_h^* / p_h^*} < 0$，则出现两种可能：$p^{*''}_{hi} > p_{hi}^*$，$\eta''_i < \eta_i$ 或者 $p^{*''}_{hi} < p_{hi}^*$，$\eta''_i > \eta_i$，代入式（2-1）和式（2-2），在第一种情况下，$p^{*''}_{hi} > p_{hi}^*$ 大幅上涨，且 $p^{*''}_{hi} / p_{hi}^* > E/E''$，$p''_{hi} > p_{hi}$；在第二种情况下，$p^{*''}_{hi} < p_{hi}^*$，且 $p^{*''}_{hi} / p_{hi}^* < E/E''$，$p''_{hi} < p_{hi}$ 本币单位收益大幅下跌。如果 $\frac{\partial \eta_i / \eta_i}{\partial p_h^* / p_h^*} = 0$，则 $\eta''_i = \eta_i$，代入式（2-1）和式（2-2）得 $p^{*''}_{hi} > p_{hi}^*$ 且 $p^{*''}_{hi} / p_{hi}^* = E/E''$，$p''_{hi} = p_{hi}$。如果 $\frac{\partial \eta_i / \eta_i}{\partial p_h^* / p_h^*} > 0$，则出现两种可能：$p^{*''}_{hi} > p_{hi}^*$，$\eta''_i > \eta_i$ 或

---

① 垄断厂商模型暗含的条件是企业在需求弹性绝对值 $\eta_i > 1$ 时生产销售。

者 $p^{*"}_{hi} < p^{*}_{hi}$，$\eta''_i < \eta_i$，代入式（2-1）和式（2-2），第一种情况下，$p^{*"}_{hi} > p^{*}_{hi}$ 小幅上涨，且 $p^{*"}_{hi}/p^{*}_{hi} < E/E''$，$p''_{hi} < p_{hi}$ 本币收益小幅下跌；第二种情况下 $p^{*"}_{hi} < p^{*}_{hi}$ 和 $\eta''_i < \eta_i$ 相互矛盾，无法成立。另外，当 $p^{*"}_{hi} = p^{*}_{hi}$ 时，$p''_{hi} < p_{hi}$ 且 $p''_{hi}/p_{hi} = E''/E$；当然，如果将成本的变动也考虑进去，定价条件将会复杂许多。

本书以本币升值以及出口价格的反应为例进行的分析结果表明，以何种货币定价本身并不是决定汇率传导的关键，汇率传导效应取决于生产商在不同成本与需求弹性下的权衡。

进一步，令 $\varepsilon^{*}_{p_h}$ 为外币价格的汇率弹性，ε_Q 为出口量的汇率弹性，ε^{*}_v 为外币出口额的汇率弹性，ε_v 为本币出口额的汇率弹性，且将 $\varepsilon^{*}_{p_h}$ 表示成：

$$\varepsilon^{*}_{p_h} = \frac{\partial p^{*}_h / p^{*}_h}{\partial E/E} \tag{2-3}$$

则相应有：
$$\varepsilon_Q = \frac{\partial Q/Q}{\partial E/E} = \frac{\partial Q/Q}{\partial p^{*}_h / p^{*}_h} \cdot \frac{\partial p^{*}_h / p^{*}_h}{\partial E/E} = -\eta_i \varepsilon^{*}_{p_h} \tag{2-4}$$

$$\varepsilon^{*}_v = \frac{\partial p^{*}_h Q / p^{*}_h Q}{\partial E/E} = \varepsilon^{*}_{p_h} - \eta_i \varepsilon^{*}_{p_h} \tag{2-5}$$

$$\varepsilon_v = \frac{\partial E p^{*}_h Q / E p^{*}_h Q}{\partial E/E} = 1 + \varepsilon^{*}_{p_h} - \eta_i \varepsilon^{*}_{p_h} \tag{2-6}$$

综上，$\frac{\partial \eta_i/\eta_i}{\partial p^{*}_h/p^{*}_h}$ 与 p^{*}_{hi}（$p^{*"}_{hi}$）、p_{hi}（p''_{hi}）$\varepsilon^{*}_{p_h}$、ε_Q、ε^{*}_v、ε_v 之间的关系归纳如下：

表 2-1　最优价格变动与贸易量、贸易额的汇率弹性

$\frac{\partial \eta_i/\eta_i}{\partial p^{*}_h/p^{*}_h}$	p^{*}_{hi}（$p^{*"}_{hi}$）	$\varepsilon^{*}_{p_h}$	p_{hi}（p''_{hi}）	ε_Q	ε^{*}_v	ε_v
$\frac{\partial \eta_i/\eta_i}{\partial p^{*}_h/p^{*}_h} < 0$	$p^{*"}_{hi}/p^{*}_{hi} > E/E''$	< -1	$p''_{hi} > p_{hi}$	> 1	> 0	> 1
	$p^{*"}_{hi} < p^{*}_{hi}$	> 0	$p''_{hi} < p_{hi}$	< 0	< 0	—
$\frac{\partial \eta_i/\eta_i}{\partial p^{*}_h/p^{*}_h} = 0$	$p^{*"}_{hi}/p^{*}_{hi} = E/E''$	< -1 ①	$p''_{hi} > p_{hi}$	> 1	> 0	> 1
$\frac{\partial \eta_i/\eta_i}{\partial p^{*}_h/p^{*}_h} > 0$	$p^{*"}_{hi} > p^{*}_{hi}$ 且 $p^{*"}_{hi}/p^{*}_{hi} < E/E''$	< 0	$p''_{hi} < p_{hi}$	> 0	> 0	> 1
	$p^{*"}_{hi} = p^{*}_{hi}$	0	$p''_{hi}/p_{hi} = E''/E$	0	0	1

---

① 接近 -1，如果汇率采用间接标价则等于 1。

上述推导表明，汇率变动通过贸易价格来影响出口量进而影响出口额。在不考虑成本变动的情况下，出口价格对于汇率变动的反应取决于出口商品的需求价格弹性。出口商品的需求弹性在很大程度上取决于市场上有多少接近的替代品①等因素，不同的市场上替代品的状况不同，因此产品的需求弹性具有市场性、地域性特点。汇率变动后出口价格反应的差异性是厂商在不同市场上定价能力差异性的体现，这将影响产品的出口地理方向。

以上本书以出口为例，分析了本币升值与 $\frac{\partial \eta_i / \eta_i}{\partial p_h^* / p_h^*}$、$p_{hi}^*$（$p^{*''}_{hi}$）、$p_{hi}$（$p_{hi}^{''}$）$\varepsilon_{p_h}^*$、$\varepsilon_Q$、$\varepsilon_v^*$、$\varepsilon_v$ 之间的关系。同样也可以对进口贸易做类似分析，得到汇率变动对进口贸易价格、进口贸易量以及进口贸易额之间的关系。此时微观厂商所面对的利润函数可以表示为：$\pi^* = \sum_{i=1}^{n} \frac{p_{hi}}{E_i} Q(p_{hi}, \delta_i) - C^*(\sum_{i=1}^{n} Q_i, \varphi)$，式中，$C^*$ 表示国外微观厂商的成本函数。因为分析过程与上述过程具有对称性，在此不再赘述。

二、汇率波动与贸易收支

前文通过汇率水平与价格的关系，说明了汇率水平对贸易的影响。而汇率行为对贸易的影响，除了汇率水平变动的影响之外，汇率波动剧烈程度也会对贸易收支产生作用。一般意义讲，汇率波动加强了贸易主体对贸易收益的不确定性，提高了贸易风险。因此，作为风险规避型的出口商，将通过提高出口价格对风险进行补偿。那么这种行为对贸易额将产生怎样的影响呢？下文将顺着王自锋和邱立成等（2009）的研究思路发展，仍然以微观厂商视角推导汇率波动与贸易额的关系。与前文不同的是，这里假设厂商已经确定了最优价格，在此基础上本币利润受汇率变动的影响。汇率为随机变量，利润亦为随机变量，因此厂商只有期待利润所带来的效用最大化。因此，不必再探讨汇率变动与价格的关系，而在此目标下直接探讨汇率波动与贸易额的关系。仍然假设有上述具有代表性的出口商，产品在 n 个国家销售，各市场的销售相互独立。此时该国出口的利润函数可表示为：

$$\tilde{\pi} = \sum_{i=1}^{n} \tilde{S}_i p_{hi}^* Q(p_{hi}^*, \delta_i) - C(\sum_{i=1}^{n} Q_i, \varphi) \qquad (2-7)$$

式中，$\tilde{S}_i$ 为随机变量②，且 $\tilde{S}_i \sim N(\bar{S}_i, \sigma_1^2)$，$\bar{S}_i$ 为一段时间内汇率均值，σ_i^2

---

① [美] H. 范里安. 微观经济学：现代观点 [M]. 费方域等译. 上海：三联书店、上海人民出版社，1994：343.

② 为了避免与期望符号混淆，这里用 S 表示汇率。

为汇率变动方差。$S_{\tilde{i}}$ 服从正态分布，则 $\tilde{\pi}$ 也服从正态分布即 $\tilde{\pi} \sim N(\mu_{\tilde{\pi}}, \sigma_{\tilde{\pi}}^2)$，$\mu_{\tilde{\pi}}$ 为 $\tilde{\pi}$ 均值，$\sigma_{\tilde{\pi}}^2$ 为 $\tilde{\pi}$ 方差，同时有 $\mu_{\tilde{\pi}} = \sum_{i=1}^{n} \bar{S}_i p_{hi}^* Q_i - C$，$\sigma_{\tilde{\pi}}^2 = \sum_{i=1}^{n} p_{hi}^{*2} Q_i^2 \sigma_i^2$。假设出口商的目标是利润带来的期望效用最大化。效用函数为 $u(\tilde{\pi}) = -e^{-b\tilde{\pi}}$ 具有凹性，即 $u'(\cdot) > 0$，$u''(\cdot) < 0$，式中，b（$b>0$①）为常数形式的绝对风险厌恶系数。

$$E[u(\tilde{\pi})] = \int_{-\infty}^{\infty} -e^{-b\tilde{\pi}} \cdot \frac{1}{\sigma_{\tilde{\pi}}\sqrt{2\pi}} e^{\frac{-(\tilde{\pi}-\mu_{\tilde{\pi}})^2}{2\sigma_{\tilde{\pi}}^2}} dx = -e^{-2\mu_{\tilde{\pi}}b + 2\sigma_{\tilde{\pi}}^2 b^2} \quad (2-8)$$

将 $\mu_{\tilde{\pi}} = \sum_{i=1}^{n} \bar{S}_i p_{hi}^* Q_i - C$，$\sigma_{\tilde{\pi}}^2 = \sum_{i=1}^{n} p_{hi}^{*2} Q_i^2 \sigma_i^2$ 代入式（2-8），并且求一阶条件 $\partial E[u(\tilde{\pi})]/\partial Q_i$ 可得：

$$2b\bar{S}_i p_{hi}^* (1-1/\eta_i) - 2bMC - 2b^2 p_{hi}^{*2} Q_i \sigma_i^2 (1-1/\eta_i) = 0 \quad (2-9)$$

$$Q_i = \frac{\bar{S}_i p_{hi}^* (1-1/\eta_i) - MC}{b p_{hi}^{*2} \sigma_i^2 (1-1/\eta_i)} \quad (2-10)$$

$$V_i = p_{hi}^* Q_i = \frac{\bar{S}_i p_{hi}^* (1-1/\eta_i) - MC}{b p_{hi}^* \sigma_i^2 (1-1/\eta_i)} \quad (2-11)$$

式中，V_i 为贸易额。式（2-10）显示，在风险厌恶的假设下，使期望效用达到最大化的产量与汇率波动程度负相关，汇率波动减少了贸易量和贸易额。

经济学上的推导一般假设厂商是风险厌恶型的，汇率的波动增加了国际经济行为的风险，干扰和降低了国际贸易和投资，不利于国际贸易。因而各国货币当局和微观主体都希望尽量减少波动。这也是多数发展中国家采用钉住汇率制度和欧洲国家统一货币的重要原因之一。② 对于此，也有学者提出反对意见，认为有三方面缘由可以很好地化解汇率波动的风险：一是对风险偏好者而言，厂商可以通过风险组合来增加获得额外利润的可能性，汇率波动也是在提供获利的机会；二是技术的进步，各类风险对冲工具的广泛运用、使用以及使用成本的降低，令出口商能够对汇率风险进行有效的管理；三是 20 世纪 80 年代以来跨国公司迅速兴起，其实施的多元化长期战略可能会降低短期汇率波动对贸易量的影响。除理论观点冲突之外，实证研究结果也无法绝对支持任何一种观点（参见前文的综述部分）。

综上分析，汇率波动对贸易的影响无论是在方向上还是在程度上的结论都是

---

① 假设一般人都倾向于规避风险。
② 由于外汇供求曲线通常被认为是缺乏弹性的，所以市场化的汇率波动是比较大的。参见多米尼克·萨尔瓦多. 国际经济学 [M]. 北京：清华大学出版社，2008：591.

因研究对象而异的。汇率波动与进出口贸易的关系与贸易国的贸易理念、技术支持等众多因素相关。传统理论所认定的汇率稳定对于贸易发展的优势已经不再那么明显。即便可以说理论研究上由于采用模型各异，约束条件不同而导致不同的结论，但是无法忽视的是，实践上汇率波动对国际贸易的不同影响。不过，就我国这样一个发展中国家而言，金融市场发展程度远不及西方发达国家，对冲工具的运用并不普遍，汇率风险管理能力的缺失使贸易发展受损于汇率剧烈波动的可能性更大。

三、汇率预期与贸易收支

制度本质上无非是约束和规范行为规则的综合。不同的制度表明了不同的行为规则。因此，汇率制度本身可以通过其代表不同的规则影响微观主体的预期，从而激励或约束主体的行为。例如，固定汇率昭示着货币当局有维持固定汇率的义务，政府宏观经济决策行为必然受到约束，从而维持货币价格的稳定，然而在浮动汇率制度下政府则不存在这样的责任。因此即便处在相同的基点，汇率制度不同，微观主体对未来汇率变动的预测也不同。

不同汇率制度下，微观主体对汇率预期的不同如何影响进出口贸易呢？本书基于传统视角用一个简单的示意图来说明问题：

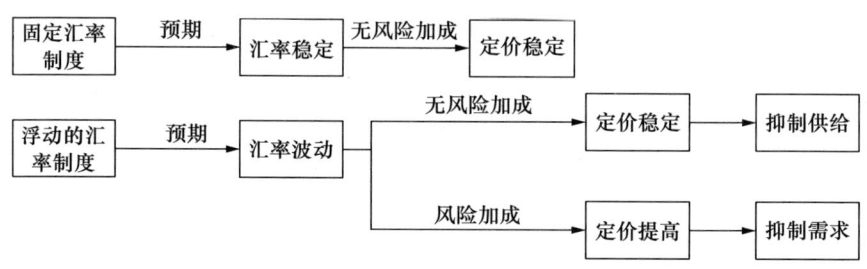

图 2-1　不同汇率制度下的汇率预期与进出口贸易的关系

图 2-1 将不同汇率制度下的汇率预期与汇率稳定性联系起来，从传统的风险规避视角分析了不同汇率制度下汇率预期对进出口贸易影响的可能途径。图 2-1 表明，如果预期汇率波动，不管有没有在定价上考虑风险加成，都有可能抑制进出口贸易。从图 2-1 也不难看出，汇率预期对进出口贸易的作用，仍然可以归结在汇率波动对进出口贸易的影响上。

第二章 汇率制度、汇率行为与贸易收支的分析框架

第二节 汇率制度与贸易收支关系的一般均衡模型分析

前文从局部均衡角度分析了汇率制度因素与国际贸易的理论关系。其中，汇率升贬值与贸易收支的关系以及汇率波动与贸易收支的关系是两个最常见的分析视角。然而正如 Bacchetta 和 Wincoop（2000）所认为的那样，给定一个汇率制度，那么考虑整个汇率体制比单独分析汇率变动要更为合适①。对此，Obstfeld 和 Rogoff（1998）曾强调过，汇率变动需要纳入一般均衡分析；Glick 和 Wihlborg（1997）也有过类似的观点，他们认为在给定的汇率制度下，企业和家庭面临同样的汇率变动风险，由此，一般均衡分析比局部均衡分析的结果显得更有说服力。据上，本书在 Bacchetta 和 Wincoop（2000）构建的随机一般均衡模型的基础上，放松约束条件，建立更一般化的模型以进一步说明汇率制度与贸易收支的关系。

首先对模型做如下设定和说明：

第一，模型只考虑两个国家，本国与外国。两国经济结构和所受冲击是完全类似的。各国只有家庭、厂商和政府三主体。家庭决定消费、劳动供给以及货币持有的合理分配。货币通过预付方式持有。国内外市场是个处于垄断竞争的市场，企业在国内外销售差异化商品。市场是分割的，消费者不能根据价格差进行套利行为。

第二，企业生产的成品具有连续性。本国生产的产品区间为 [0, 1]，外国生产的产品区间为 [1, 2]。企业产品在国内外市场上的价格以产品出售地的货币预先制定。产品的供给取决于对产品的需求。企业只关心期望利润。

第三，浮动汇率制度下实际汇率的不稳定程度要高于固定汇率制度。一价定律往往不能成立。

第四，名义均衡汇率取决于两国的货币供给情况。模型不考虑资本市场以及生产要素的跨国流动，劳动力市场能迅速均衡。

一、货币与政府

本国居民收到政府发行的货币 M，外国居民收到政府发行的货币 M^*，在固定汇率制度下，$M = M^*$。

---

① Bacchetta P., Wincoop E. V. Does exchange-rate stability increase trade and welfare? The American economic review, 2000, 90 (5): 1094.

二、家庭

家庭消费的产品既有本国产品,也有进口的外国产品,因此代表性家庭的消费区间为 [0, 2]。家庭供应劳动,货币的持有受预付现金的约束。令 c 作为 CES 消费函数,$c(i)$ 为产品 i 的消费,μ 为任意两种产品之间的替代弹性,且 $\mu > 1$,则 c 可以表示如下:

$$c = \left[\int_0^2 c(i)^{(\mu-1)/\mu} di \right]^{\mu/(\mu-1)} \tag{2-12}$$

对于本国家庭而言,家庭预算约束可以表示成:

$$\int_0^1 p_h(i) c_h(i) di + \int_1^2 p_f(i) c_f(i) di = Y \tag{2-13}$$

式中,p_h、p_f 分别表示国内产品在本国的价格以及国外产品在本国的价格;c_h 和 c_f 分别表示国内产品在本国的消费以及国外产品在本国的消费。外国的情况与本国类似。在均衡情况下,所有企业收入分配到家庭,因此总名义收入 Y 又是本国的名义产出。对家庭而言,产品的消费受收入水平约束,还受到产品价格的影响,因此产品消费需求函数可以表示成实际收入水平以及产品价格的函数形式:

$$c_h(i) = \frac{1}{2} \left(\frac{p_h(i)}{p} \right)^{-\mu} \frac{Y}{p} \tag{2-14}$$

$$c_h^*(i) = \frac{1}{2} \left(\frac{p_h^*(i)}{p^*} \right)^{-\mu} \frac{Y^*}{p^*} \tag{2-15}$$

$$c_f^*(i) = \frac{1}{2} \left(\frac{p_f^*(i)}{p^*} \right)^{-\mu} \frac{Y^*}{p^*} \tag{2-16}$$

$$c_f(i) = \frac{1}{2} \left(\frac{p_f(i)}{p} \right)^{-\mu} \frac{Y}{p} \tag{2-17}$$

c_h^*、c_f^* 以及 p_h^*、p_f^* 分别表示国内产品在国外的消费、国外产品在其本国的消费以及国内产品在国外市场上的定价、国外产品在其本国市场上的定价。p 和 p^* 为本国和外国总的价格水平,以市场上本国商品价格和外国商品的价格表示:

$$p = \left[\frac{1}{2} \int_0^1 p_h(i)^{1-\mu} di + \frac{1}{2} \int_1^2 p_f(i)^{1-\mu} di \right]^{1/(1-\mu)} \tag{2-18}$$

$$p^* = \left[\frac{1}{2} \int_0^1 p_h^*(i)^{1-\mu} di + \frac{1}{2} \int_1^2 p_f^*(i)^{1-\mu} di \right]^{1/(1-\mu)} \tag{2-19}$$

假如只考虑家庭使用卖方货币购买产品①。既然本国家庭收到货币转移 M,外国家庭收到货币转移 M^*,在购买对方国家的产品之前,必须进行货币兑换。

---

① 为方便起见,采用卖方货币的假设,无论采用卖方还是买方货币分析方法类似。

在现金预付的约束下，本国厂商的产出价值等于总的家庭收入 M（被本国家庭和外国家庭持有），因此本国货币市场均衡可以表示为：

$$Y = M \tag{2-20}$$

三、厂商

厂商利润可以表示为总收入减去总成本（仅考虑劳动成本），以 π 代表利润，每单位产出需要消耗 $1/a$ 单位的劳动，w 代表工资率，则厂商利润可以表示如下：

$$\pi = p_h c_h + s p_h^* c_h^* - \frac{w}{a}(c_h + c_h^*) \tag{2-21}$$

厂商的决定可以分两个阶段来分析：第一，因为市场是分割的，厂商在市场事前设定价格，即使得知了货币供给量变动也因为考虑菜单成本等因素而不会改变价格。第二，厂商根据产品的需求状况来决定劳动的投入。在价格制定的过程中，厂商根据市场利润最大化的原则来设定价格。汇率是不稳定的，假设厂商最大化所期望的利润①。根据利润方程求导，并代入消费需求函数等可得：

$$p_h = \frac{\mu}{\mu - 1} \frac{w}{a} \tag{2-22}$$

$$p_h^* = \frac{\mu}{\mu - 1} \frac{w}{a E(s)} \tag{2-23}$$

同理可得：

$$p_f^* = \frac{\mu}{\mu - 1} \frac{w^*}{a} \tag{2-24}$$

$$p_f = \frac{\mu}{\mu - 1} \frac{w^* E(s)}{a} \tag{2-25}$$

可见，汇率变动对厂商最优价格的设定没有影响，影响价格的是汇率的期望。如果汇率期望等于 1，则有 $p_h = p_h^*$ 和 $p_f = p_f^*$。

在这里定义贸易 $Trade$ 为本币表示贸易收支总额与国内产出的比值，$export$ 和 $import$ 分别表示出口额与进口额，贸易方程可以表示如下：

$$Trade = \frac{export + import}{Y} = \frac{S p_h^* c_h^* + p_f c_f}{Y} \tag{2-26}$$

代入需求方程以及价格方程后可以得到：

$$Trade = \frac{s p_h^* c_h^* + p_f c_f}{p_h c_h + s p_h^* c_h^*} \tag{2-27}$$

---

① 企业风险中性，只期待平均利润。Baron（1976）认为，如果企业是风险厌恶的，汇率的不稳定将导致外国市场上的价格的提高。

$$Trade = \frac{1}{SM^* + M} \cdot \left(SM^* + M \frac{\left(\frac{p_h}{p_f}\right)^{\mu-1} + 1}{\left(\frac{p_f}{p_h}\right)^{\mu-1} + 1} \right) \tag{2-28}$$

Bacchetta 和 Wincoop（2000）认为，可以将名义汇率 S 简单地定义为 M/M^*，于是式（2-28）可以写成：

$$Trade = \frac{1}{2} \cdot \left(1 + \frac{\left(\frac{p_h}{p_f}\right)^{\mu-1} + 1}{\left(\frac{p_f}{p_h}\right)^{\mu-1} + 1} \right) \tag{2-29}$$

方程显示：当 $p_f = p_h$ $Trade = 1$
当 $p_f > p_h$ $Trade < 1$
当 $p_f < p_h$ $Trade > 1$

如果将式（2-29）中 $\frac{p_h}{p_f}$ 换成 $\frac{p_h^*}{p_f^*}$，上式同样是成立的。在固定汇率制度下，汇率稳定，国内外产品的价格稳定，从而价格比稳定，为方便起见，假设两者相等，则 $Trade = 1$；在浮动汇率制度下，汇率变动致使汇率期望也无法保持不变（现实中也确实如此），从而价格发生改变，假设初始价格相等，变动之后 p_f 可能大于、小于或等于 p_h，于是 $Trade$ 可能小于、大于或者等于 1。值得说明的是，p_f 具体变动程度取决于出口商的定价能力。① 因此，一国货币制度转换对只崇尚期望收益的厂商而言，双边贸易变动仍然取决于厂商面对汇率变动时的定价能力，这个结论可以与前文的分析统一起来。在这个模型中，总贸易流最终被简化成常数，无法对进出口进行分别分析，但仍然可以看出，如果将 $Trade$ 转换成贸易余额，其变动最终取决于出口商的定价策略。

第三节 汇率升贬值与贸易余额变动的判定条件

无论是马歇尔—勒纳条件（ML 条件）还是毕肯戴克—罗宾逊—梅茨勒条件（BRM 条件）都是以供求的价格弹性为基础而判定汇率升贬值与贸易收支余额关系的经典条件。然而，在实际运用过程中，由于贸易量和贸易价格数据的可得性

---

① 虽然本分析没有如 Bacchetta 和 Wincoop（2000）那样做过多的对称性假设，但是分析结论没有改变。

第二章 汇率制度、汇率行为与贸易收支的分析框架

不如贸易额和汇率数据的可得性高,而且直接求解汇率弹性更能直观体现汇率与贸易额之间的关系,因此汇率升贬值与贸易收支余额的关系判定如果能转换成基于汇率弹性的判定条件将更为便捷和直观。事实上,实际运用中也经常有基于汇率弹性进行判定的情况。从上述汇率制度因素对贸易收支的传导途径中不难得出,进出口价格是汇率行为到贸易传导中的关键链条,因此也有众多文献通过研究汇率对价格的传导问题来说明汇率对贸易的影响。基于上述考虑,本书将直接求解汇率与贸易收支余额关系的判定条件,并借鉴王光伟(2007)的研究思路,建立起汇率对价格的传导弹性、供需的价格弹性以及贸易额的汇率弹性之间的联系,厘清以供求价格弹性为基础的判定条件与以汇率弹性为基础的判定条件之间的关系。

假设 X 为以外国货币计算的本国出口值,M 为以本国货币计算的本国进口值,B 为本币表示的净出口,E 仍然为直接标价下的汇率,于是有:

$$B = EX - M \tag{2-30}$$

式(2-30)两边同时对 E 求偏导,得到下式:

$$\begin{aligned}\frac{\partial B}{\partial E} &= X + E \cdot \frac{\partial X}{\partial E} - \frac{\partial M}{\partial E} \\ &= X + X \cdot \frac{\partial X}{\partial E} \cdot \frac{E}{X} - \frac{M}{E} \cdot \frac{\partial M}{\partial E} \cdot \frac{E}{M} \\ &= X(1 + \theta_f^{ex} - \frac{M}{EX} \cdot \theta_d^{im}) \end{aligned} \tag{2-31}$$

式中,$\theta_f^{ex} = \frac{\partial X}{\partial E} \cdot \frac{E}{X}$、$\theta_d^{im} = \frac{\partial M}{\partial E} \cdot \frac{E}{M}$ 分别为外币出口额的汇率弹性以及本币进口额的汇率弹性①。可见,要判断汇率变动对贸易收支余额的影响方向、程度,可以根据式(2-31)右边初始贸易状况以及汇率弹性的大小衡量。为简便起见,假定初始贸易均衡,即 $EX = M$,则式(2-31)可写为:

$$\frac{\partial B}{\partial E} = X(1 + \theta_f^{ex} - \theta_d^{im}) ② \tag{2-32}$$

若 $\theta_d^{im} - \theta_f^{ex} < 1$,则 $\frac{\partial B}{\partial E} > 0$,即汇率贬值贸易收支改善;若 $\theta_d^{im} - \theta_f^{ex} > 1$,则 $\frac{\partial B}{\partial E} < 0$,即汇率贬值贸易收支恶化;若 $\theta_d^{im} - \theta_f^{ex} = 1$,则 $\frac{\partial B}{\partial E} = 0$ 即汇率贬值贸易收支不变。

再令 P_f^{ex}、P_d^{im} 分别为外币表示的出口价格与本币表示的进口价格;Q^{ex}、Q^{im}

---

① θ^{ex}、θ^{im} 为本身带有正、负符号的值,下文其他弹性符号亦然。
② 王光伟(2007)汇率弹性形式与本书不同,原因在于进出口的标价货币与本书不同。

表示出口量与进口量，$Q^{ex} = q(P_f^{ex})$，$Q^{im} = q(P_d^{im})$，则有 $X = P_f^{ex} Q^{ex}$、$M = P_d^{im} Q^{im}$。

$$\theta_f^{ex} = \frac{\partial X}{\partial E} \frac{E}{X} = \frac{\partial P_f^{ex} Q^{ex}}{\partial E} \frac{E}{X} = \frac{\partial P_f^{ex}}{\partial E} \frac{E}{P_f^{ex}} + \frac{\partial Q^{ex}}{\partial P_f^{ex}} \frac{P_f^{ex}}{Q^{ex}} \cdot \frac{\partial P_f^{ex}}{\partial E} \frac{E}{P_f^{ex}} = \eta^{ex} \lambda^{ex} + \lambda^{ex} \quad (2-33)$$

$$\theta_d^{im} = \frac{\partial M}{\partial E} \frac{E}{M} = \frac{\partial P_d^{im} Q^{im}}{\partial E} \frac{E}{M} = \frac{\partial P_d^{im}}{\partial E} \frac{E}{P_d^{im}} \cdot \frac{\partial Q^{im}}{\partial P_d^{im}} \frac{P_d^{im}}{Q^{im}} + \frac{\partial P_d^{im}}{\partial E} \frac{E}{P_d^{im}} = \eta^{im} \lambda^{im} + \lambda^{im}$$

$$(2-34)$$

式中，$\eta^{ex} = \frac{\partial Q^{ex}}{\partial P_f^{ex}} \frac{P_f^{ex}}{Q^{ex}} \eta^{im} = \frac{\partial Q^{im}}{\partial P_d^{im}} \frac{P_d^{im}}{Q^{im}} \lambda^{ex} = \frac{\partial P_f^{ex}}{\partial E} \frac{E}{P_f^{ex}} \lambda^{im} = \frac{\partial P_d^{im}}{\partial E} \frac{E}{P_d^{im}}$，$\eta^{ex}$、$\eta^{im}$ 分别表示出口需求价格弹性与进口需求价格弹性；λ^{ex}、λ^{im} 分别表示汇率变动对出口外币价格的传导以及汇率变动对进口本币价格的传导弹性。将式（2－33）、式（2－34）代入式（2－32），可得：

$$\frac{\partial B}{\partial E} = X \left[(1 + \eta^{ex} \lambda^{ex} + \lambda^{ex}) - \frac{M}{EX} \lambda^{im} (1 + \eta^{im}) \right] \quad (2-35)$$

根据式（2－35），可以得到如下推论：

（1）汇率变动对贸易收支余额的影响取决于初始贸易状况以及汇率对进出口价格的传导弹性和进出口需求价格弹性。

（2）$\frac{\partial B}{\partial E} > 0$ 的条件可以改成 $EX(1 + \eta^{ex} \lambda^{ex} + \lambda^{ex}) > M \lambda^{im} (1 + \eta^{im})$。该式说明初始贸易顺差程度越大，越容易通过汇率贬值来进一步改善贸易收支，也越容易通过升值来抑制顺差，反之亦然。随着失衡状况逐步改善，通过人民币升值来抑制顺差的条件越来越高。

（3）假设初始贸易均衡，$\frac{\partial B}{\partial E} > 0$ 的条件变成 $1 + \eta^{ex} \lambda^{ex} + \lambda^{ex} > \lambda^{im} (1 + \eta^{im})$。汇率变动与贸易余额变动方向的条件与初始值无关。一般情况下，进出口需求弹性小于0；汇率贬值后也更多地呈现出口外币价格下降，而进口本币价格上升的现象。因此，根据 $1 + |\eta^{ex} \lambda^{ex}| + |\lambda^{im} \eta^{im}| > |\lambda^{ex}| + |\lambda^{im}|$ 得知，需求弹性相对于价格弹性越大越容易满足条件。

再考虑供求价格弹性，将进出口需求弹性写成 $\eta^{im} = \frac{\partial D^{im}}{\partial P_d^{im}} \frac{P_d^{im}}{D^{im}}$、$\eta^{ex} = \frac{\partial D^{ex}}{\partial P_f^{ex}} \frac{P_f^{ex}}{D^{ex}}$，$D^{im}$、$D^{ex}$ 表示进、出口需求函数；再令进出口供给弹性 $\varepsilon^{im} = \frac{\partial S^{im}}{\partial P_f^{im}} \frac{P_f^{im}}{S^{im}}$、$\varepsilon^{ex} = \frac{\partial S^{ex}}{\partial P_d^{ex}} \frac{P_d^{ex}}{S^{ex}}$，$S^{im}$、$S^{ex}$ 表示进、出口供给函数。供求均衡时有：

$$\begin{cases} D^{im}(P_d^{im}) = S^{im}(P_f^{im}) \\ P_d^{im} = EP_f^{im} \end{cases} \quad (2-36)$$

$$\begin{cases} D^{ex}(P_f^{ex}) = S^{ex}(P_d^{ex}) \\ EP_f^{ex} = P_d^{ex} \end{cases} \quad (2-37)$$

以式（2-36）为例，式（2-36）可以改写成 $D^{im}(P_d^{im}) - S^{im}\left(\dfrac{P_d^{im}}{E}\right) = 0$ 的形式，根据复合函数求导法则，等式两边同时对 E 求偏导，推导过程如下：

$$\frac{\partial D^{im}}{\partial P_d^{im}} \cdot \frac{\partial P_d^{im}}{\partial E} - \frac{\partial S^{im}}{\partial \left(\dfrac{P_d^{im}}{E}\right)} \left(\frac{\partial P_d^{im}}{E \partial E} - \frac{P_d^{im}}{E^2}\right) = 0$$

$$\frac{\partial D^{im}}{\partial P_d^{im}} \frac{P_d^{im}}{D^{im}} \cdot \frac{\partial P_d^{im}}{\partial E} - \frac{\partial S^{im}}{\partial P_f^{im}} \frac{P_f^{im}}{S^{im}} \cdot \frac{\partial P_d^{im}}{\partial E} + \frac{\partial S^{im}}{\partial P_f^{im}} \frac{P_f^{im}}{S^{im}} \frac{P_d^{im}}{E} = 0$$

$$\frac{\partial P_d^{im}}{\partial E}(\eta^{im} - \varepsilon^{im}) + \varepsilon^{im}\frac{P_d^{im}}{E} = 0$$

$$\frac{\partial P_d^{im}}{\partial E} = \frac{P_d^{im}\varepsilon^{im}}{E(\varepsilon^{im} - \eta^{im})} \quad (2-38)$$

将式（2-38）代入 $\lambda^{im} = \dfrac{\partial P_d^{im}}{\partial E}\dfrac{E}{P_d^{im}}$，则，

$$\lambda^{im} = \frac{P_d^{im}\varepsilon^{im}}{E(\varepsilon^{im} - \eta^{im})} \cdot \frac{E}{P_d^{im}} = \frac{\varepsilon^{im}}{\varepsilon^{im} - \eta^{im}} \quad (2-39)$$

同理，式（2-37）做类似推导后可得：

$$\frac{\partial P_f^{ex}}{\partial E} = \frac{P_f^{ex}\varepsilon^{ex}}{E(\eta^{ex} - \varepsilon^{ex})} \quad (2-40)$$

将式（2-40）代入 $\lambda^{ex} = \dfrac{\partial P_f^{ex}}{\partial E}\dfrac{E}{P_f^{ex}}$，则，

$$\lambda^{ex} = \frac{\varepsilon^{ex}}{\eta^{ex} - \varepsilon^{ex}} \quad (2-41)$$

将式（2-39）与式（2-41）代入式（2-35），可得：

$$\frac{\partial B}{\partial E} = X\left[1 + \frac{\varepsilon^{ex}(\eta^{ex}+1)}{\eta^{ex} - \varepsilon^{ex}} - \frac{M}{EX} \cdot \frac{\varepsilon^{im}(1+\eta^{im})}{\varepsilon^{im} - \eta^{im}}\right] \quad (2-42)$$

式（2-42）显示，汇率变动对贸易余额的影响取决于初始贸易现状以及进出口需求弹性与进出口供给弹性。同前文所述，初始贸易顺差程度越大，越容易通过汇率贬值进一步改善贸易收支，也越容易通过升值抑制顺差，反之亦然。假设初始贸易平衡，可得 $\dfrac{\partial B}{\partial E} > 0$ 的条件为 $\dfrac{\varepsilon^{ex}\varepsilon^{im}(\eta^{ex} + \eta^{im} + 1) - \eta^{ex}\eta^{im}(\varepsilon^{ex} + \varepsilon^{im} + 1)}{(\eta^{ex} - \varepsilon^{ex})(\varepsilon^{im} - \eta^{im})} > 0$，

正是毕肯戴克—罗宾逊—梅茨勒（BRM）条件。如果 ε^{ex}、ε^{im} 趋向于无穷大，得到 $-\eta^{ex}-\eta^{im}>1$，即简化形式的马歇尔—勒纳条件①，是 BRM 条件的特殊形式。

上文导出了汇率弹性与价格传导弹性的关系以及价格传导弹性与供求价格弹性的关系，那么很容易得到汇率弹性与供求价格弹性之间的联系：

$$\theta_f^{ex} = \eta^{ex}\lambda^{ex} + \lambda^{ex} = (\eta^{ex}+1)\frac{\varepsilon^{ex}}{\eta^{ex}-\varepsilon^{ex}} \tag{2-43}$$

$$\theta_d^{im} = \eta^{im}\lambda^{im} + \lambda^{im} = (\eta^{im}+1)\frac{\varepsilon^{im}}{\varepsilon^{im}-\eta^{im}} \tag{2-44}$$

式（2-43）表明，汇率变动对出口额的影响主要取决于 η^{ex}，因为 $\varepsilon^{ex}>0$，$\eta^{ex}<0$，当 $|\eta^{ex}|>1$，$\theta_f^{ex}>0$ 本币贬值出口额增加；$|\eta^{ex}|<1$，$\theta_f^{ex}<0$ 本币贬值出口值减少；$|\eta^{ex}|=1$，$\theta_f^{ex}=0$ 本币贬值出口值不变。式（2-44）表明，汇率变动对进口额的影响主要取决于 η^{im}，因为 $\varepsilon^{im}>0$，$\eta^{im}<0$，当 $|\eta^{im}|>1$，$\theta_d^{im}<0$ 本币贬值将减少进口额；$|\eta^{im}|<1$，$\theta_d^{im}>0$ 本币贬值将增加进口额；当 $|\eta^{im}|=1$，$\theta_d^{im}=0$ 本币贬值进口额不变。

上述推导清晰地表明了汇率弹性、价格传导弹性以及供求价格弹性之间的转换关系。价格弹性可由供求弹性导出，汇率弹性可由价格弹性与需求弹性综合导出，也可由供求的价格弹性导出。当满足了汇率变动与贸易收支的汇率弹性条件时也能够满足经典的供求价格弹性条件。值得一提的是，如果将式（2-3）中进出口额的标价货币进行变换或者将汇率的标价法进行倒换，虽然得到式（2-31）的形式有所不同，推导过程有所区别，但最终也能导出 BRM 条件。

本章小结

本章建立了一套汇率制度与贸易收支的分析框架，从局部均衡以及一般均衡视角分析了汇率制度具体要素即汇率水平、汇率波动以及汇率预期与贸易收支的联系以及通过推导汇率弹性、价格传导弹性以及供求价格弹性之间的关系，为后续的实证分析建立了理论基础。通过上述分析，主要得到以下结论：

第一，将汇率制度要素分解成三种具体的要素，汇率预期、汇率水平以及围绕汇率水平的波动。汇率预期通过行为主体对汇率变动的预期影响价格的风险加成；汇率水平变动通过改变货币相对价格改变贸易的成本和收益，从而影响进出

---

① 这里的进出口供求价格弹性自带正负号，对于需求价格弹性而言，价格上涨，需求量下降，因此进出口需求弹性均为负值。这与一般意义上的 ML 条件 $|\eta^{ex}|+|\eta^{im}|>1$ 是一致的。

口价格；汇率波动通过影响风险补偿影响价格。无论哪一方面，汇率制度转换中制度要素发生变化对贸易收支的影响都率先反映在进出口价格的变动上，价格的变动决定了汇率制度、汇率行为对贸易收支的影响。

第二，汇率制度要素变化反映到进出口价格上的程度由成本收益对比之下厂商利润最大化的行为来决定。假设成本不变，最优价格最终取决于市场的需求价格弹性。受代替品状况等因素制约，需求价格弹性具有地域性、市场性等特点，因而影响了各类产品出口的地理方向以及定价能力的国别差异性。

第三，汇率弹性、价格传导弹性以及供求价格弹性之间可以进行相互转换。虽然进出口额的标价货币不同，推导出来的汇率弹性的判定形式有所区别，但无论哪种形式，都可以推导出基于供求价格弹性的 ML 条件、BRM 条件，说明当满足了汇率贬值与贸易收支改善的汇率弹性条件也能够满足经典的供求价格弹性条件。

第四，如果考虑初始条件，在弹性不变的情况下，顺差越大越容易满足本币贬值改善贸易收支的条件，即顺差越大，也越容易通过本币升值抑制顺差。随着贸易收支逐步均衡，满足判定条件的弹性要求将越来越高。

第三章 国际汇率制度变迁、汇率行为与贸易收支的互动历程

两百多年来,固定汇率制度与浮动汇率制度这两种基本的汇率制度在国际汇率制度体系舞台上"你方唱罢我登场"。1914 年前,西方资本主义国家逐步过渡到金本位制下的固定汇率制度,然后是"一战"后短暂的自由浮动汇率制时期,接着又恢复到了虚金本位制(又称金汇兑本位制)下的固定汇率制度。但是,这一汇率制度的稳定性大大削弱,未能承受 1929~1933 年的大萧条的冲击而崩溃,于是与货币集团并存的管理浮动汇率制随之诞生。第二次世界大战之后,全球进入了布雷顿森林体系下的固定汇率制度。20 世纪 70 年代初期,布雷顿森林体系崩溃之后便滑入了多种汇率制度并存的牙买加体系时期。汇率制度的更迭往往伴随着世界政治、经济格局的演变,导致各国货币之间关系的重塑、贸易政策的变更,不可避免地对各国的贸易收支产生深远的影响。

第一节 金本位体系下的汇率制度与贸易收支

文献记载中最早的汇率制度起源于古国吕底亚的国王克雷茈创设的金银复本位,它对后世的货币体系的建立产生了巨大的影响。直到 18 世纪初期各国相继实行金本位制度开始,国际货币体系经历了银本位以及平行本位、跛行本位、双本位等各种复本位体系。1821 年,英国恢复了黄金兑换,从法律上确立了金本位制度。1872 年,德国从银本位转为金本位,1874 年,法国以及拉丁货币同盟伙伴比利时、瑞士、希腊、意大利转向金本位制度,美国于 1879 年转向金本位。截至 19 世纪 70 年代末,虽然俄国、匈牙利、印度、中国等国依然坚守银本位制,但随着欧美主要国家先后实行了金本位制度,国际金本位体系就此确立。

第三章 国际汇率制度变迁、汇率行为与贸易收支的互动历程

金本位体系以黄金作为最终的清偿手段，各国货币由法律规定含金量，铸币平价即货币的重量乘以成色的对比是汇率决定的基础，而汇率变动主要由国际收支差额的变动所引起。1861 年，戈森（Goschen）提出的"国际借贷说"充分展示了当时汇率与国际收支之间的联系。戈森用国际借贷表示国家的国际收支状况，他认为国际收支顺差的国家存在对外净债权，即国际借贷出超；而国际收支逆差的国家存在对外净债务，即国际借贷入超，商品的国际流动以及股票、债券的买卖、捐赠等是引发国际借贷的主要原因。汇率变动受资本流动的直接影响，而推动资本在国际上流动的主要原因则是国际借贷的出超或入超。当一国国际借贷出超，市场对货币的需求大于货币的供给，货币升值；反之，当一国国际借贷入超，市场对货币的需求小于货币的供给，货币贬值。同时，戈森将国际借贷划分为固定借贷，相当于长期债务关系，以及流动性借贷，类似于经常项目、贸易收支，他认为固定借贷对外汇供求的影响具有不确定性，只有流动性借贷的变动能影响资本流动、外汇供求。国际借贷说流行于金本位货币制度时期，显示了金本位时期汇率与贸易收支的密切关系。

在金本位体系下，汇率的变动被限制在黄金输出点与黄金输入点之间。也因为典型的金本位体系中货币可以自由铸造、自由兑换、自由输出入的特点决定了理论上贸易收支具有自发的均衡机制。早在 1752 年，大卫·休谟在驳斥重商主义僵化的贸易差额论时已经指出，在一国技术发展水平、劳动力、生产量等不变的情况下，贸易收支将自发均衡。由于大卫·休谟的"价格—现金流动机制"强调贸易双方之间没有大量的资本流动，国际收支差额无法通过借贷抵补，因此可以认为该理论下的国际收支就是贸易收支。① 该理论认为，国际收支、黄金数量、货币供应量以及物价水平是相互衔接的四个环节，当一国国际收支逆差，黄金外流，该国货币供应量减少，物价降低，出口增加，反之则相反。事实上，自发的均衡机制需要以各国遵守金本位制度的规定为前提，但并没有专门的机构进行监督执行，各国往往根据自己的经济发展状况履行约束；自发的均衡机制需要以自由贸易为前提，但在 1880～1914 年席卷全球的保护主义浪潮中也只有英国等少数国家能够保留自由贸易政策；自发的均衡机制通过物价的变动调节进出口，但许多国家在国际收支不平衡的情况下将国际上短期资本的移动作为国际收支调节的主要手段，黄金在国际之间的流动并不频繁。因此现实中的贸易收支调节与理论上存在较大差距。但是历史证明，在 1880～1914 年金本位体系所处的黄金时期，国际上没有出现国际支付危机，表明自发均衡机制在一定程度上是存在的。

---

① 陈雨露. 国际金融 [M]. 北京：中国人民大学出版社，2000：431.

金本位体系下货币的币值、汇率都比较稳定,从 1717~1931 年的 214 年,英镑平价没有发生过变动,第一次世界大战前的 35 年内,德国、美国、法国等国家的汇率均未发生升值或者贬值。①稳定的汇率消除了国际上贸易、投资信贷的风险,方便核算生产成本、确定价格、匡算利润,极大地推动了国际贸易、国际投资等国际上的经贸往来。但是在 19 世纪末 20 世纪初的殖民制度下,国际间的贸易往往是不平等的,发生国际收支顺差的主要为工业化国家或宗主国,意味着大量黄金为少数国家所拥有。截至 1913 年末,英、美、德、法、俄五国约占世界黄金存量的 2/3,②少数国家对盈余的把控削弱了其他国家执行金本位制度的基础。即便逆差国依赖国际收支的自动调节,也需要经常面对经济紧缩与价格的波动。20 世纪初,战争阴云笼罩,为应对战时的需要,政府赤字激增,大量发行的银行券、纸币与黄金的自由兑换日益艰难。战争爆发以后,各国纷纷实行黄金禁运。自此,金本位下自由兑换原则与自由输出入原则不复存在。

第二节 两次世界大战之间的汇率制度与贸易收支

第一次世界大战导致了金本位制度的崩溃,世界主要工业国的经济发展也遭受了重创,巨额的军费开支造成了严重的财政赤字,各国政府大肆印刷货币引发了严重的通货膨胀,各货币汇率处于剧烈的波动状态。战争结束之后,出于对金本位制度下金融稳定的留恋,美国于 1919 年率先恢复金本位制。1922 年,热那亚国际经济会议后,主要资本主义国家通过了一项全面汇率金本位制度的行动纲领,美国恢复实行金币本位制,英国和法国实行与黄金直接挂钩的金块本位制,其他欧洲国家的货币通过间接挂钩的形式实行金汇兑本位制。1929~1933 年的世界经济危机摧毁了西方国家的金块本位制与金汇兑本位制,统一的国际金本位货币体系也随之瓦解。国际金汇兑本位制退出历史舞台后,许多国家的汇率又重新进入了自由浮动状态。各国按照本国经济利益的需要不时干预外汇市场,竞相贬值以达到外汇倾销的目的。为了稳定经济的发展,1936 年,英国、美国、法国签署了《三方协定》,规定了中心货币之间的合作机制,建立了管理浮动的雏形。事实上,这一时期的汇率变动缺乏物质和市场的基础,是原有秩序打破之后的失控状态③,相互间的合作无法阻止波动,各

---

① 数据来自于喻桂华(2004)的研究成果。
② 数据来自于张辉(2008)的研究成果。
③ 邓立立. 汇率制度的选择与发展趋势研究 [D]. 东北财经大学博士学位论文,2004:22.

国汇率仍处于浮动状态。

"一战"前后,自由浮动汇率制下各国汇率基本按照货币的市场势力进行浮动,但是这种自由浮动的汇率并没有成为各国用以调整国际收支的手段,第一次世界大战后各国追求的是如何将浮动的汇率固定下来,致使各国缺少一种有效的国际收支调节机制。战争严重打击了国际经济和贸易的发展,但各国遭受的影响并不平衡。由于远离欧洲战场,德、法、英等国经济实力受到削弱,美元一跃成为国际经济往来中最受欢迎的货币,美国贸易顺差从1914年的0.56亿美元增加到1919年的48.68亿美元,5年间增加了87倍。① 相比于美国,英国则从"一战"前的债权国变为第一次世界大战后的债务国。

自国际金汇兑本位制崩溃后,为遏制国际货币秩序的混乱,英、法、美这些主要发达国家把在贸易、金融上与其有密切联系的国家以及国外殖民地连在一起,形成了英镑集团、美元集团、法郎集团相互对立、并存的局面。各国货币当局对汇率进行管理,以维持汇率的合理和相对稳定,希望推动国家间的经济交流并通过货币贬值获得竞争优势。然而结果事与愿违,不仅集团之间出现竞争性的货币贬值,而且集团内外各国经济、金融的发展均受到阻碍。各国在贸易收支、资本输出和黄金储备等方面发生了巨大的变化。如表3-1所示,"二战"前后美国、英国、法国、德国以及日本出口额发生了剧烈的变动。第二次世界大战后五国中只有美国的出口额大幅增加,为战前的3倍左右;其余四国的出口额均大幅缩减。据资料显示,1937~1946年在整个资本主义对外贸易总额中,美国所占比重由13%上升至22%,英国所占比重由16%下降至13%,法国所占比重始终保持5%左右,德国与日本所占比重则分别从9%与4%跌落至不足1%。与此相仿,表3-2显示战争前后五国在黄金储备量上也发生了翻天覆地的变化,除了美国的黄金储备量大幅增加以外,其余四国的黄金储备量都大幅缩减,尤其是第二次世界大战后德国、日本,其黄金储备量几乎缩减为0。此外,从对外资本输出来看,1938年英国、法国、德国及美国的资本输出额分别是229亿美元、39亿美元、40亿美元及115亿美元,截至1944年,英国、法国的资本输出额分别锐减至140亿美元和15亿美元,德国的国外投资几乎化为乌有,而1945年的数据显示美国对外资本输出却上升至168亿美元。②

---

①② 李树杰,梁春生. 从两次世界大战期间的美国国际收支看美国经济的战争性 [J]. 河北工程技术职业学院学报,2004,6(1):1-4.

表 3-1　　1937~1945 年主要西方国家出口额的变化　　单位：亿美元

年份	1937	1945
美国	33.1	99
英国	26.3	18.2
法国	9.6	2.3
德国	23.8	1.6
日本	12	1

表 3-2　　1937~1945 年主要西方国家黄金储备的变化　　单位：亿美元

年份	1937	1945
美国	127.9	228.7
英国	41.4	20.2
法国	27.2	5.5
德国	0.3	基本为 0
日本	2.6	基本为 0

整体看，战争无疑给世界贸易造成了严重影响。混乱的汇率制度以及低迷的经济形势使得各国竞相实施带有侵略性的超保护贸易政策，试图垄断国内市场、争夺国际市场，以限制进口以增加需求。两次世界大战期间，世界贸易量只增加了 3%，世界贸易额反而减少了 32%。[①]

第三节　布雷顿森林体系下的汇率制度与贸易收支

第二次世界大战彻底改变了世界政治、经济格局，前联邦德国、日本、意大利作为战败国遭受了毁灭性打击；老牌资本主义强国——英国的经济实力大为削弱，但仍然不可小觑；美国通过"租借法案"向盟国提供商品和劳务而一跃成为世界头号强国。因此战争后期，英、美两国从符合本国的利益出发，相继提出了凯恩斯计划和怀特计划来设计战争后的国际金融体系。在激烈的争论之后，于 1944 年 7 月第二次世界大战胜利的前夕，"二战"中的 44 个同盟国通过了以"怀特计划"为蓝本、部分采纳了"凯恩斯计划"的《国际货币基金组织协定》

---

① 陈宪，张鸿. 国际贸易——理论政策案例 [M]. 上海：上海财经出版社，2004.

和《国际复兴开放银行协定》,统称为《布雷顿森林协定》。在此协定下成立了永久性的国际金融组织——国际货币基金组织(IMF)和世界银行集团。

《布雷顿森林协定》勾勒出了一种"双挂钩"的汇率制度框架为布雷顿森林体系的两大支柱,即美元与黄金挂钩,规定美元与黄金的兑换比例为1盎司黄金=35美元,每一美元的含金量为0.888671克,由美国承担各国央行按照官价用美元兑换黄金的责任;其他货币与美元挂钩,由其政府规定货币的含金量来确定与美元的兑换率。成员国有义务干预外汇市场,将汇率波动幅度限制在1%以内(1971年12月后调整为平价上下2.25%的波动范围)。从而把汇率保持在"钉住"范围之内以维持汇率的稳定。若成员国发生国际收支根本性不平衡,法定汇率的变动超过10%,则必须得到国际货币基金组织的批准。因此,这种介于固定与浮动之间的汇率制度被詹姆士·米德概括为"可调整的挂钩汇率体系"。①

在布雷顿森林体系下,国际收支不平衡的调节主要有三种渠道:第一,依靠本国国内经济政策的调节。"双挂钩"的汇率制度安排要求:一旦成员国的汇率波动幅度超出了允许的界限,其政府有义务进行干预。假如成员国经济受到冲击,国际收支出现逆差,货币有贬值的压力,那么无论该成员国采取紧缩的支出调整政策降低进口需求,还是动用储备扩大外汇市场上的外汇供给、平抑本币汇率,都将有助于国际收支逆差的缩小。可见,如果各国自觉履行承诺、维持固定汇率制,那么在维持固定汇率的同时也将调节国际收支均衡,这种挂钩的汇率体系也就成为国际收支的调节机制。但是这种维持固定汇率的义务只适用于其他成员国,作为储备货币供给国的美国却无此义务。第二,依靠IMF的融资机制。IMF建立的宗旨包括促进汇率稳定以及纠正国际收支的失衡。当成员国发生国际收支不平衡,比如国际收支逆差时,可以申请普通提款权(包括储备部分贷款和信用部分贷款)或IMF的其他贷款。但IMF能够提供的额度有限,在布雷顿森林体系的后期,各国收支问题日益严重,对IMF贷款的要求超出了IMF的财力,导致对成员国贷款的要求不断提高。第三,依靠汇率变动。当依靠其他措施无法调节国际收支的失衡,成员国可以向IMF申请改变汇兑平价。但事实上,IMF对根本性不平衡没有严格的界定,调整的依据并不明确。成员国很少申请改变汇率,1948~1969年,1国货币升值,12国汇率无变动,27国货币各贬值1次,24国货币贬值2次或3次,5个国家1962年前贬值超3次,16个国家贬值多次。②

从总体上看,布雷顿森林体系下的汇率制度注重协调、监督各国的对外经

---

① 蒙代尔. 蒙代尔经济学文集(第四卷)[M]. 北京:中国金融出版社,2003.
② 陈雨露. 国际金融[M]. 北京:中国人民大学出版社,2000:52.

济，特别是汇率政策以及国际收支的调节。相对稳定的汇率促进了战争后各国经济的恢复和发展，有利于扩大国际贸易和吸引投资。据资料显示，两次世界大战期间，世界出口贸易额年增长率仅为0.7%，而1948~1960年出口贸易额年增长率为6.8%，1960~1965年年增长率为7.9%；1965~1976年年增长率为11%。①

布雷顿森林体系的维系有两个基本条件，即美国的国际收支能基本平衡以及美国拥有大量的黄金储备。然而20世纪60年代后，各国的经济实力和地位发生了巨大的变化。从国际收支看，美国持续逆差，前联邦德国和日本积累了巨额的顺差。1968年，美国开始出现贸易逆差，当年逆差额为7.71亿美元，三年之后的1971年逆差额为41.86亿美元，1972年逆差额为90.79亿美元；反之，1968年德国的贸易顺差额为45.93亿美元，日本逆差额为0.16亿美元，1971年德国和日本的顺差额分别为45.51亿美元和42.83亿美元。1972年，德国和日本的顺差额分别为63.58亿美元和52.26亿美元。②随着美国逆差的不断加剧，黄金储备也急剧消耗，1949年美国的黄金储备达到战争后的最高点，为246亿美元，占资本主义国家黄金储备总量的73.4%，而至1971年只剩下102亿美元的黄金储备，却有高达520亿美元的短期外债。无法解决的"特里芬难题"引发了美元信用危机，导致美元与黄金脱钩，美元兑黄金贬值。同时，外汇市场美元贬值的谣言四起，投机猖獗，为应对冲击，加拿大、德国、荷兰、英国等国相继退出固定汇率机制开始自由浮动。至此，支撑布雷顿森林体系的两大支柱先后崩塌，宣告了布雷顿森林体系的终结。

第四节　牙买加体系下的汇率制度与贸易收支

1973年布雷顿森林体系崩溃之后，各主要货币汇率波动频繁，国际货币金融体系重新陷入无序的状态，迫切要求建立新的货币秩序。1976年1月，IMF组织的国际金融会议在牙买加首都金斯敦举行，会议讨论、通过了《牙买加协定》。同年4月，通过了《IMF协定第二次修正案》。1978年4月，国际货币基金组织理事会通过决议，正式宣布修正案生效。自此，国际货币体系迈入了牙买加时代。

牙买加体系正式确认了浮动汇率制的合法化，开启了固定汇率制与浮动汇率

---

① 数据来自于张辉（2008）的研究成果。
② 数据来自于世界银行数据库。

制并存的混合汇率体系。各国自由选择适合的汇率制度，IMF对各国货币汇率政策实行严格监督，协调成员国的经济政策以促进金融稳定和缩小汇率波动范围。1998年之前，各国汇率制度的分布趋向于更具弹性的汇率制度，浮动汇率制度的比重呈现上升趋势。1998年以后，各国汇率制度的分布有向首尾两端集中的趋势。也是在这个时期，"中间制度消失论"一度甚嚣尘上。但是如果将汇率制度简单划分为严格钉住、软钉住与浮动汇率制度统计看，浮动汇率制度的占比反而呈现不断滑落的趋势，而软钉住的占比呈现缓慢的上升态势。

牙买加体系下，储备货币呈现多元化，突出表现在黄金非货币化，黄金与美元在国际储备中的地位削弱。德国、日本靠累积的巨额贸易顺差使马克、日元成为了硬通货，奠定了其在储备货币中的地位。马克和日元在国际储备中的比重分别由1977年的8.2%和1.2%上升到1990年的19.7%和9.1%。[①] 一种重要的储备形式——特别提款权（SDRs）的运用，也一定程度上弥补了当时国际储备的不足；1978年欧洲共同体成员共同创立了复合货币ECU，1999年演变为欧元，在国际储备体系中也占有重要的地位。牙买加体系下，多元化的储备结构摆脱了布雷顿森林体系下各国货币间僵硬的关系，为国际经济往来提供了多种清偿货币，缓解了储备货币供不应求的矛盾，部分解决了美元面临的特里芬难题。

牙买加体系下多样化的汇率安排则更加契合多样化的、不同发展水平的各国经济，给各国维持汇率平稳与国际收支均衡带来更多的灵活性和独立性，不再为外部经济而牺牲内部经济，有利于宏观经济的发展与稳定。但牙买加体系也暴露了许多弊端。多种汇率制度并存加剧了汇率体系运行的复杂性，汇率变动频繁而剧烈，就美元而言，1973年6月美元汇率指数为124.17，1978年10月即为116.55，1985年3月竟达到176.78，1995年3月又降为102.36。[②] 但无论是理论上还是实践上，汇率波动对进出口的作用都是非确定的。数据显示，1973~1982年世界贸易额平均环比增长率为17.25%，1983~1992年增长率为7.95%，1993~2002年增长率为5.72%，2003~2012年增长率为11.88%。考虑到战争后国际贸易总体上呈自由化的倾向，GATT和WTO的相继推动，因此牙买加体系下汇率安排对贸易的影响是有待考量的，但可以肯定的是，多数政府倾向于对外汇市场进行干预，充分利用汇率机制调整贸易收支、国际收支，促进内外经济均衡。

值得一提的是，剧烈波动的汇率助长了国际金融投机活动，引发了国际金融市场的动荡和混乱，金融危机风险大增；再者，牙买加体系下利用国际资本成为平衡国际收支、发展经济的一条重要途径，因此无论是20世纪80年代拉美国家

---

① 陈雨露. 国际金融［M］. 北京：中国人民大学出版社，2000：57.
② 数据来自于BIS统计的名义有效汇率指数，2000年=100。

汇率制度、汇率行为与贸易收支调整

的债务危机、90 年代初的墨西哥金融危机，还是 90 年代末的亚洲金融危机，与国际资本的投机、套利不无关系。牙买加体系下的汇率制度给世界经济发展带来的不确定性，导致金融危机发生的频率、深度和广度较之国际金本位和布雷顿森林体系时期都大大增加。牙买加体系下虽然国际收支可以通过运用多种渠道加以调节，但各国从本身利益出发的政策导致国与国之间的利益冲突更加尖锐和复杂化，相互间的协调也难以实现，强国侵占其他国家的利益现象时有发生。自 1973 年牙买加体系至 1985 年签订广场协议的 13 年间，美国贸易逆差年份 12 年，顺差年份仅 1 年；国际收支逆差年份为 11 年，顺差年份仅为 2 年。① 与此同时，日本对外贸易与投资发展迅猛，20 世纪 80 年代，日本的外贸顺差累计高达 5250 亿美元，对外投资由 1979 年的 329 亿美元增加到 1990 年底的 3107 亿美元，年均增长 22.6%。② 由于巨额的收支逆差，美国一方面迫使拥有巨额贸易顺差的国家开放市场，另一方面实行新保护贸易政策，对进口加以限制，并且以强调国际收支调节的对称性为借口逼迫当时拥有巨额顺差的日元升值。时隔近 20 年后，这一伎俩又在人民币上重演。

本章小结

前文大致勾勒了国际汇率制度变迁的历史轨迹，从金本位制的固定汇率制度，过渡到布雷顿森林体系时代可调整钉住汇率制度，再演变到牙买加体系下的混合汇率制度。不难看出，汇率变迁的背后有着贸易、经济、政治等方面因素的存在。"存在即是有理"，世界上没有最佳的汇率制度，最合适的汇率制度即是最好的汇率制度。但从统计数据看，固定汇率制度所处的时期经济增长率以及通胀情况明显优于混乱的两次世界大战时期以及牙买加体系时期，亦有可能是当时稳定的时代背景所致。③

自然稳定的金本位制度以及"双挂钩"的布雷顿森林体系消除了汇率波动的风险，促进了世界贸易和投资的发展。在两种固定的汇率体制下，即便均衡的机理不同，但贸易收支都自带均衡机制，另外，这种均衡机制下外部经济均衡的

---

① 贸易收支数据来自于世界银行数据库；国际收支采用 IMF 统计的国际收支储备资产变动作为划分标准。

② 韩忍之，闫小娜. 人民币汇率不可贸然变动——"广场协议"告诉我们什么 [N]. 国际商报，2005 – 06 – 17.

③ 邓立立. 汇率制度的选择与发展趋势研究 [D]. 东北财经大学博士学位论文，2004：27.

过程往往会导致内部经济的波动。在混乱的两次世界大战期间以及牙买加体系下均出现了浮动汇率制度，不同的是前者汇率缺少物质依托的失控状态的浮动，后者为根据本国收支状况、经济形势作出的有意识选择。在浮动汇率下利用调节汇率来均衡贸易收支或者国际收支的过程不会导致内部经济的过度波动，但汇率机制的滥用往往导致国家之间摩擦不断。尽管如此，汇率机制仍然是各国调节贸易收支、外部经济乃至刺激内部经济的常见工具之一。

第四章 人民币汇率制度沿革、汇率调整与贸易收支的历史关系

新中国成立以来，人民币汇率制度几经演变。几乎每一次汇率制度的演变、汇率的调整都与当时的外贸收支状况不无关系，充分体现了汇率政策对外贸收支的影响以及与外贸政策的紧密关系。本书从历史实践的角度将人民币汇率制度划分为七个时期，分别阐述汇率制度、汇率调整对贸易收支的调节和对贸易政策的配合。

第一节 计划经济时期的汇率制度与贸易收支

改革开放以前，我国处于高度集中的计划经济时期，价格机制起不到应有的作用，对外贸易由国家统一编制贸易计划，统一经营，统负盈亏。这个时期，虽然外贸经营主体更多地考虑如何完成国家进出口计划，人民币汇率无法真正起到对微观进出口贸易的调节作用，汇率也反映不了外汇资源的丰缺程度，然而当时对外经济关系简单，官方统一制定人民币汇率，这个时期国家要达成的对外贸易目标仍然是主要考虑的因素。

一、1949~1952年单一浮动时期

新中国成立初期，关于用什么作为人民币价值基础的问题曾引起理论界热烈的讨论。人民币没有规定含金量，事实上当时经济全面瘫痪，国库黄金也不足以作为货币发行的准备，与其他国货币兑换率无法采用货币虚拟的含金量之比决定。中央从国情出发，本着等价交换的原则，采用出口物资理论比价、进口物资理论比价以及侨汇购买力比价计算的物价对比法确定汇率，使汇率主要服务于生产交换，其中最主要的考虑因素便是出口物资理论比价。人民币兑西方货币的比

价首先在天津公布,为 1 美元兑 80 元旧币。在确定美元的汇价之后,与其他货币的汇价通过套算获得。由于当时通货膨胀形势十分严峻,全国各地区物价水平差别较大。在中央的统一政策管理下,上海、厦门、广州可以以天津口岸的汇价为标准,各自根据当地的具体情况,公布外汇牌价。

1950 年末,我国外汇储备 1.57 亿美元,一年之后为 0.45 亿美元。面对外汇资金非常缺乏的现状,为了恢复国民经济发展,积累外汇资金购买进口物资,1949 年 1 月至 1950 年 3 月我国实行了"奖励出口,限制进口,照顾侨汇"的汇率政策,保证 75%~80% 的大宗出口物资获得 5%~15% 的利润。这个时期,国内物价飞涨,掺以物价对比为基础的人民币汇率调整频繁,货币大幅贬值。数据显示,1949 年 3 月人民币汇率为 600 旧币/美元,1950 年 3 月调至 42000 旧币/美元,一年之内调整达 52 次之多。① 虽然这个时期我国内外贸易均由中央人民政府贸易部统一领导和管理,但人民币汇率的变动在一定程度上还是起到了调节进出口,尤其是鼓励出口的作用。1950 年,我国出口额为 5.5 亿美元,1951 年为 7.6 亿美元,猛增约 38%。

自 1950 年 3 月全国统一财经工作之后,经济秩序得到逐步恢复,全国物价开始走向稳定,人民币汇率也企稳回升。此间,国际商品价格上涨,美元迅速贬值。美元兑人民币汇率从 1950 年 3 月的 42000 旧币/美元调整到 1951 年 5 月的 22380 旧币/美元,共调高 15 次,升幅高达 46.7%。② 人民币升值转而有力地促进了我国的进口贸易:自朝鲜战争爆发后,西方国家对我国进行经济封锁,进出口渠道阻塞,为了保障资金安全,国家大力推进进口。此时汇率方针更改为"奖励出口,兼顾进口,照顾侨汇"。1950 年我国进出口总额为 11.35 亿美元,1952 年增长到 19.41 亿美元,增长了约 71%,其中进口额从 1950 年的 5.83 亿美元增长到 1952 年的 11.18 亿美元,增长了约 49%。

综上,在国民经济恢复时期,国家以物价对比法确定人民币汇价,对外汇实行集中管理制度,国家对人民币汇率的制定、调整与对外贸易密切相关,汇率起到综合调节对外贸易,服务于国家统一的对外贸易政策目标的作用。

二、1953~1972 年单一固定时期

自 1953 年开始,我国进入了社会主义的全面建设时期。这个时期,我国对私人资本主义的社会主义改造基本完成,外贸统一管理体制继续完善。随着对外贸易业务不断发展,我国成立了 15 个专业国营外贸公司主管专业化领域的进出口业务以提高进出口贸易的效率,但仍然实行统一定货的审核制度以及统一的外

---

①② 数据来自于杨帆(2005)的研究。

汇管理。进出口贸易由国营外贸公司按照国家计划进行统一经营，统负盈亏，所以国营外贸公司所考虑的主要是如何完成国家设定的进出口计划，而不需要承担经济责任。1964年起，我国还采取了对一部分进口商品加成的办法，外贸为用货部门的进口商品按进口成本加价103%作价，达到以进口盈利填补出口亏损的目的，直至后来进口、出口出现了双亏的现象。事实上，这个时期人民币汇率与进出口贸易实际已经走向分离，汇率无法更无须对进出口贸易发挥调节作用。人民币汇率的主要功能是用于非贸易外汇兑换与结算。

在高度集中的计划管理体制下，国内物价保持基本稳定。根据当时国内外消费物价对比，人民币汇率已适当照顾侨汇和其他非贸易性外汇收入，无进一步调整的必要。从国际上看，国际货币体系正处在以美元为中心的布雷顿森林体系之下，维持相对稳定的固定汇率制度。在国内外相对稳定的环境下，自1955年3月1日起人民币旧币兑换成新币直到1970年，人民币汇率一直保持在每美元2.46元人民币的水平上，见图4-1。

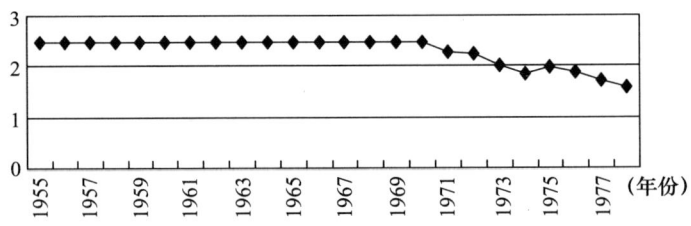

图4-1　1955~1978年美元兑人民币汇率

资料来源：国研网统计数据库。

三、1973~1980年钉住一篮子货币的单一浮动时期

1973年起，西方各国相继放弃了固定汇率制度转向浮动，汇率波动日趋频繁。为了保障我国对外贸易的正常往来，人民币转而采用钉住一篮子货币的计价原则来维持对主要贸易伙伴货币的相对稳定。篮子中的货币选用与我国对外贸易存在紧密联系的国家与地区的货币，货币篮子中货币的种类及权重可以根据不同时期的情况进行调整。当时人民币的运行机制是在固定时期确定的汇率基础上根据篮子中货币价值的变动状况、我国的经济发展状况以及政策进行调整。由于人民币货币篮子中的货币及权重经常性地调整，这个时期人民币汇率突出的特点就是变动频繁，仅仅1978年一年时间，人民币兑美元汇率就调整了61次之多。出于保值的目的，人民币汇率水平维持在各国之间汇率的中等偏上水平。随着布雷顿森林体系走向崩溃，美元、英镑的币值不断下调，1971~1979年，两种主要

货币兑人民币贬值幅度均在40%左右。

这个时期,我国对外贸易体制仍然处于相对稳定的阶段。事实上,自第一个五年计划时期形成对外贸易体制到改革开放这段时间内都保持了相对稳定的状态。我国采取的钉住一篮子货币的汇率制度安排,有利于抵御国际汇率变动对本币价值的影响。然而,当时人民币汇率的篮子货币币种及权数制定的依据不足,汇率水平的合理性失去保证。商品贸易价格与非贸易价格严重背离,也反映不出真实的供求状况。因此,在这种国家垄断的外贸经营体制下,汇价对进出口贸易的调节作用甚微。

第二节 经济转轨时期的汇率制度与贸易收支

改革开放以来,我国对外贸易体制经过了不断的市场化改革,汇率制度被视为重要的配套措施之一,对我国进出口贸易的调节意图十分明显。无论是内部结算价格还是放开外汇调剂市场汇率,汇率政策明显服务于出口促进。然而,无论是内部结算价与官方汇率并存的双轨制,还是官方汇率与调剂市场汇率并存的双轨制,都存在历史的必然性,也存在诸多矛盾与问题,它们只是我国从计划经济时代走向市场经济时代中汇率制度的过渡形式。

一、1981~1984年内部结算价和官方汇率并存时期

长期以来,人民币汇率与进出口贸易实际脱节,到了20世纪70年代后期人民币汇率更是严重被高估,致使1978~1980年对外贸易收支逆差不断扩大。1977年我国贸易差额尚为3.8亿美元,1978年突转为逆差11.4亿美元,1979年更是前所未有地达到20.1亿美元的逆差(见图4-2)。1979年为了化解长期以来外贸体系存在的弊病,我国开始着手进行外贸体制改革,由高度集中的经营体制逐步转向外贸企业的自主运营。对外贸易体制的市场化改革迫切要求解决人民币汇率高估的问题。数据显示,1979年全国平均换汇成本为1美元兑2.41元人民币,而同期官方汇价为1美元兑1.56元人民币①。为了促进对外贸易发展,促进出口,改变这种出口亏损、进口盈利的状况,1981年1月1日起,我国开始试行美元兑人民币的贸易内部结算价,即按照1978年全国平均换汇成本加上10%的出口利润求出来的1美元兑2.8元人民币作为进出口贸易的外汇结算价格,并

---

① 数据来自于杨帆(2005)的研究。

且在接下来的4年时间内基本维持不变;同时,采用钉住一篮子货币的计价原则计算、公布人民币外汇牌价,用于非贸易外汇结算。

外贸内部结算价的采用,一定程度上起到了扩大出口、扭转贸易收支逆差的作用。1981年开始,贸易收支逆差幅度收窄为0.1亿美元,1982年贸易收支顺差30.3亿美元,1983年贸易收支顺差8.4亿美元。然而双重汇率制度也带来了外汇管理上的困难,贸易与非贸易难以界定,矛盾重重;并且,贸易的内部结算价格增加了进口成本,不利于国家建设所需物资的进口,限制了必需品进口的积极性;此外,根据IMF的规定,双轨制只能作为解决收支逆差的临时性措施,而且这种带有补贴性质的双重汇率制度也容易引发国际矛盾。这三点主要原因注定我国实行的双重汇率制度只能是权宜之计,人民币汇率走向统一才是大势所趋。

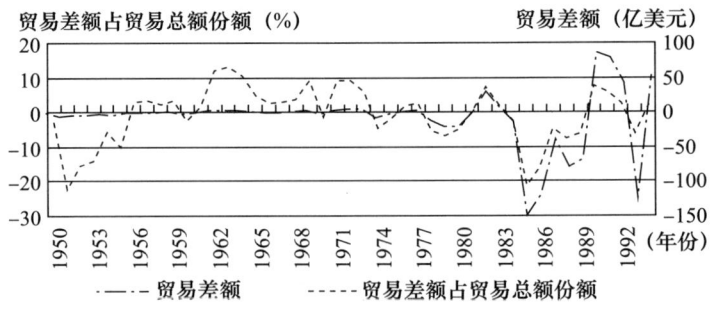

图4-2 1950~1994年我国贸易收支差额

资料来源:国研网统计数据库。

二、1985~1993年官方汇率和外汇调剂市场汇率并存时期

如上所述,虽然外贸内部结算价的采用有力地促进了我国对外贸易的发展,但随之带来的诸如银行结算界限不清、外汇管理混乱等诸多问题注定了内部结算价只能成为一个过渡时期的临时性应急措施。随着西方国家经济的逐步复苏,美元兑人民币不断升值。截至1984年底,外汇牌价与外贸内部结算价已基本接近。1985年1月1日,外贸内部结算价被废除,实行了第一次汇率并轨。20世纪80年代中期,正值我国价格、工资改革开始的时期,投资与消费出现了高速增长,国民经济过热的迹象逐步显现,价格总水平也开始大幅攀升。为了使人民币汇率同物价的变化相适应、消除汇率高估,货币当局开始通过不断变动篮子货币及权重调整官方汇率,促进人民币回归理性价值。然而,人民币汇率的下调滞后于物价的上涨速度,致使1990年前官方汇率始终处在出口换汇成本之下(见图4-3)。汇率高估、进口猛增,整个20世纪80年代中后期,我国一直伴随着巨

额的贸易收支逆差（见图4-2）。为了促进出口，国家于1985年再一次提高了外汇留成比例。与此同时，我国改变由中国银行举办外汇调剂业务的做法，在深圳成立了首家外汇调剂中心，至1988年全国各地普遍设立了外汇调剂中心，人民币汇率出现了第二次双轨制。

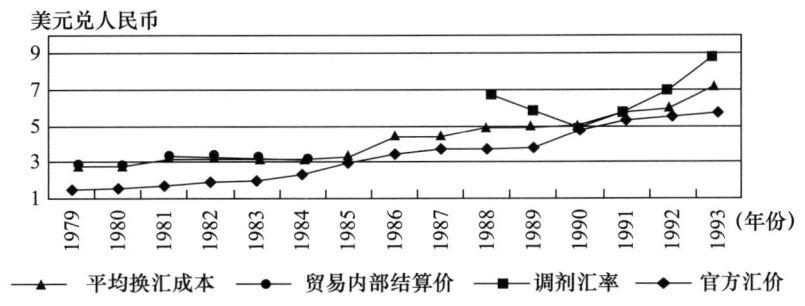

图4-3　1979～1993年美元兑人民币年平均汇率

资料来源：①唐国兴，徐建刚．现代汇率理论与模型研究［M］．北京：中国金融出版社，2003．
②张辉．汇率制度与国际贸易政策互动研究［M］．北京：中国金融出版社，2008．

1988年起，我国外贸经营体制开始改革，推行承包责任制，实行超亏不补、减亏留用、增盈对半分成的措施。随后，1991年又废除外贸补贴机制，推行自负盈亏机制。我国外贸体制改革的深化，促使人民币汇率成为调节对外贸易的主要方式。而外汇留成制的实施以及外汇调剂市场的建立，刺激了外贸企业的出口积极性，外贸经营企业通过其补偿出口亏损，从而促进了出口贸易的增长。然而，外汇调剂市场汇率主要由市场供求状况决定，由于改革开放中对外汇的需求大于外汇供给，供需矛盾十分突出，导致外汇调剂市场汇率与官方汇率差距不断拉大。双轨制存在的固有弊端又一次显现，随着我国改革开放速度加快以及外贸体制改革的不断深化，必然要求人民币汇率再次走向统一。

第三节　社会主义市场经济时期的汇率制度与贸易收支

1994年我国汇率管理体制大改革之后，无论是汇率的形成机制、变动机制，还是进出口经营、管理都进一步向市场化推进。市场价格机制在进出口贸易的调节中充分地发挥出应有的作用。随着国际经济往来的逐步深化，国家采用什么样的汇率制度,如何调节市场汇率,其服务对象势必不再是单一的对外贸易目标。从政策上看,两者的关系趋于弱化;但汇率作为影响市场价格的重要因素之一,直接关系到微观企业的利润,因此在实体经济中更加受到进出口主体的重视。

一、1994~2005年钉住单一美元的汇率制度时期

1993年我国公布了《中共中央关于建立社会主义市场经济体制若干问题的决定》,提出要"建立以市场供求为基础的有管理的浮动汇率制度和统一规范的外汇市场,逐步使人民币成为可兑换货币"。在1994年1月1日,我国外汇管理体制进行了重大变革。在新的外汇体制下,人民币官方汇率与外汇调剂汇率并轨,官方汇率由1993年12月31日的1美元兑5.80元人民币调整至1994年1月1日的1美元兑8.70元人民币;汇率制度由过去的双轨制变为单一汇率,实行单一的有管理的浮动汇率制;建立统一的银行间外汇市场,中国人民银行依据银行间外汇调剂市场前一天的汇价,作为人民币兑美元汇率决定的基础,与其他货币的汇率通过套算获得。这一汇率制度的特点是,改变了以行政方式决定或调节汇率的做法,充分发挥市场机制对汇率的调节作用,以市场供求状况作为汇率形成的基础。1994年4月1日,中国人民银行规定,外汇指定银行之间买卖外汇的汇价,可在交易基准汇率0.3%的幅度内浮动;与客户之间的买卖汇价,可在交易基准价0.25%的幅度内浮动。自外汇体制改革之后,人民币汇率一次性贬值到位,结束了长期以来的贬值趋势,并开始缓慢升值,在随后长达10年左右的时间内与美元保持相对的稳定,见图4-4。

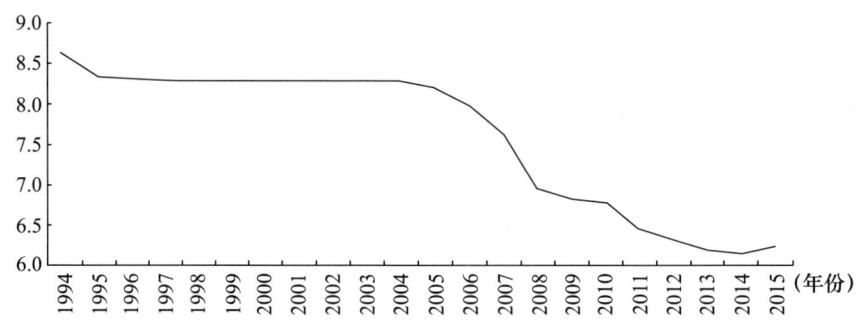

图4-4 1994~2015年美元兑人民币年平均汇率

资料来源:中经统计数据库。

吴仪(1994)认为,在当时的形势下进行汇率体制的改革是真正抓住了长期困扰我国外贸发展的一些深层次问题的关键,是我国外贸体制走向自主经营、自负盈亏、平等竞争等方面取得的重大突破,直接关系我国对外贸易的发

展，关系外贸企业的生存。张松涛（2001）更是从对外贸易视角解读人民币汇率制度的改革，他认为当时外贸体制呈现出来的种种弊端使人民币汇率制度到了非改不可的时候。因此汇率制度改革与外贸体制改革的进一步深化几乎是同时进行的。20世纪90年代，中国外贸体制进一步向市场化推进，外贸公司逐步实施了公司制改造，出口补贴、外汇留成这些出口刺激措施先后取消，外贸企业成为了真正意义上的市场化经营主体。国家也基本取消指令性进口计划，减少进出口限制。在所有出口商品中，由国家直接控制的商品种类从1980年的900种减少到1995年的20多种；在进口商品中，1993年之前几乎绝大多数的进口由国家控制，而1995年国家进行进口限制的商品为16大类普通商品和15大类几点产品。① 进出口经营对象市场化表明汇率的相对价格机制不再受计划的制约，对外贸易的汇率敏感性增加。张辉（2008）还指出，外商投资企业有比国内企业更加灵活和自由的贸易和汇兑规则，因此它们的进出口行为对汇率更加敏感。

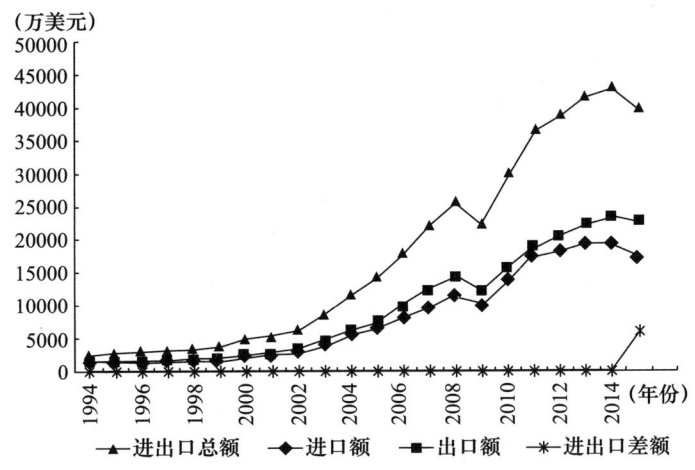

图4-5 1994~2015年我国贸易收支状况

资料来源：中经统计数据库。

从开放视角看，汇率体制改革理顺了国内市场价格体系与国际市场价格体系的通道，使得我国外贸体制进一步与国际接轨。而且，我国对外贸易计价结算中的主要货币是美元，而钉住美元的汇率制度保证了人民币与美元之间价格的稳定，利于微观贸易主体的成本核算。从这个角度说，当时的汇率制度有力地促进

---

① 数据来自于黄净波（2003）的研究成果。

了我国对外贸易的发展。当然，这个时期对外贸易的飞速发展也离不开我国市场化改革和进一步开放带来的机遇，尤其是 2001 年 12 月我国加入 WTO，市场扩大、需求增加，我国的价格比较优势得到充分展现。在各种因素的促成之下，自 1994 年起我国贸易收支连年顺差并总体上呈逐步扩大态势（见图 4-5）。此外，国内经济的飞速发展也吸引了外部资金的持续流入。因此，在经常项目与资本项目顺差的累积下，我国外汇储备快速攀升（见图 4-6）。

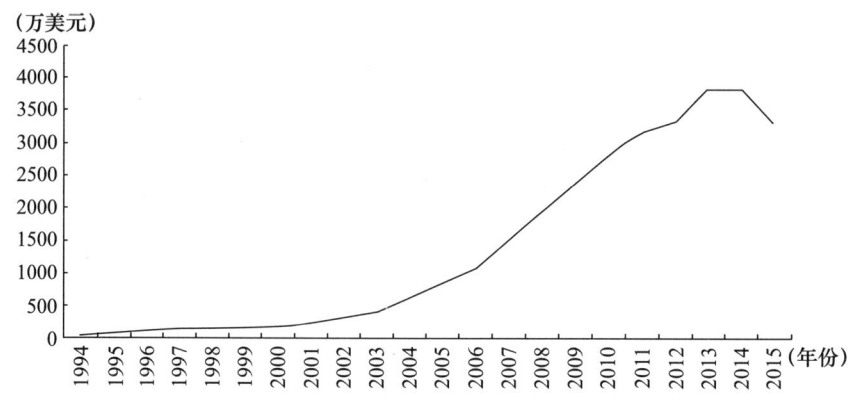

图 4-6　1994~2015 年我国外汇储备变动情况

资料来源：国家外汇管理局。

二、2005 年至今参考一篮子货币的汇率制度时期

自汇率并轨至汇率制度改革前夕，我国外汇储备由 516.2 亿美元增加至 6099.32 亿美元，10 年左右的时间增长了 10 倍左右。然而随着国际收支持续扩大，人民币升值的压力越来越大。我国传统上一直采用出口换汇成本来衡量人民币汇率。如果依据此法计算，1999 年人民币的实际汇率为 1 美元兑 7.4 元人民币，而当时名义汇率为 1 美元兑 8.27 元人民币。如果考虑到自 1998 年以来中国的消费价格指数已经低于美国，再剔除住房等涨价幅度较快的非贸易品，按可贸易品消费价格比计算的人民币实际汇率被低估得更多（王叙果，2005）。连年的双顺差、巨额的外汇储备致使国际贸易摩擦持续升温，美、日、欧等西方国家联合起来就人民币汇率问题对我国施加压力，希望通过人民币升值，阻碍中国商品的大规模出口，借此转嫁危机，摆脱西方国家经济增长乏力以及失业率上升的困境。张辉（2008）指出，人民币争端的实质就是贸易争端，隐藏着国与国之间贸易战略乃至社会经济发展战略之间的博弈。另外，从国内情况看，汇率低估实际上也隐藏着危机，其中最主要的是钉住美元的汇率

第四章 人民币汇率制度沿革、汇率调整与贸易收支的历史关系

制度削弱了货币政策的独立性以及汇率低估严重阻碍了国内产业的升级，不利于国内经济长期的发展。于是，国际上激烈的摩擦以及国内长期发展的隐忧令汇率制度向更加灵活的汇率制度转变也就顺理成章了。况且，我国外汇管制进一步放松、外汇市场建设不断推进以及金融体系改革深化都为人民币汇率形成机制改革创造了合适的条件。

在上述背景下，2005年7月21日中国人民银行发布《关于完善人民币汇率形成机制改革的公告》，其主要内容有："第一，我国开始实行以市场供求为基础、参考一篮子货币进行调节、有管理的浮动汇率制；第二，中国人民银行于每个工作日闭市后公布当日银行间外汇市场美元等交易货币对人民币汇率的收盘价，作为下一个工作日该货币对人民币交易的中间价格；第三，2005年7月21日19时，美元对人民币交易价格调整为1美元兑8.11元人民币，作为次日银行间外汇市场上外汇指定银行之间交易的中间价，外汇指定银行可自此时起调整对客户的挂牌汇价；第四，每日银行间外汇市场美元对人民币的交易价仍在人民银行公布的美元交易中间价上下3‰的幅度内浮动，非美元货币对人民币的交易价在人民银行公布的该货币交易中间价上下一定幅度内浮动。中国人民银行将根据市场发育状况和经济金融形势，适时调整汇率浮动区间。"随后，中国人民银行货币政策司对改革后的人民币汇率制度又进一步做出解释，指出货币制度主要包括三方面内容："一是以市场供求为基础的汇率浮动，发挥汇率的价格信号作用；二是根据经常项目主要是贸易平衡状况动态调节汇率浮动幅度，发挥'有管理'的优势；三是参考一篮子货币，即从一篮子货币的角度看汇率，不片面地关注人民币与某个单一货币的双边汇率。"①

继2005年7月21日，人民币汇率制度改革之后，我国又陆续推出了一系列配套制度来逐步完善人民币汇率的市场化改革：2007年5月中国人民银行决定将银行间即期外汇市场人民币对美元交易价浮动幅度由0.3%扩大至0.5%。2008年受美国金融危机的影响，人民币汇率制度改革一度停滞。随着全球经济出现好转，2010年6月，人民币汇率制度改革重启，突破了僵持两年多的1美元兑6.82元人民币的关口，出现了五年后第二个升值周期。随着我国外汇市场发育趋于成熟，交易主体自主定价和风险管理能力日渐增强，2012年4月中国人民银行宣布银行间即期外汇市场人民币兑美元交易价浮动幅度由0.5%扩大至1%以顺应市场发展的要求，增强人民币汇率双向波动弹性，2013年初人民币出现双向波动迹象。2014年3月，为进一步完善人民币汇率市场化形成机制以便更深入地发挥市场在人民币汇率形成中的作用，保持人民币汇率在合

---

① 货币政策二司."人民币汇率制度"内容［EB/OL］.中国人民银行网站，http：//www.pbc.gov.cn/publish/huobizhengceersi/3390/2010/20100915164905917508642/20100915164905917508642_.html.

理、均衡水平上的基本稳定，中国人民银行将银行间即期外汇市场人民币兑美元交易价浮动幅度由1%扩大至2%。2015年8月，中国人民银行发布的《中国人民银行关于完善人民币兑美元汇率中间价报价的说明》开启了新一轮人民币汇率形成机制改革，由2006年1月4日之后所执行的开市前向做市商询价，去掉最高价和最低价后得到的加权平均作为当日的基准价变革为做市商在每日开盘前参考上日银行间外汇市场收盘汇价，在综合考虑外汇供求情况以及国际主要货币汇率变化后向中国外汇交易中心提供基准报价。这表明中国人民银行通过加强做市商报价的市场化和透明化使基准价的形成更加符合外汇市场的总体供求关系。

本书认为，人民币汇率市场化改革的逐步完善也一定程度上考虑了我国对外贸易的发展状况。受美国次贷危机的波及，2008年10月起我国出口出现了断崖式下滑。2008年10月至2009年3月，短短半年时间出口额下滑幅度高达33.8%。在外需疲软、全球经济发展形势不明朗的情况下，2009年6月人民币升值的窗口被冻结直至2010年6月市场化改革重启，而此时我国对外贸易已经复苏至2008年9月的水平。再如，2015年8月中国人民银行开启新一轮汇率形成机制改革正值我国经济下行压力加大、出口再次下滑的时期，以至于外界猜测此次改革是为了干预货币以重振出口。虽然货币当局此次人民币汇率调整举措意在向外界传递人民币汇率进行进一步市场化改革的信号，但是时机的选择也确实有利于一定程度上提振出口、应对经济增速的疲软。

从汇率决定的市场化程度看，人民币汇率形成机制的完全市场化仍旧是一个渐进的过程，中国人民银行过多地参与到汇率的决定中。然而作为新生的汇率制度，过早地放开对汇率的干预，其结果是不可预测的，人民币汇率形成市场化需要慢慢地走。推进人民币汇率形成机制改革，逐渐消除钉住美元的汇率制度下所造成的货币价格的扭曲，有利于我国经济长期健康发展，增强货币政策的独立性；有利于扩大内需、保持物价稳定；有利于企业转变经营机制；有利于改善贸易条件；有利于转变外贸增长方式，促进对外贸易长期健康发展。而我们最为关注的是，人民币汇率制度改革，适当调整人民币汇率水平对于缓解对外贸易收支不平衡的作用如何？因传统理论与事实相悖而陷入了汇率调整之谜，那么导致人民币汇率与贸易收支的关系与传统理论不符的原因是什么，是价格的不完全传导导致了贸易收支对汇率不敏感，抑或其他种种原因？人民币汇率与贸易收支的关系还需要进一步探究与验证。

第四章 人民币汇率制度沿革、汇率调整与贸易收支的历史关系

本章小结

本章通过新中国成立以来人民币汇率制度发展历程、汇率调整历程与对外贸易收支联系的描述与分析不难归纳，无论是汇率制度改革还是汇率调整，贸易收支尤其是出口贸易状况都是政府部门主要考虑的因素。在高度集中的计划经济时期，我国进出口贸易由国家统收统支、统负盈亏。当时，由于价格机制起不到应有的作用，人民币汇率也无法真正起到对进出口贸易的调节作用。然而，在当时简单的对外经济联系下，国家的对外贸易目标依然是官方统一制定人民币汇率时主要考虑的因素；在我国经济转轨时期，汇率制度调整被视为外贸体制改革的重要措施之一，通过人民币汇率调节进出口贸易的意图十分明显。无论是内部结算价与官方汇率并存时期，还是官方汇率与调剂市场汇率并存时期，汇率政策对外贸形势的适应性调整是有目共睹的；在社会主义市场经济时期，无论是汇率的形成机制、变动机制，还是进出口经营、管理，都进一步向市场化推进。市场机制下价格机制在进出口贸易的调节中愈发彰显出它的重要作用。汇率作为影响进出口市场价格的重要因素之一，更加受到进出口主体的重视。

从历史实践看，人民币汇率制度、汇率在调节贸易收支中的作用不容忽视，但不同的时期其影响力度是有所区别的。今后随着国际经济联系的加深，无论是汇率政策制定还是进出口贸易，服务对象抑或影响因素更趋向于多元化，但市场机制下市场主体则更加重视汇率调整对价格的作用。因此，汇率制度、汇率行为与贸易收支之间的确切关系还需要从数量上作进一步论证。

第五章　国别视角下的汇率行为与进出口定价能力

前文的理论分析表明，无论是汇率升贬值还是汇率波动，进出口价格都是其与贸易收支之间建立联系的重要桥梁。汇率行为对进出口价格的传导情况不仅能够反映我国出口商品在各出口市场上的竞争力状况以及各贸易伙伴在我国市场的竞争力状况，而且在汇率机制下，汇率行为对进出口价格的传导程度也是一国的出口定价能力，即该国进出口商对进出口价格掌控能力的体现。研究人民币汇率行为对进出口价格的传导有助于了解我国与贸易各国在国际贸易中的比较优势，也能在一定程度上解释人民币汇率对贸易收支调节不力的原因。因此，自2005年人民币汇率制度改革以后，不少学者试图从汇率对价格不完全传导的角度解释人民币升值悖论。综观人民币汇率行为对价格传导的研究发现，这类研究主要停留在对进出口总价格的分析以及对细分产品价格的分析上（陈学彬和李世刚等，2007；毕玉江和朱钟棣，2007；王胜和李睿君，2009；文争为和冉光和等，2014；汪建新和高运胜等，2015），国别层面的研究不多，多国对比的研究则更少。本书将基于国别视角分析汇率行为对进出口贸易价格传导以及界定我国进出口商品的市场定价能力。本部分的分析步骤如下：首先对人民币汇率以及进出口价格走势进行定性描述，其次分析汇率行为与进出口价格之间的定量关系并界定我国进出口商品的市场定价能力，最后对汇率传导的异质性原因进行解释。

第一节　国别视角下的汇率与进出口价格变动

一、人民币汇率指标测算及走势

（一）有效汇率测算及其走势分析

有效汇率指数通常被用来对货币汇率进行全面、综合的考察，判断汇率变动的总趋势。基于有效汇率在经济中的众多作用，比如反映一国的贸易竞争力、作为货币危机预警指标等而得到了政策制定者们的充分重视,国际清算银行(BIS)、国际货币基金组织(IMF)等国际经济组织以及一些国家的货币当局如英格兰银行、美联储等都定期公布有效汇率指数。值得一提的是,无论是IMF还是BIS,虽然在计算的过程中也考虑了进口、出口权重差别,但最终只针对总贸易关系给出了总的有效汇率指数。然而按照比较优势理论,一国进口商品结构与出口商品结构必然不同,而商品结构的差异将导致进口来源地结构与出口目的地结构的差异,那么总的有效汇率则无法体现出这种差异。本书将区分进口和出口权重上的差异,分别计算进口有效汇率指数和出口有效汇率指数以及总的有效汇率指数,以反映人民币汇率的总体走势。

虽然一些政府、国际性组织、学者都或计算或研究着有效汇率,但在实际操作中,不同组织、不同国家,不同学者所采用的有效汇率的计算方法基本上不相同。有效汇率计算主要涉及四方面问题:一是样本国的筛选;二是汇率选择;三是权重确立;四是选择合适的基期。李红岗和黄昊等(2010)认为,在样本国的选择上应该遵循三点要求,即充分的代表性、区域的合理性、精度和效率的平衡。本书选择的22个国家和地区无论是对外贸易中所占比重,还是区域分布基本能够满足李红岗和黄昊(2010)所提到的三点要求;在汇率的选择上,为了能够将本书计算的有效汇率与IMF等国际性机构计算的有效汇率进行对比,本书采用了汇率的间接标价,即有效汇率上升反映人民币升值;在权重的确定上,将贸易额比重作为时变权重的依据。本书认为权重之和应该为1,因此采用双边贸易额占样本国总贸易额的比重作为权重;在基期的选择上,将2005年作为基期,这也是本书涉及的所有指数类数据通用的基期①。

有效汇率加权方法可以采用算术加权平均或者几何加权平均,本书选择较为简便且常用的算术加权平均法。令w_{exit}、w_{imit}和w_{zit}分别表示第t期的出口贸易权重、进口贸易权重和总贸易权重,E_{it}^*表示第t期时我国货币兑样本国(地区)i货币的名义汇率,b表示基期,则第t期出口、进口以及总的名义有效汇率($NEER$)的最终计算公式可分别表示如下②:

$$NEER_{ext} = \sum_{i=1}^{n} w_{exit} \frac{E_{it}^*}{E_{ib}^*} \quad NEER_{imt} = \sum_{i=1}^{n} w_{imit} \frac{E_{it}^*}{E_{ib}^*} \quad NEER_{zt} = \sum_{i=1}^{n} w_{zit} \frac{E_{it}^*}{E_{ib}^*}$$

本书双边汇率数据来源于IMF数据库中各国(地区)货币与美元的汇率,通过汇率套算得出各国(地区)货币与人民币汇率。其中,俄罗斯卢布的统计

---

① 基期选择很重要,现在国际上数据统计基本采用2005年作为基期,这也是本书其他指数类数据的基期。

② 这里只计算了名义有效汇率,没有计算实际有效汇率。本书认为,虽然实际有效汇率能够更准确地反映一国的贸易竞争力,但是名义有效汇率能够更直观地反映汇率本身的变化。

自 1995 年 6 月开始，欧元统计自 1999 年 1 月开始①；因 IMF 数据库统计中新台币与人民币汇率数据缺失，其汇率数据采用 OANDA（http：//www.oanda.com/）统计的月汇率；进、出口数据均来源于中经统计数据库，测算的有效汇率时间跨度为 1995 年 1 月至 2015 年 12 月。1999 年之前，法国法郎、德国马克、意大利里拉以及荷兰盾兑人民币汇率按照各国与我国双边贸易权重分别计入有效汇率；1999 年 1 月起，将上述四国的进出口贸易额分别加总，将占样本总进口与总出口的权重作为欧元计入有效汇率合成的权重。

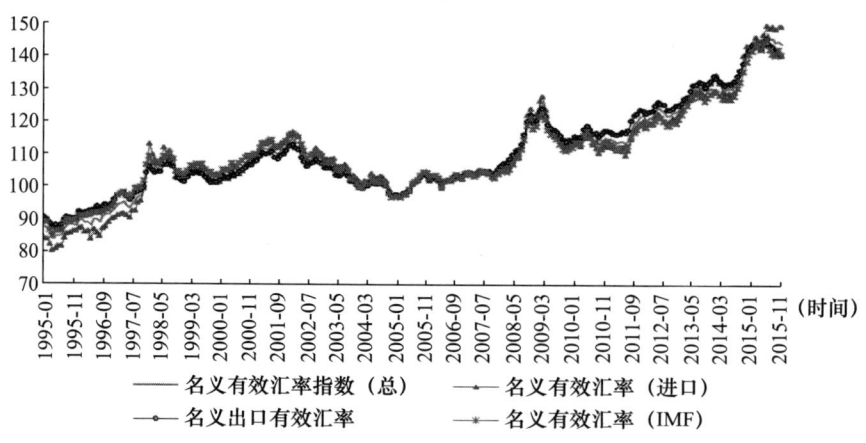

图 5-1 各类名义有效汇率走势

图 5-1 显示了测算所得的出口名义有效汇率指数 $NEER_{ex}$、进口名义有效汇率指数 $NEER_{im}$、总的名义有效汇率指数 $NEER_z$ 以及 IMF 的名义有效汇率指数 $NEER_{imf}$ 的走势。通过比较发现，$NEER_{ex}$、$NEER_{im}$、$NEER_z$ 以及 $NEER_{imf}$ 在总体走势上具有相似性。自 1995 年起，人民币各类有效汇率指数都有不同程度的升值，在亚洲金融危机期间稍有回落后又出现新一波升势。随着亚洲各国相继走出危机，人民币有效汇率持续走低。2005 年的人民币汇率制度改革没有立即加剧人民币有效汇率升值的步伐，2008 年底达到这一波升值的高峰。在次贷危机波及世界之季，人民币有效汇率曾一度保持相对平稳，随着人民币升值通道重启，有效汇率开始新一轮上扬。

然而具体而言，不同方法计算的名义有效汇率指数不同，其走势自然也呈现

---

① 苏联解体后，通胀形势严峻，卢布急剧贬值。俄罗斯进行了多次货币改革，1998 年初新版卢布发行，1 卢布与 1000 旧卢布等值，本书 1998 年之前的数据为折算数据；欧元 1999 年 1 月 1 日正式发行，2002 年 1 月 1 日正式流通，自此，成员国货币逐步退出历史舞台。

出各自的特点。$NEER_{im}$、$NEER_{ex}$的波动幅度要大于$NEER_z$和$NEER_{imf}$的波动幅度，而$NEER_{im}$相比$NEER_{ex}$的波动幅度更大。自1997年底，$NEER_{im}$一路升值越过$NEER_{ex}$之后一直至2004年底，$NEER_{im}$均高于$NEER_{ex}$；此后呈现四种有效汇率指数基本重叠的态势；自2009年下半年开始，并驾齐驱的走势被打破，$NEER_{ex}$升幅最快，而$NEER_{im}$的升幅相对较慢，$NEER_z$介于两者之间；2014年11月，$NEER_{im}$穿过$NEER_{ex}$迅速上扬，两者之间的距离有逐渐扩大的趋势。

1983年，IMF启动了"信息通告制度（INS）"监测成员国的汇率政策，并在此制度下对成员国的名义有效汇率和实际有效汇率进行计算。IMF将竞争力作为权重的设定基础，即在贸易权重的基础上考虑了第三国竞争的影响。为了进一步验证测算的名义有效汇率指数，本书计算了$NEER_z$与$NEER_{imf}$的相关系数，其值达到98.9%，高度相关。有效汇率指数的变动是双边汇率调整与贸易国别结构调整的综合体现，要进一步深入分析人民币汇率的走势还必须分析人民币与贸易伙伴国（地区）双边汇率的走势。

（二）双边汇率走势分析

2005年7月人民币汇率制度改革以前，人民币与美元长期保持相对固定的比价，这一度成为我国出现巨额贸易收支顺差的众矢之的。然而2005年7月人民币汇率制度改革以后，人民币兑美元汇率的走势一路升值，却也没有扭转对外贸易巨额顺差的趋势。从国别视角的双边汇率考虑，即便汇率对贸易的影响符合传统理论且效果显著，即人民币汇率相对于贸易伙伴货币升值有利于缓解贸易收支失衡，那么人民币仅仅相对于美元升值可能也是不够的。由此必须关注人民币同所有主要贸易伙伴国（地区）货币的汇率走势。下文的图5-2~图5-8描述了贸易伙伴货币兑人民币双边月度汇率的变动趋势（直接标价），依据汇率值大小将23种双边汇率归类呈现，时间跨度为1994年1月至2015年12月，其中，巴西雷亚尔的统计自1994年7月开始①，汇率数据来源与前文所述一致。

由图5-2~图5-8可知，1994年1月至2015年12月，各货币兑人民币汇率总体呈现普遍的贬值格局，但变动幅度差异巨大。将兑人民币汇率累计贬值20%为划分点，22种货币中，只有新加坡元兑人民币贬值幅度在20%以下；以累计30%作为划分点，美元、加拿大元、澳元、欧元、英镑、港元、沙特里亚尔以及新加坡元的贬值幅度在30%以下；以累计50%作为划分点，南非兰特、巴西雷亚尔、印度尼西亚盾、俄罗斯卢布、印度卢比、菲律宾比索、马来西亚林吉特的贬值幅度均在50%以上，总体来看，经济相对发达的国家及地区的币值变动要小于发展中国家及地区的币值。

---

① 1994年7月1日巴西政府实施财政制度改革，取消旧货币克鲁塞罗雷亚尔，发行新货币雷亚尔。

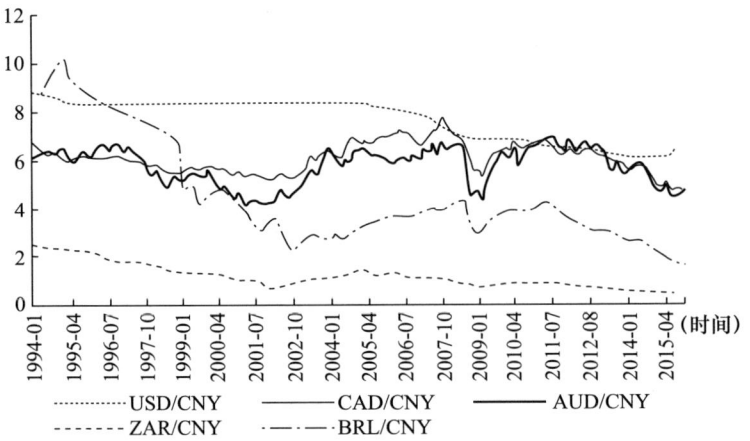

图5-2 美元等货币兑人民币汇率

如图5-2所示,美元兑人民币在2005年7月汇改之前保持相对稳定,汇改之后基本呈现下跌趋势。2008年底,受美国次贷危机波及,人民币与美元兑换率一度保持稳定走势。2010年6月起,随着金融危机阴霾逐步消散,人民币重启升值通道,截至2015年7月,美元兑人民币汇率由汇改前的8.2765下降到6.1167,累计贬值26.10%。2015年8月起,由于美国加息预期增加、国内经济下行压力增大、货币政策持续宽松以及资本流出速度加快等因素的影响,美元兑人民币开始升值,4个月内升值幅度达2.33%。因港元以及沙特里亚尔采取钉住美元的汇率制度,与美元基本保持固定比价,其兑人民币汇率的走势与美元兑人民币汇率的走势相仿(见图5-3)。

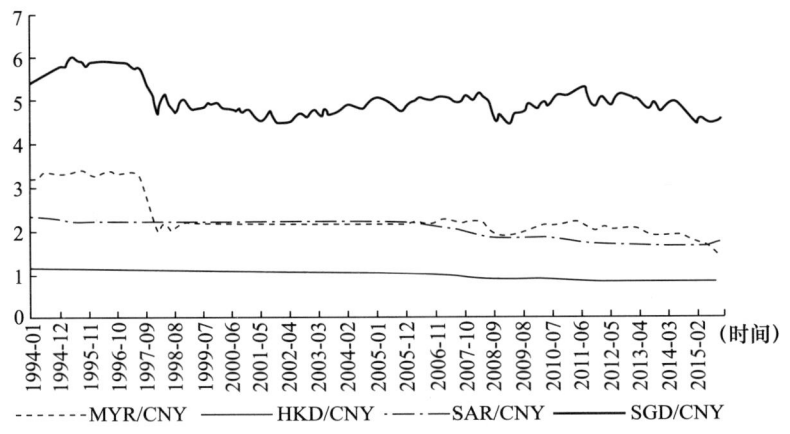

图5-3 林吉特等货币兑人民币汇率

20世纪90年代,拉美国家遭遇了严重的经济危机,巴西雷亚尔被迫放弃与美元的挂钩制度转而采取浮动汇率制度,此后直至2004年中期一路贬值。雷亚尔兑人民币汇率由1997年7月的9.2608贬为2004年6月的2.6457。近年来,由于国内政局动荡以及经济衰退的影响,巴西雷亚尔又迈出了贬值的步伐,2011年7月至2015年12月,雷亚尔兑人民币已贬值59.65%。除巴西雷亚尔之外,南非兰特与印度卢比兑人民币的贬值幅度同样惊人,样本期内兰特兑人民币一路下跌,贬值幅度达83.13%(见图5-2),印度卢比兑人民币的贬值幅度达到65.06%(见图5-4)。

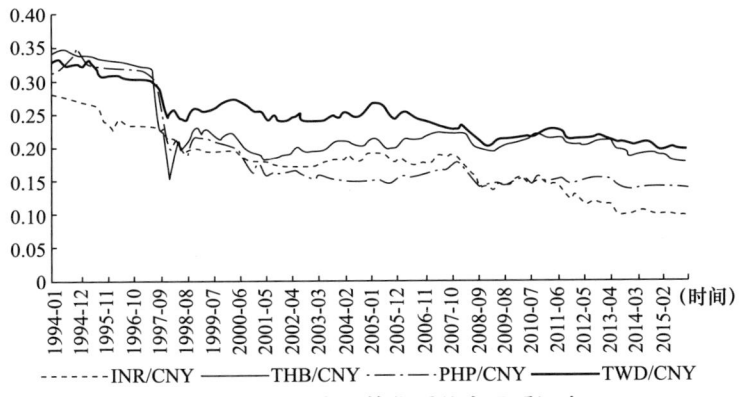

图5-4 印度卢比等货币兑人民币汇率

20世纪末亚洲金融危机袭来,人民币坚决不贬值,而受金融危机影响,东南亚国家货币林吉特、泰铢、比索、韩元、印度尼西亚盾兑人民币汇率在短期内急剧下降,新加坡元、日元、新台币也受到一定波及。1997年7月至1998年底,贬值幅度最大的为印度尼西亚盾,达到81.99%。危机过后,各国汇率走势均归于相对平稳,但是却没有明显回升(见图5-3~图5-6)。

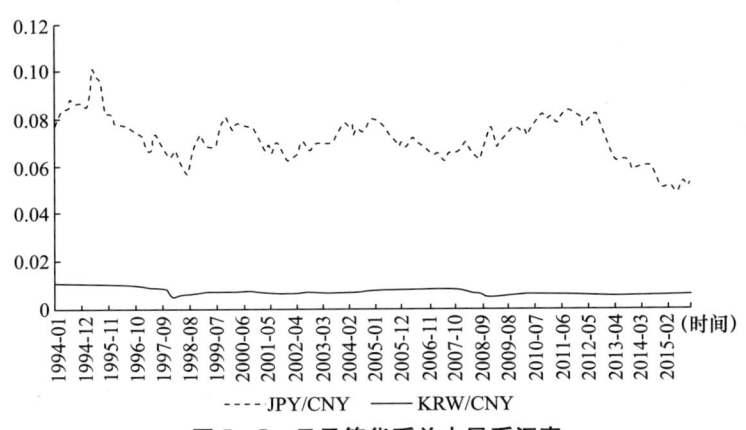

图5-5 日元等货币兑人民币汇率

1997年10月至1998年8月,由于国内严重的通胀形势与金融危机交织,俄罗斯经历了三次金融风波,卢布也经历了突然性贬值。1998年9月卢布兑人民币汇率与8月相比突然贬值53.54%,虽然随后汇价也呈不断下跌态势,但2000年以来,总体变动趋势还是较为平缓的(见图5-6)。

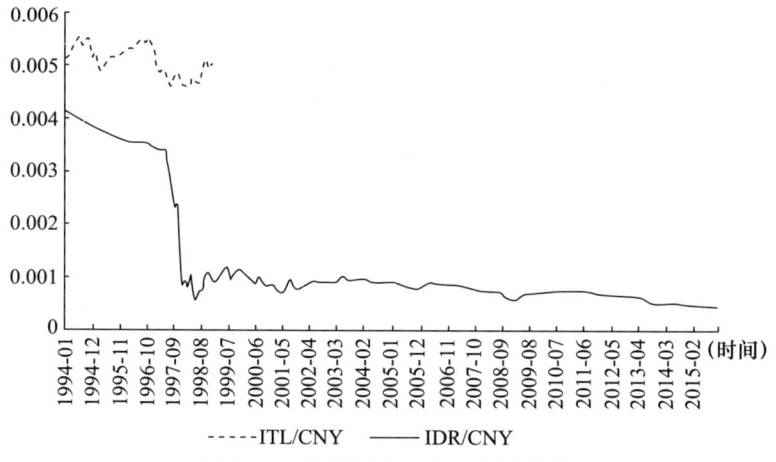

图5-6 俄罗斯卢布兑人民币汇率

1999年1月1日,欧元正式发行,两年后正式流通,法国法郎、德国马克、意大利里拉以及荷兰盾等成员国货币逐步退出流通领域。1994年1月至1998年12月间,法郎、马克、里拉以及荷兰盾兑人民币汇率走势相对平稳,最高点与最低点变动波幅均未超过20%。自1999年1月至2013年6月,欧元兑人民币汇率基本呈现贬值到升值再走向贬值的走势,但累计变动在20%以下(见图5-7与图5-8)。

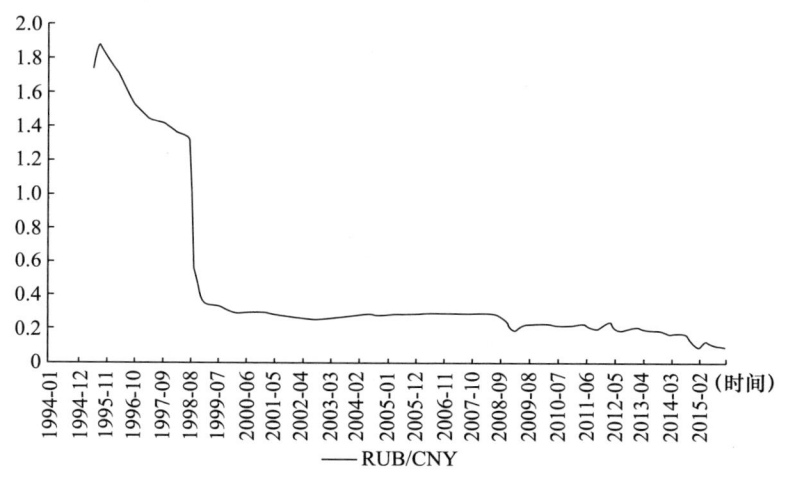

图5-7 意大利里拉和印度尼西亚盾兑人民币汇率

总的来看，欧元、美元、加元、澳元、英镑、新加坡元以及沙特里亚尔兑人民币累计贬值幅度相对较小。加元、澳元、英镑、欧元兑人民币汇率呈现巨幅震荡走势；美元、里亚尔兑人民币走势较为平稳；新加坡元兑人民币汇率在亚洲金融危机期间有过一次较大幅度的贬值，自此后走势相对平稳。

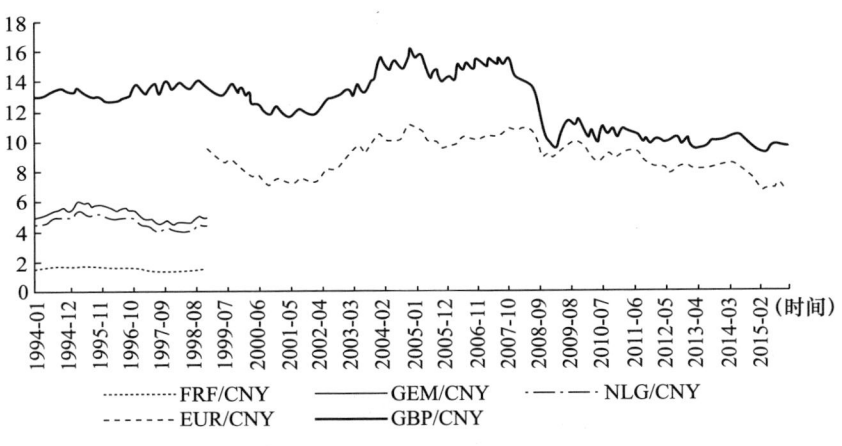

图 5-8　法国法郎等货币兑人民币汇率

基于上述分析不难看出，我国贸易伙伴货币兑人民币汇率走势远非美元兑人民币的走势能够代表的。我国长期以来的贸易顺差不能完全以人民币曾经与美元保持长期的固定比价为借口，也不能就此认为人民币兑美元升值能完全扭转长期以来的贸易顺差。尽管各类双边汇率中人民币的升值幅度有所不同，但基本呈普升态势，为何这种普升态势也没有改善我国贸易收支的失衡状态呢？因此，汇率制度改革、人民币汇率行为与贸易收支的关系还需要做进一步检验。

二、我国进出口价格指数走势分析

（一）总进出口价格指数变动特征

前文的理论分析表明，汇率制度、汇率行为对贸易收支的影响离不开进出口价格的"中转"。那么，随着汇率的变动，进出口价格是否呈现出一致的变动特征呢？为得到我国美元计价下总进口与总出口价格指数以及人民币计价下总进口与总出口价格指数的走势，本书对取自中经网统计数据库的源数据做如下处理：首先将美元计价下的进口、出口价格同比指数调整为定基指数①，再通过美元兑

---

① 本书参照文争为（2012）的处理方法，将同比指数近似处理为定基指数，即令源数据统计中最早的一年各月的价格指数具有相同基期，以同比价格指数逐次计算出定基指数。此种方法在最初几年有一定误差，但误差是不断衰减的。如果分析数据截取后几年的数据，误差基本可忽略不计。

人民币月平均汇率分别构造出人民币计价下的进口、出口价格指数,最后采用2005年月均值将所有指数序列调整为2005年为基期的指数。

综观我国总的进口、出口价格指数走势（见图5-9），出口价格指数相对于进口价格指数走势平稳。出口价格指数在1997年下半年开始回落，其趋势一直持续到2003年下半年，此后又呈现小幅上升态势，2008年下半年开始有一波明显的回落，2009年下半年触底之后重新回升，2012年初开始呈相对平稳的走势；2004年之前，进口价格指数一直低于出口价格指数，2004年起逐步爬升直至穿过出口价格指数，2008年下半年进口价格指数也呈现一波回落，回落幅度超过了出口价格指数，但2009年初触底后又先于出口价格指数开始反弹，穿过相同货币计价的出口价格指数后一路上扬，2011年下半年进口价格指数开始走低，2015年初再次向下击穿出口价格指数。

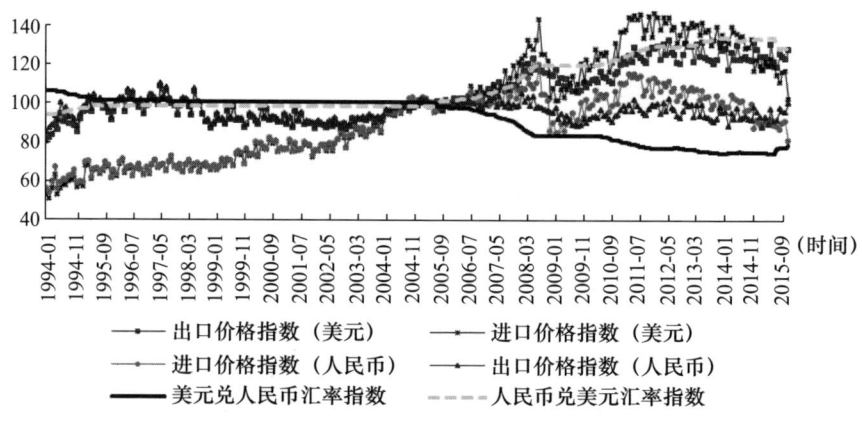

图5-9 我国进口综合价格、出口综合价格指数走势

从计价货币的区别看，2005年7月汇率制度改革之前，无论是出口价格指数还是进口价格指数，其人民币计价的指数与美元计价的指数曲线基本吻合。汇率制度改革之后，随着人民币不断升值，人民币计价的价格指数与美元计价的价格指数走势呈现较大分化。随着各国相继走出本轮经济危机之后，我国进出口价格指数均出现触底反弹现象，但由于人民币重新开启了升值通道，美元计价的进出口价格指数上涨幅度明显高于人民币计价的进出口价格指数。在随后价格指数走低的过程中，无论是进口价格指数还是出口价格指数，其不同货币标价的指数离差都呈现逐步收窄的趋势。

通过样本期内进出口价格指数的变动特征能够推断，人民币汇率制度转换以来，人民币大幅升值确实促进了进口，阻碍了出口。首先，表现在即便美元计价的进口价格高涨，但人民币计价的进口价格指数略微上涨，近年来还呈现走低的趋势，因此进口负担不是加重而是逐步减轻了。其次，虽然汇改后人民币相对美元升值，但美元计价的出口价格上涨幅度总体上还不如美元计价的进口价格指数的涨幅。虽然人民币升值在价格层面上没有削弱我国出口商品在国际市场上的价格竞争力，但人民币计价的出口价格指数呈相对平稳中走低的趋势。在生产成本不断上涨的情况下，这必定会抑制出口主体的出口积极性。

为了进一步直观分析汇率变动对进出口价格的传导情况，图 5-9 中增加了美元兑人民币汇率指数以及人民币兑美元汇率指数两条曲线。如果不考虑其他因素变化，在出口主体只关心本币利润，汇率完全传导，那么人民币计价的进口价格的下滑幅度应该与美元兑人民币指数的贬值幅度相当，而美元计价的出口价格上升的幅度亦与人民币兑美元指数的升值幅度相当。显然，这两种关系在图 5-9 中是不满足的。通过这种现象不难做出初步判断，即人民币汇率变动对我国进出口价格的传导是不完全的。

（二）进出口价格指数变动的国别比较

正如有效汇率变动趋势不能代表双边汇率变动趋势那样，总进出口价格指数的变动特征势必与国别进出口价格指数变动特征有较大差别，因此还需要从国别视角进一步分析进出口价格的变动。本书将利用国研网统计数据库里我国对各国的进出口量以及进出口额的统计数据，构造我国对 22 位贸易伙伴的进出口价格指数（美元计）。再根据我国与各国的双边汇率，将出口价格指数处理成贸易伙伴国货币计价下的指数数列，将进口价格指数处理成人民币计价下的指数数列。受数据可得性限制，样本时间跨度为 2001 年 1 月至 2008 年 12 月，并以 2005 年各月的平均值作为基期数据。

图 5-10 显示了我国对样本国（地区）出口价格指数的变动状况。样本期内，我国的出口价格指数基本呈现普涨格局。将 2001 年的月均值与 2008 年的月均值比较看，我国对印度、菲律宾、巴西出口的价格指数增长率最高，处于第一阵营；然后是对印度尼西亚、韩国、南非、俄罗斯以及马来西亚出口的价格指数，其增长率也在 100% 以上；相对而言，我国对加拿大、德国、泰国、法国的出口价格在 50% 以下，增长率较低。2005 年 7 月汇率制度改革之后，对印度、韩国、南非的出口价格有突飞猛进的增长，对其他国家及地区出口价格的增长趋势没有明显的突变。

图 5-11 显示了我国从样本国（地区）进口价格指数的变动状况。样本期内，从印度尼西亚、菲律宾、日本、韩国、中国台湾地区进口的价格指数呈现或明显或轻微的拱形特征，除了从澳大利亚进口的价格指数在 2001 年呈现高位震荡之外，其余国家（地区）均呈现上涨态势。将 2001 年的月均值与 2008 年的月均值进行比较，从沙特阿拉伯、新加坡、南非、印度、韩国进口的价格指数增长

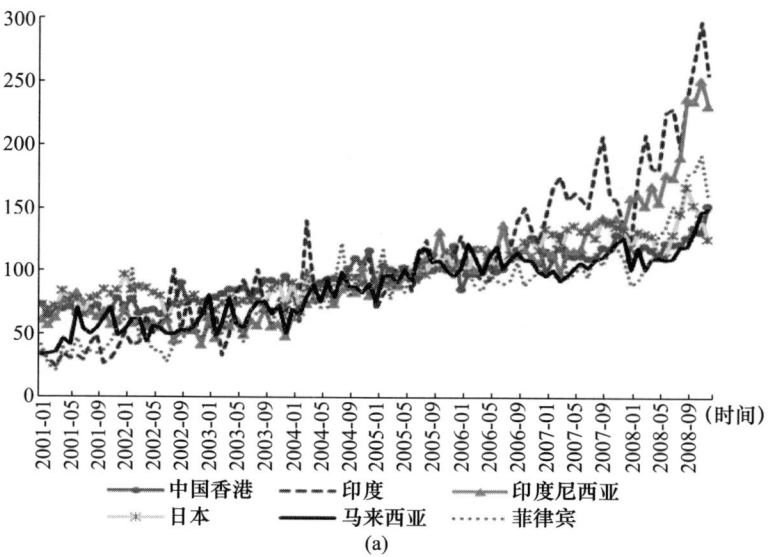

(a)

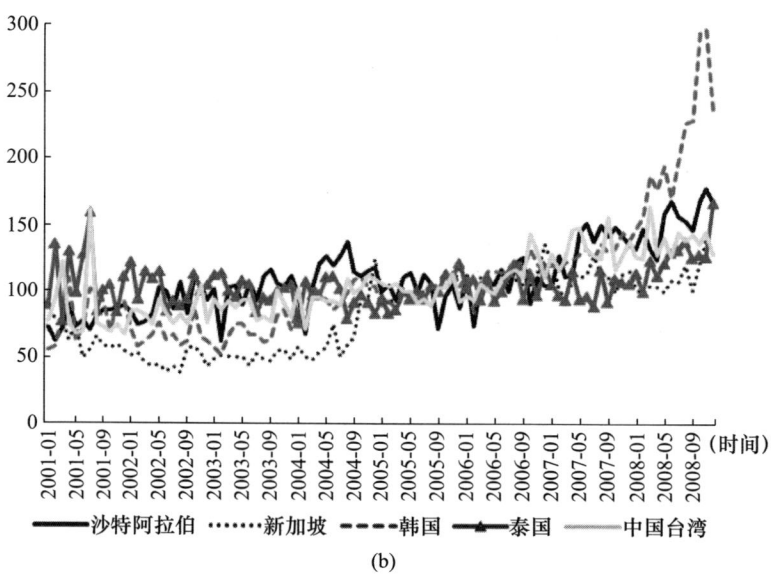

(b)

图 5-10 我国对各国（地区）进口的价格指数走势

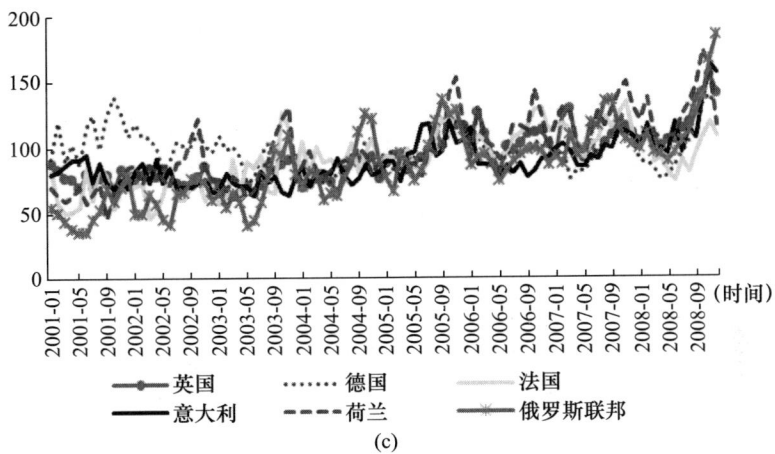

(c)

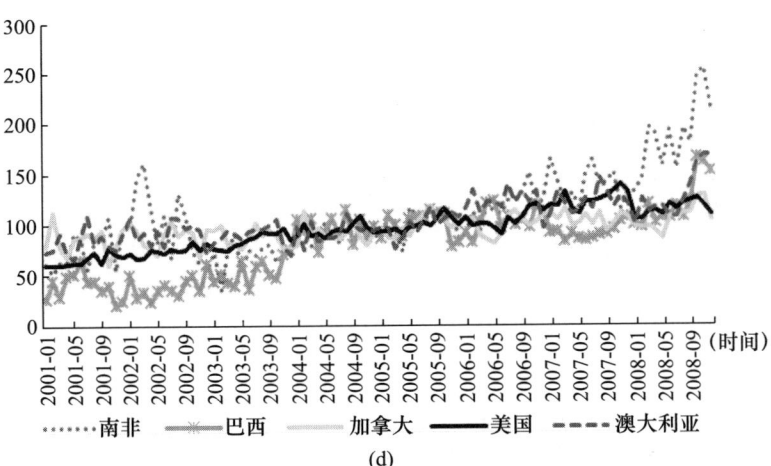

(d)

图 5-10 我国对各国（地区）出口的价格指数走势（续）

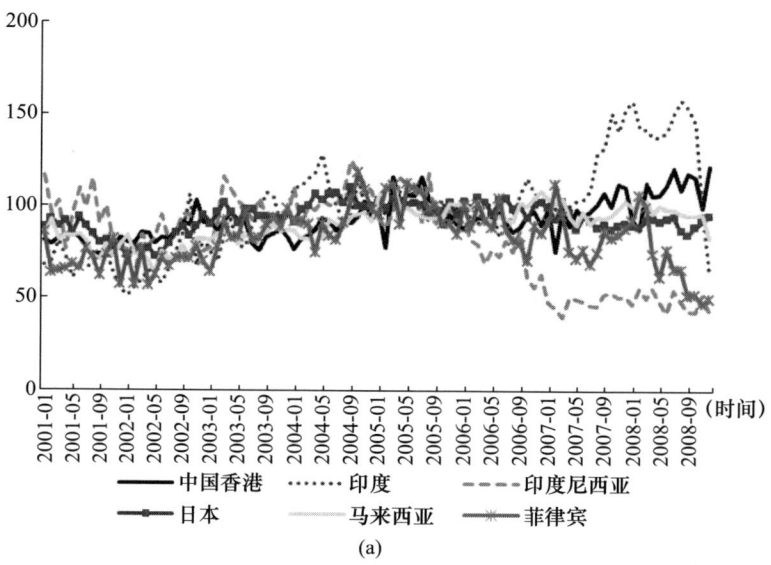

(a)

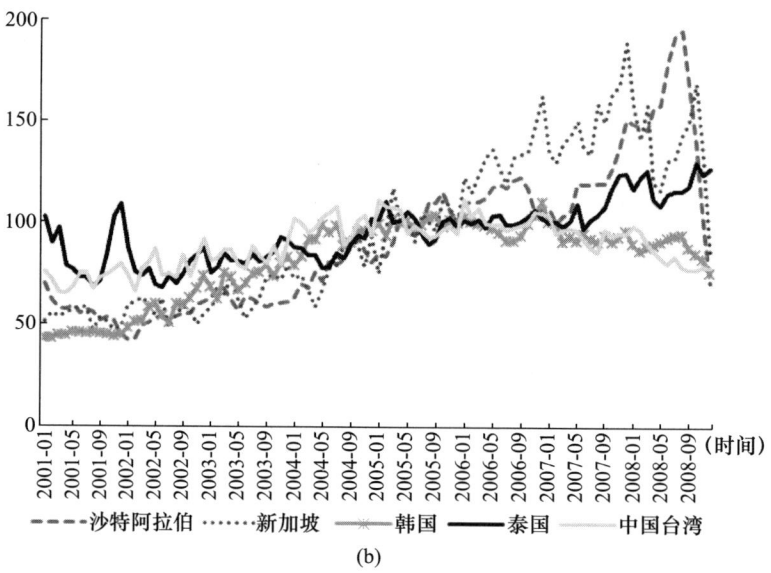

(b)

图 5-11 我国从各国（地区）进口的价格指数走势

第五章 国别视角下的汇率行为与进出口定价能力

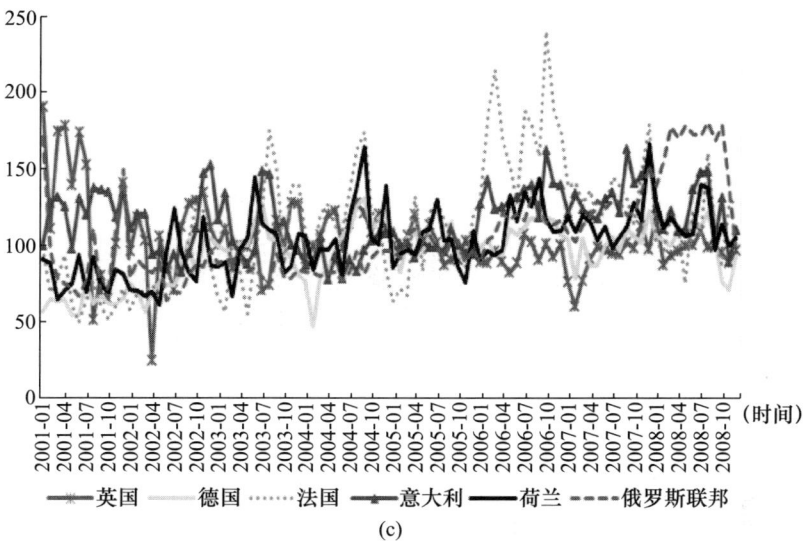

(c)

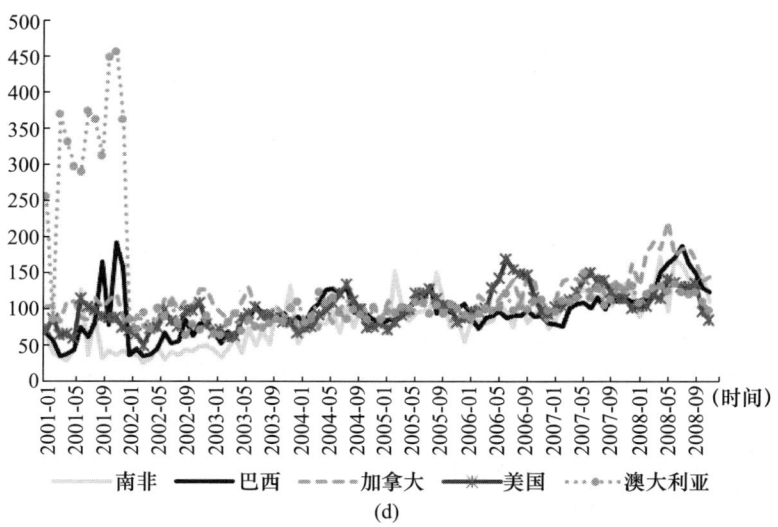

(d)

图 5-11 我国从各国（地区）进口的价格指数走势（续）

率较高，从印度尼西亚、英国、意大利、菲律宾、日本进口的价格指数增长率较低。另外，受美国次贷危机影响，从美国、加拿大、澳大利亚等多国进口的价格指数在 2008 年下半年呈现陡然大幅下跌的趋势。

经上述分析不难归纳，无论是我国对贸易伙伴的出口价格指数还是进口价格指数，其变化特征均具有国别性。那么进出口价格的国别性与双边汇率的国别性有何关联呢？进出口价格变动是多种因素共同作用的结果，只有分离其他因素的影响，才能准备探知汇率与进出口价格之间联系。据上，具体到国别做进一步的实证分析显然是必要的。

第二节 国别视角下汇率行为对进出口价格的传导

1987年，Dornbusch从对外贸易企业定价及影响因素视角提出了汇率对国际贸易品价格的不传导理论，国外诸多学者对此进行了理论与实证上的研究。理论研究结果表明，汇率传导程度可能因定价策略、市场差异、通货膨胀、货币政策等影响因素的不同而不同（Krugman，1986；Dornbusch，1987；Taylor，2000；Devereux & Enge et al.，2004），而实证研究结果绝大多数支持汇率传导是不完全的结论，不同的国家汇率传导程度是不同的（Menon，1996；Campa & Goldberg，2005），不同的时期汇率传导系数也会发生变化（Marazzi & Sheets，2007）。还有一些学者如Gagnon和Ihrig（2004）、Campa和Goldberg（2005）对汇率波动性与汇率传导进行了研究，但如前文综述中有关汇率波动与贸易研究的阐述那样，不同的研究其结论差异很大。

针对人民币传导效应的研究结论普遍认同人民币汇率变动对进出口价格是不完全传导的。例如，姜子叶和范从来（2013）研究了2005年汇率制度改革以来的人民币汇率对价格的传导，研究结论显示，汇率对进口价格总体传导率较高，接近于完全传导，但行业传导系数差异明显。毕玉江和朱钟棣（2007）利用SITC一位数分类，对我国前8类出口商品进行了实证检验，结果显示，无论长期还是短期，对于不同分类的商品，汇率变动对出口价格的传导程度不同。陈学彬和李世刚等（2007）利用面板分析方法，对HS分类（海关编码协调制度分类）出口商品进行考察后发现，我国具有比较优势的劳动密集型行业汇率传导率大于零；具有加工贸易特征的行业和农副产品汇率传导率略小于零；原材料和能源类行业汇率传导率大幅小于零。萧琛和崔楠楠（2011）从国别视角比较分析了中国、德国、日本和东盟的汇率变动对美国出口价格的传导效应，研究表明，各国传导系数不同，而中国的传导系数是最低的。鞠荣华和宗成峰等（2009）比较分析了我国10种出口商品在日本和美国市场上的出口价格对双边汇率变动的反应。研究结果表明，中国出口到两国的商品价格，其汇率传导程度不同，美国市场上的大部分样本商品价格的汇率传导程度比日本市场的传导程度低。

综观文献,已有研究侧重于对总体进出口价格以及细分商品层面的研究,对进出口价格传导的国别性研究相对不足。本书将对人民币汇率传导的国别性进行检验。与已有相关的研究成果相比,第一,本书参与比较分析的国家(地区)有 22 个,涵盖了我国主要的贸易伙伴;第二,本书不仅检验对出口价格的传导,而且检验对进口价格的传导;第三,本书不仅考虑了双边汇率水平变动对进出口价格的传导还考虑了双边汇率波动等因素的影响。

一、模型设定

进出口价格的变动是由多种因素共同决定的,汇率因素只是其中之一。经文献回顾,模型的构建一般以式(5-1)作为理论基础,主要考虑汇率、投入成本和竞争者价格(Knetter,1989;Yang,1998;Marazzi,2005;陈学彬和李世刚等,2007)因素的影响。本书将汇率行为拆分为汇率水平和汇率波动,在吸收前人研究成果的基础上,再添加汇率波动变量 V,进口价格 P^{im} 和出口价格 P^{ex} 函数关系表示如下:

$$P^{ex} = f(E, V, PC^{ex}, CP^{ex}) \qquad (5-1)$$
$$P^{im} = f(E, V, PC^{im}, CP^{im}) \qquad (5-2)$$

式中,E 仍为直接标价下的汇率,PC^{im}、PC^{ex} 为进出口生产成本,CP^{im}、CP^{ex} 为进出口市场的竞争者价格。为了避免异方差性,也为了参数的经济意义更为直观,本书将上述函数关系式写成如下对数形式的实证模型:

$$\ln P_{it}^{ex} = c_i^1 + \chi_i^1 \ln E_{it} + \chi_i^2 \ln PC_t^{ex} + \chi_i^3 \ln CP_t^{ex} + \chi_i^4 \ln V_{it} + \mu_{it} \qquad \text{模型 5-1}$$
$$\ln P_{it}^{im} = c_i^2 + \gamma_i^1 \ln E_{it} + \gamma_i^2 \ln PC_t^{im} + \gamma_i^3 \ln CP_t^{im} + \gamma_i^4 \ln V_{it} + \varepsilon_{it} \qquad \text{模型 5-2}$$

式中,下标 i 代表国别,t 代表时间,c_i^1、c_i^2 为截距项,χ_i^j、γ_i^j($j=1,\cdots,4$)为待估参数,μ_{it}、ε_{it} 为残差。为了控制汇率制度转换的影响,本书在上述模型中再加入了虚拟变量 D 形成模型 5-3 与模型 5-4。[①]

$$\ln P_{it}^{ex} = c_i^1 + \chi_i^1 \ln E_{it} + \chi_i^2 \ln PC_t^{ex} + \chi_i^3 \ln CP_t^{ex} + \chi_i^4 \ln V_{it} + \chi_i^5 D + \mu_{it} \qquad \text{模型 5-3}$$
$$\ln P_{it}^{im} = c_i^2 + \gamma_i^1 \ln E_{it} + \gamma_i^2 \ln PC_t^{im} + \gamma_i^3 \ln CP_t^{im} + \gamma_i^4 \ln V_{it} + \gamma_i^5 D + \varepsilon_{it} \qquad \text{模型 5-4}$$

二、数据来源及处理

受国别进出口价格数据可得性限制,本书采用 2001 年 1 月至 2008 年 12 月的月度数据进行实证分析,所有数据均处理成以 2005 年为基期的序列。以下我们对模型中各变量的数据来源及处理方法一一做出说明:

---

① 本书参照陈学彬、李世刚(2007)的做法,只考虑以加法形式引入虚拟变量。

（1）进出口价格指数 P_{it}^{im} 以及 P_{it}^{ex} 的具体处理方法同上文所示，通过我国对各国进出口量以及进出口额的统计数据，构造我国对 22 位贸易伙伴美元计价下的进口、出口价格指数。然后采用美元兑各货币的双边汇率，将出口价格指数处理成贸易伙伴货币计价下的指数数列；将进口价格指数处理成人民币计价下的指数数列，源数据来源于国研网统计数据库。

（2）汇率 E_{it} 采用贸易伙伴货币兑人民币双边名义汇率的月均值①，根据各国（地区）货币与美元汇率套算而来。其中，新台币兑人民币汇率来源于 OANDA，印度尼西亚盾兑人民币汇率 2013 年 3~6 月的数据也通过 OANDA 提供的数据补齐，其余源数据来源于 IMF 数据库。

（3）生产成本 PC_t^{ex} 采用我国生产者价格指数（PPI）作为代理变量，源数据来源于中经网统计数据库。我国统计的生产者价格指数为同比指数，本书参照文争为（2012）的处理方法，将同比指数近似处理为定基指数。由于各国生产者价格指数无法收集齐全，PC_{it}^{im} 统一采用各国（地区）的消费者价格指数（CPI）作为替代变量，源数据来源于 IMF 数据库。

（4）竞争者价格 CP_{it}^{ex} 采用各国消费价格指数来代理市场的一般价格水平。CP_t^{im} 采用国内消费者价格指数来替代，表示我国市场上的一般价格水平。

（5）汇率波动性 V 的获得有多种方法。例如移动平均法、ARIMA 模型以及 GARCH 类模型等。由于 GARCH 模型（广义自回归条件异方差模型）能表现出条件方差的时变性及正向的聚类性，近年来被广泛应用在波动性的度量上（Chou，2000；谷宇和高铁梅，2007；王宇雯，2009）。因此本书也采用 GARCH 模型获得汇率波动性数据，用 AR 模型作为均值方程。

（6）本书考虑虚拟变量的两种设置方式：一是将 2005 年 7 月及以前虚拟变量的值设置为 0；2005 年 7 月之后虚拟变量的值设置为 1，考察本轮汇率制度改革的影响。二是参照 IMF 给出的基于实际的人民币汇率制度，将 1995 年 1 月至 1997 年 12 月、2005 年 7 月至 2008 年 6 月以及 2010 年 6 月以后设置为 1，认为是相对灵活的汇率制度，将 1998 年 1 月至 2005 年 6 月以及 2008 年 7 月至 2010 年 5 月设置为 0，认为是相对稳定的汇率制度，考察人民币汇率制度灵活性增加的影响。

如无特殊说明，本书均采用 Eviews7.0 以及 Stata11 来辅助数据处理和实证检验，以下不再一一说明。

三、出口价格模型的实证检验及结果分析

依据本书可获得的数据特点，适合通过面板数据模型来进行实证分析。首先

---

① 这里采用名义汇率，与实际汇率相比，名义汇率能直观反映双边汇率的变动情况，并且计量模型设定中本国成本以及国外竞争者价格可以分离国内外价格水平变动的影响。

对面板数据进行单位根检验。有考虑 AR（1）过程的面板数据 y_{it} 写成：$y_{it} = \rho_i y_{it-1} + x'_{it} \delta_i + \mu_{it}$，其中，$x_{it}$ 表示外生变量，$i = 1, \cdots, n$ 为截面数，随机误差 μ_{it} 满足独立同分布假设。如果 $|\rho_i| < 1$，y_{it} 为平稳序列；$|\rho_i| = 1$，y_{it} 则为非平稳序列。根据对 ρ_i 的不同限制，面板单位根检验方法分为两种：一种假设面板数据中各截面具有相同的单位根过程，这类检验方法如 LLC 检验、Breitung 检验；另一种允许面板数据中各截面具有不同的单位根过程，如 IPS 检验、Fisher - ADF 检验、Fisher - PP 检验。本书采用上述五种方法同时对面板数据平稳性进行验证，结果如表 5-1 所示。结果表明，变量的水平值无法在 5% 的显著性水平上全部拒绝存在单位根的原假设，而变量的一阶差分则能够在 5% 的显著性水平上全部拒绝存在单位根的原假设，认为所有变量均为一阶单整变量。

表 5-1　出口价格模型相关变量的面板单位根检验

变量	LLC	Breitung	IPS	Fisher - ADF	Fisher - PP
$\ln P_{it}^{ex}$	0.22	0.23	1.09	27.79	140.05***
$\Delta \ln P_{it}^{ex}$	-16.81***	-3.78***	-16.64***	363.57***	487.82***
$\ln E_{it}$	4.92	7.84	7.19	13.52	5.12
$\Delta \ln E_{it}$	-29.79***	-5.53***	-25.75***	582.39***	544.95***
$\ln PC_t^{ex}$	12.53	13.49	-4.03***	69.33***	96.01***
$\Delta \ln PC_t^{ex}$	-2.49***	-3.80***	-8.08***	138.81***	82.78***
$\ln CP_{it}^{ex}$	-0.96	3.80	-0.64	60.72**	37.09
$\Delta \ln CP_{it}^{ex}$	-27.09***	-11.23***	-24.40***	561.39***	684.29***
$\ln V_{it}$	-15.62***	2.46	-15.59***	350.95***	313.18***
$\Delta \ln V_{it}$	-44.10***	-14.20***	-42.50***	1028.82***	952.98***

注：①检验形式为含有趋势项和截距项，滞后阶数由 SIC 准则确定。② *** 表示在 1% 的显著性水平上显著；** 表示在 5% 的显著性水平上显著；* 表示在 10% 的显著性水平上显著，下同，不再赘述。

根据面板单位根检验结果可以通过面板协整检验来考察上述五个变量之间是否存在长期稳定的关系。为了确保结论的可靠性与稳健性，本书同时运用了 Pedroni（1999）检验方法以及 Kao（1999）的检验方法来检验变量间的协整关系。Pedroni 方法与 Kao 方法都是基于 EG 两步法基础上的检验方式，其中 Pedroni 方法构造了 7 个统计量分别用来检验同质面板和异质面板。本书检验结果列于表 5-2，结果显示，各检验统计量均能够在 5% 的显著性水平上拒绝不存在协整关系的原假设，充分表明变量间存在着长期稳定的关系。

表 5-2　出口价格模型相关变量的面板协整关系检验

检验方法	统计量	统计值	P 值
Pedroni 检验 H0：不存在协整关系	Panel v – Statistic	2.13	0.02
	Panel rho – Statistic	-24.41	0.00
	Panel PP – Statistic	-25.79	0.00
	Panel ADF – Statistic	-13.76	0.00
	Group rho – Statistic	-23.34	0.00
	Group PP – Statistic	-28.73	0.00
	Group ADF – Statistic	-15.51	0.00
Kao 检验 H0：不存在协整关系	ADF	-4.29	0.00

注：检验形式为含有截距项，滞后阶数由 SIC 准则确定。

面板协整检验说明变量间存在长期的均衡关系，但面板协整检验没有给出确切的估计结果，须做进一步估计。在模型估计之前，还需要进一步确认计量模型的形式。面板数据模型 $y_{it} = \alpha_i + \beta_i x_{it} + \mu_{it}$，其中，$\beta_i = (\beta_i^1, \cdots, \beta_i^k)^T$，$x_{it} = (x_{it}^1, \cdots, x_{it}^k)^T$，根据截距项 α_i 和参数 β_i 同时满足 $\alpha_1 = \alpha_2, \cdots, \alpha_n$ 和 $\beta_1 = \beta_2, \cdots, \beta_n$ 或者只有 $\beta_1 = \beta_2, \cdots, \beta_n$ 成立，模型可分为三种常见类型，即混合模型、变截距模型以及变系数模型。一般通过分别估计各种模型下的残差构建 F 统计量可以验证截面之间是否存在个体效应或者结构变化。又因为根据个体影响的不同形式，变截距模型又分为固定效应变截距模型以及随机效应变截距模型，通常通过 Hausman 检验来确定存在固定效应还是随机效应。由于我国对各国的出口价格存在明显差异，不同双边汇率对我国出口价格的传导系数显然是不同的。同时，本书也旨在考察双边汇率变动对我国 22 个主要的贸易伙伴进出口价格影响的异质性，因此，从分析目的出发应该采用固定效应变系数模型。由于混合模型与变截距模型能从整体上估算变量之间的关系，也为了进一步比较模型的估计效果，本书又以模型 5-1 为基础，同时估计了混合模型以及变截距模型。

在变系数模型的估计中，由于解释变量较多，本书采用杨丽华（2013）、姚大庆（2013）、金洪飞和万兰兰等（2011）的研究方法与步骤，对部分变量进行控制，只允许汇率水平和汇率波动变量的系数变动。估计时采用按截面加权（cross – section Weights）的方式，以横截面模型残差的方差为权数，允许不同的截面间存在异方差现象。模型 5-1 与模型 5-3 的估计结果如表 5-3 与表 5-4 所示。

第五章 国别视角下的汇率行为与进出口定价能力

表 5-3 出口价格混合模型与变截距模型的估计结果①

$\ln P_{it}^{ex}$	混合模型估计结果	变截距模型估计结果	
		固定效应模型	随机效应模型
C	-3.32 (0.11)***	-3.84 (0.11)***	-3.21 (0.11)***
$\ln E_{it}$	-0.53 (0.00)***	-0.63 (0.04)***	0.05 (0.01)***
$\ln V_{it}$	0.00 (0.00)**	0.01 (0.01)***	0.01 (0.01)**
$\ln PC_{it}^{ex}$	1.94 (0.07)***	2.09 (0.08)***	1.77 (0.07)***
$\ln CP_{it}^{ex}$	0.70 (0.04)***	0.79 (0.05)***	0.83 (0.05)***
$R^2=0.54$ $\bar{R}^2=0.54$ $F=623.44***$		$R^2=0.62$ $\bar{R}^2=0.62$ $F=866.16***$	$R^2=0.59$ Wald chi2 (4) =2983.66***
		Hausman 检验 chi2 = 215.41***	

注：①截距项的差异不是本书分析的目的，出于篇幅考虑不作汇报，下同。②本书估计值旁的括号内均为标准差，下同。

表 5-4 出口价格变系数模型的估计结果

$\ln P_{it}^{ex}$	模型 5-1		模型 5-3	
C	-3.86 (0.21)***		-3.70 (0.30)***	
$\ln PC_t^{ex}$	1.88 (0.11)***		1.79 (0.17)***	
$\ln CP_{it}^{ex}$	0.75 (0.06)***		0.74 (0.06)***	
D	—		0.02 (0.01)**	
	$\ln E_{it}$	$\ln V_{it}$	$\ln E_{it}$	$\ln V_{it}$
_ Hong Kong	0.87 (0.22)***	0.05 (0.01)***	0.85 (0.23)***	0.04 (0.01)***
_ India	0.10 (0.41)	0.52 (0.08)***	0.11 (0.41)	0.52 (0.07)***
_ Indonesia	-1.38 (0.09)***	0.01 (0.01)	-1.38 (0.09)***	0.01 (0.01)
_ Japan	-1.00 (0.20)***	0.07 (0.08)	-0.95 (0.18)***	0.06 (0.08)
_ Malaysia	-0.07 (0.48)	0.04 (0.01)***	-0.11 (0.47)	0.04 (0.01)***
_ Philippines	-2.53 (0.58)***	-0.22 (0.13)*	-2.56 (0.59)***	-0.22 (0.13)*
_ Saudi Arabia	-0.98 (0.32)***	-0.05 (0.01)***	-1.05 (0.33)***	-0.05 (0.01)***
_ Singapore	4.22 (0.49)***	0.36 (0.13)***	4.20 (0.49)***	0.35 (0.13)***
_ Korea	-0.83 (0.14)***	0.08 (0.04)*	-0.84 (0.14)***	0.08 (0.04)*
_ Thailand	-2.88 (0.27)***	0.03 (0.04)	-2.88 (0.27)***	0.03 (0.04)

---

① 值得特别注意的是本文估计结果采用四舍五入的方法保留了两位小数，因此出现了同样的结果显著性却不同的情况。

续表

	$\ln E_{it}$	$\ln V_{it}$	$\ln E_{it}$	$\ln V_{it}$
_ Taiwan	-0.38 (0.21)*	-0.05 (0.12)	-0.35 (0.21)*	-0.06 (0.12)
_ South Africa	-0.63 (0.11)***	0.04 (0.04)	-0.63 (0.11)***	0.04 (0.04)
_ United Kingdom	-0.65 (0.10)***	-0.11 (0.07)	-0.64 (0.10)***	-0.11 (0.07)
_ Germany	-0.85 (0.23)***	-1.34 (0.50)***	-0.82 (0.22)***	-1.41 (0.50)***
_ France	0.24 (0.12)**	12.15 (22.62)	0.24 (0.12)**	10.63 (22.72)
_ Italy	-0.66 (0.06)***	-27.68 (17.59)	-0.65 (0.06)***	-29.19 (17.55)*
_ Netherlands	-0.79 (0.19)***	1.55 (0.31)***	-0.75 (0.20)***	1.48 (0.31)***
_ Russia Federation	-1.28 (0.31)***	-0.04 (0.06)	-1.26 (0.31)***	-0.03 (0.06)
_ Brazil	-0.06 (0.16)	-0.07 (0.31)	-0.06 (0.16)	-0.08 (0.31)
_ Canada	-0.64 (0.10)***	0.11 (0.03)***	-0.66 (0.10)***	0.11 (0.03)***
_ United States	1.35 (0.12)***	0.03 (0.01)***	1.28 (0.15)***	0.03 (0.01)***
_ Australia	-0.45 (0.08)***	0.00 (0.04)	-0.45 (0.08)***	0.01 (0.04)
	$R^2=0.79$ $\bar{R}^2=0.79$ $F=116.09***$		$R^2=0.79$ $\bar{R}^2=0.78$ $F=113.46***$	

注：在虚拟变量的两种设置方式下分别进行了估计，第一种方式下虚拟变量的估计系数为0.01，标准差0.01，系数不显著；表中汇报了第二种方式下的估计结果。

比较表5-3与表5-4不难看出，变系数模型的估计效果要优于混合模型以及变截距模型。混合模型、固定效应模型的估计结果一定程度上反映了变量间的总体关系。由表5-3可知，汇率水平变动与出口价格的变动方向相反，汇率变动对价格的传导不完全，即人民币汇率升值出口价格上涨，上涨幅度小于汇率变动浮动；汇率波动对出口价格产生正向影响，促使出口价格抬升，但影响程度微乎其微；生产成本与竞争者价格的变动与出口价格同方向变动，表明无论是生产者成本还是竞争者价格抬升皆能引起出口价格上升。从解释变量每变动1%，被解释变量的反应来看，对出口价格的影响程度由大到小依次为国内生产成本、竞争者价格、汇率水平变动以及汇率波动。

表5-4变系数模型的估计结果显示，除与印度、马来西亚、巴西的双边汇率水平估计结果无法通过5%的显著性检验之外，其他双边汇率水平的估计系数均在5%的显著性水平上显著。汇率水平的参数估计结果表明，我国与主要贸易伙伴的双边汇率对出口价格的影响具有十分明显的地域差异，反映了我国出口商品在不同市场上的定价能力存在差异。按照汇率水平对出口价格传导系数的不同，下文分三类进行总结。

（1）我国对菲律宾、印度尼西亚、泰国以及俄罗斯的出口贸易，汇率水平变动对出口价格的传导系数小于 -1，说明汇率对出口价格存在过度传导，即人民币升值，以外币表示的出口价格抬升，并且调整的幅度要大于汇率变动的幅度。过度传导表明，我国商品在这些国家的市场上具有超强的定价能力。

（2）我国对中国香港地区、新加坡、法国和美国的出口贸易，双边汇率水平变动对出口价格的传导系数大于 0，表明汇率水平对出口价格存在逆传导，人民币升值，出口价格反而下降。表明我国出口商品在这些市场上不具备明显的竞争优势，即便本币升值，出口成本增加，出口商也只能以牺牲自身利益作为代价来争取出口市场份额。

（3）我国对韩国、中国台湾地区、南非、英国、德国、荷兰、意大利、加拿大、澳大利亚以及日本、沙特阿拉伯的出口贸易，汇率水平对出口价格存在不完全传导，即传导系数介于 0 和 -1 之间。说明人民币升值将引起出口价格上涨，但上涨的幅度要小于人民币的升值幅度。人民币升值所带来的出口成本增加由出口商与进口商共同承担。传导系数越接近 -1，传导程度越大，意味着国外进口商所承担的人民币升值的成本比例越大，我国出口商定价能力越强，反之则相反。

从汇率波动对出口价格的影响看，估计结果不显著的比例大大增加。从通过 10% 显著性水平检验的结果看，其数值总体偏小，只有德国、法国、意大利以及荷兰的估计结果绝对值相对偏大。从估计值的符号看，汇率波动对出口价格的影响有正也有负，这个结果验证了已有文献的一般研究结论，即汇率波动对于出口价格的影响是不确定的。具体看，只有德国、意大利、菲律宾和沙特阿拉伯的估计符号为负，其余均为正号，说明一般而言汇率波动性增加会抬升我国的出口价格，尽管其影响是微弱的。

为了考察 2005 年汇率体制改革以及更灵活的汇率制度对出口价格的影响，本书以加法方式加入虚拟变量。考虑了虚拟变量以后，其他参数估计值的变动基本都在 0.1 以内，结果较为稳定。在第一种设置方式下，虚拟变量的估计结果并不显著；在第二种设置方式下，虚拟变量的估计值为 0.02，在 1% 的显著性水平上显著。说明了更灵活的汇率制度促进了出口价格提高，但是影响程度很低。

四、进口价格模型的实证检验及结果分析

同上文所述，在模型估计之前需要进行一系列的检验。首先仍然采用 IPS 等五种方法对除 $\ln E_{it}$ 和 $\ln V_{it}$ 之外的其他变量进行平稳性检验。表 5-5 显示的检验结果表明，变量的水平值无法通过全部五种检验方法，因此无法在 5% 的显著性水平上确定为平稳序列，而变量的一阶差分则能够在 5% 的显著性水平上全部拒绝存在单位根的原假设，为平稳序列，因此所有变量均为一阶单整变量。

表 5-5　进口价格模型相关变量的面板单位根检验

变量	LLC	Breitung	IPS	Fisher-ADF	Fisher-PP
$\ln P_{it}^{im}$	0.23	0.66	-8.42***	200.79***	285.75***
$\Delta\ln P_{it}^{im}$	-12.18***	-8.57***	-55.69***	1226.91***	1095.04***
$\ln PC_{it}^{im}$	-0.96	3.80	-0.64	60.72**	37.09
$\Delta\ln PC_{it}^{im}$	-27.09***	-11.23***	-24.40***	561.39***	684.29***
$\ln CP_{t}^{im}$	-27.77***	19.62	-19.27***	405.26***	367.47***
$\Delta\ln CP_{t}^{im}$	-53.67***	-13.20***	-39.78***	900.79***	900.79***

注：检验形式为含有趋势项和截距项，滞后阶数由 SIC 准则确定。

在面板单位根检验结果的基础上，运用 Pedroni（1999）、Kao（1999）的检验方法来继续检验变量 $\ln P_{it}^{im}$、$\ln E_{it}$、$\ln V_{it}$、$\ln PC_{it}^{im}$ 以及 $\ln CP_{t}^{im}$ 间有无稳定的长期均衡关系。检验结果如表5-6所示，各检验统计量均能够在5%的显著性水平上拒绝不存在协整关系的原假设，认为变量间存在长期的稳定关系。

表 5-6　进口价格模型相关变量的面板协整关系检验

检验方法	统计量	统计值	P 值
Pedroni 检验 H0：不存在协整关系	Panel v-Statistic	5.05	0.02
	Panel rho-Statistic	-15.77	0.00
	Panel PP-Statistic	-15.50	0.00
	Panel ADF-Statistic	-6.86	0.00
	Group rho-Statistic	-13.72	0.00
	Group PP-Statistic	-14.31	0.00
	Group ADF-Statistic	-6.31	0.00
Kao 检验 H0：不存在协整关系	ADF	-2.35	0.00

注：检验形式为含有截距项，滞后阶数由 SIC 准则确定。

进口价格模型采用的检验步骤与上文一致。先以模型 5-2 为例估计混合回归模型与变截距模型，再根据模型 5-2 与模型 5-4 估计变系数模型，估计结果如表 5-7、表 5-8 所示。

表5-7 进口价格混合模型与变截距模型估计结果

$\ln P_{it}^{im}$	混合模型估计结果	变截距模型估计结果	
		固定效应模型	随机效应模型
C	-0.27 (0.00)***	-0.62 (0.22)***	-0.51 (0.31)
$\ln E_{it}$	0.32 (0.00)***	0.34 (0.06)***	0.18 (0.01)***
$\ln V_{it}$	0.06 (0.00)***	0.08 (0.01)***	0.08 (0.01)***
$\ln PC_{it}^{ex}$	0.44 (0.04)***	0.85 (0.06)***	0.72 (0.07)***
$\ln CP_{it}^{ex}$	0.59 (0.04)***	0.54 (0.10)***	0.61 (0.05)***
	$R^2 = 0.23$ $\bar{R}^2 = 0.23$ $F = 164.47$***	$R^2 = 0.27$ $\bar{R}^2 = 0.26$ $F = 195.44$*** Hausman 检验 chi2 = 112.46***	$R^2 = 0.25$ Wald chi2 (4) = 687.90***

比较表5-7与表5-8，变系数模型的估计效果要优于混合模型以及变截距模型的估计效果，采用变系数模型是较为合适的。从表5-7中估计效果最佳的固定效应模型的估计结果来看，汇率水平、汇率波动以及生产成本、竞争者价格均与进口价格呈正向关系，即人民币汇率升值，本币标价下的进口价格下降；汇率波动、生产成本以及竞争者价格提高，进口价格上升。然而，进口成本以及竞争者价格在同等变动幅度下对进口价格的影响要大于汇率水平以及汇率波动对进口价格的影响。生产成本对进口价格的影响程度最高，该结论与出口模型得到的结论一致。

表5-8 进口价格变系数模型估计结果

$\ln P_{it}^{im}$	模型5-2		模型5-4	
C	0.45 (0.35)		1.21 (0.28)***	
$\ln PC_{it}^{im}$	0.89 (0.07)***		0.83 (0.06)***	
$\ln CP_{t}^{im}$	0.36 (0.10)***		0.36 (0.10)***	
D	—		0.06 (0.01)***	
	$\ln E_{it}$	$\ln V_{it}$	$\ln E_{it}$	$\ln V_{it}$
_ Hong Kong	-1.50 (0.21)***	0.02 (0.01)	-1.38 (0.21)***	0.03 (0.01)***
_ India	1.15 (0.48)**	0.30 (0.05)***	1.15 (0.47)***	0.28 (0.05)***
_ Indonesia	2.29 (0.32)***	0.23 (0.05)***	2.29 (0.29)***	0.21 (0.05)***
_ Japan	0.06 (0.22)	0.03 (0.11)	0.73 (0.12)***	-0.01 (0.06)
_ Malaysia	0.36 (0.28)	0.03 (0.00)***	-0.08 (0.29)	0.00 (0.00)
_ Philippines	0.10 (0.45)	-0.26 (0.09)***	-0.14 (0.47)	-0.29 (0.09)***

续表

	$\ln E_{it}$	$\ln V_{it}$	$\ln E_{it}$	$\ln V_{it}$
_ Saudi Arabia	-1.26 (0.56)***	0.15 (0.02)***	-1.77 (0.60)***	0.10 (0.02)***
_ Singapore	9.53 (0.67)***	0.71 (0.24)***	7.91 (0.58)***	0.55 (0.20)***
_ Korea	0.73 (0.17)***	0.08 (0.04)	0.81 (0.18)***	0.06 (0.05)
_ Thailand	0.96 (0.19)***	-0.01 (0.03)	0.52 (0.19)***	0.00 (0.03)
_ Taiwan	0.22 (0.16)	-0.06 (0.06)	0.96 (0.16)***	-0.13 (0.04)***
_ South Africa	0.68 (0.25)***	0.02 (0.12)	0.67 (0.25)***	0.04 (0.12)
_ United Kingdom	-0.84 (0.34)***	-0.09 (0.27)	-0.77 (0.34)***	-0.11 (0.27)
_ Germany	0.58 (0.31)*	0.78 (0.53)	0.88 (0.29)***	-0.22 (0.50)
_ France	1.22 (0.18)***	30.29 (34.05)	1.04 (0.18)***	15.81 (26.55)
_ Italy	-0.27 (0.13)**	56.83 (18.43)***	-0.44 (0.11)***	43.29 (17.45)***
_ Netherlands	0.60 (0.29)**	0.40 (0.46)	0.94 (0.26)***	-0.63 (0.39)
_ Russia Federation	0.42 (0.39)	0.10 (0.06)*	0.74 (0.35)**	0.17 (0.06)***
_ Brazil	0.34 (0.13)***	0.10 (0.29)	0.27 (0.14)*	0.05 (0.30)
_ Canada	-0.13 (0.18)	0.29 (0.06)***	-0.50 (0.15)***	0.31 (0.06)***
_ United States	-0.40 (0.31)	0.09 (0.02)***	-0.81 (0.28)***	0.03 (0.01)***
_ Australia	-1.35 (0.37)***	0.05 (0.14)	-1.48 (0.36)***	0.04 (0.16)
	$R^2=0.64$ $\bar{R}^2=0.62$		$R^2=0.66$ $\bar{R}^2=0.65$	
	$F=53.35$***		$F=58.62$***	

注：第一种设置方式下虚拟变量的估计系数为 0.07，标准差为 0.01，系数能够能过 5% 的显著性检验，这里仅汇报加入第二种设置方式下的虚拟变量的估计结果。

表 5-8 显示，在考虑了汇率制度变量之后，与日本、中国台湾地区、俄罗斯、美国以及加拿大的汇率水平估计结果由不显著变得显著，其他参数估计值的符号没有发生变化，个别系数绝对值有一定幅度的调整，总的来看，估计效果是改善的。从虚拟变量的估计系数看，无论是更灵活的汇率制度还是 2005 年 7 月的汇率制度改革对进口价格均存在显著的正向影响，但影响程度不高。

从汇率水平的估计值看，与马来西亚、菲律宾的估计结果均不显著，其余估计结果表明汇率水平对进口价格的影响也呈现十分鲜明的地域差异性。以加入虚拟变量后的估计结果为基础，将双边汇率水平对进口价格的影响分为以下三类进行阐述：

(1) 我国向中国香港地区、沙特阿拉伯、英国、意大利、加拿大、美国以及澳大利亚的进口贸易存在汇率变动对进口价格的逆向传导效应，即汇率水平传导弹性小于 0。当人民币相对这些国家（地区）的货币升值，以本币表示的进口价格不降反升。表明来自这些国家（地区）商品在我国市场上具备明显的竞争优势，我国对来自这些国家（地区）的商品具有一定的进口刚性。

（2）我国向印度、印度尼西亚、新加坡以及法国的进口贸易存在汇率变动对进口价格过度传导，即传导系数大于1。当人民币相对该国货币升值，以本币表示的进口价格下跌，并且调整的幅度要大于汇率的调整幅度，表明以外币表示的进口价格也在下跌，来自这些国家的商品在我国市场上需要依靠大幅降价来占领市场，不具备明显的竞争优势。

（3）我国向日本、韩国、泰国、中国台湾地区、南非、德国、荷兰、俄罗斯以及巴西的进口贸易存在不完全传导，即传导系数介于0和1之间。当人民币升值，本币表示的进口价格相应下跌，但下跌的幅度要小于汇率调整幅度，以外币表示的进口价格有小幅上涨，表明来自于这些国家的商品在我国市场上具备一定的竞争优势。

从汇率波动对进口价格的影响来看，所得结论与上文相仿，即估计结果不显著者众多，绝大部分估计值偏小，对进口价格的影响既有正向也有负向。具体看，只有日本、菲律宾、中国台湾地区的估计符号为负，其余估计符号均为正，说明一般而言汇率波动性增加也会导致我国的进口价格的抬升。

第三节　传导系数国别异质性的原因分析

实证结果显示，汇率水平对进出口价格的传导存在国别差异。不难看出，汇率传导的国别差异主要源于不同市场上产品需求弹性的差异。产品的需求弹性彰显了产品的竞争地位，主要取决于进口方市场上替代品状况。这些情况能够通过出口国资源、产业发展的比较优势以及进口国资源、产业发展的比较劣势反映出来。一般而言，进口国具有比较劣势的产业，尤其是关乎经济发展的资源、技术类产品，往往具有一定的进口刚性，而出口方的优势产业也往往拥有较多的竞争实力，在国际贸易中容易获取更多的定价权。以下将尝试采用上述思路对我国出口价格传导中具有超强定价能力原因以及进口价格传导中存在逆传导原因进行分析。

从汇率变动对出口价格存在过度传导的伙伴国看，虽然印度尼西亚、菲律宾、泰国与我国同属发展中国家，其劳动力成本优势也适合发展劳动密集型产业，但它们的劳动密集型产业主要侧重于农业，与我国的出口结构能够形成互补关系。就2008年数据来说①，按照HS分类，印度尼西亚出口中占比5%以上的

---

① 本节 HS 分类数据均来自于联合国商品贸易统计数据库，http://comtrade.un.org/db/dqBasicQuery.aspx。本节未说明的分类对应的产品目录见表5-10。

产品为第15章、第40章和第85章;菲律宾出口中占比在5%以上的产品为第84章和第85章;泰国出口中占比5%以上的产品有第27章、第40章以及第85章。除第85章之外,这些相对的优势产业与我国的出口优势产业并不重叠。以印度尼西亚为例来看,这些国家从我国的进口情况:2008年印度尼西亚从我国的进口占印度尼西亚总进口的11.8%,其中HS分类中的第7章、第42章、第64~66章、第95章的占比均超过了50%,具有绝对的市场份额。不难发现,第42章、第64~66章以及第95章均属于我国具有传统比较优势的纺织、鞋帽、皮革、箱包、玩具类行业。就俄罗斯而言,其工业基础虽十分雄厚,但工业结构不完善,主要还是侧重于重工业的发展,许多民用轻工业产品依然需要进口。统计数据显示,2008年俄罗斯出口中占5%以上的产品有第27章、第72章以及未分类项。从中国的进口占总进口比重为13.02%,其中占比50%以上的产品有第36章、第42章、第46章、第62章、第64~67章以及第95章,其中第36章、第42章、第62章、第64~67章以及第95章属于我国具有传统优势的劳动密集型产品。① 可见,随着我国产品从低技术、低附加值向高技术、高附加值的不断过渡,中国的传统优势产品以相对低廉的价格,可靠的质量在这些国家已具有了相当的市场地位。

从我国的进口贸易来看,机电产品、高新技术产品,原油、铁矿砂等矿产品历来是我国主要的进口商品,对这些产品存在一定的进口刚性。从这些国家(地区)向我国的出口情况来看,中国香港地区、美国、英国以及意大利向我国出口的第一大类产品都是第16类产品(机电、音像设备及其零件、附件),属于OECD定义的高科技行业②。尤其美国,是我国多项高科技产品的主要进口国。沙特阿拉伯、澳大利亚以及加拿大向我国出口的第一大类产品都是第5类产品(矿产品),属于我国主要的进口产品。其中,沙特阿拉伯和澳大利亚分别是我国第一位、第二位的矿产品进口国,从两国进口的矿产品量占我国矿产品总进口的21%,澳大利亚主要向我国出口铁矿砂,沙特阿拉伯向我国的出口以原油为主。同时,加拿大、沙特阿拉伯又是我国第25章产品盐,硫黄、泥土及石料,石膏料、石灰及水泥的第一、第二位进口国,从两国的进口占我国同类产品进口的28.9%。因此,从这些国家进口的产品的性质决定了我国对这些国家的进口具有一定的刚性。

综上,上述观点与实际进出口情况基本一致,出口国资源、产业发展的比较优势以及进口国资源、产业发展的比较劣势关乎贸易品在一国市场的竞争力、市场地位,关乎市场上产品的需求弹性,进而影响汇率变动之后进出口价格的反应。

---

①② HS编码的产品行业分类参考了陈学彬和李世刚等(2007)的研究成果。

第四节 我国进出口定价能力的市场分类

显著性检验的估计结果显示，人民币双边汇率变动对进出口价格的传导具有十分明显的国别差异。根据前文理论部分所述，在汇率不完全传导下，当汇率变动后，出口商品的外币价格可能出现五种变化情况。以直接标价下的汇率变动后进出口价格的不同反应能够将议价能力界定为五类，然而考虑到估计值的精确性问题，本书首先按照估计值的符号将进出口议价能力归为两类，以人民币汇率升值为例[①]来评估我国的出口定价能力：第一类出口定价能力超强或较强或较弱，即传导系数小于0，人民币升值后出口价格上涨。传导系数越大，出口价格上涨的幅度越大，外商承担的升值成本越高，我国的出口议价能力则越强，反之则相反，外商承担的升值成本越少，我国议价能力越弱。第二类出口议价定价超弱，即传导系数大于0，人民币升值后出口价格反而下降，表明出口商承担了全部的升值成本，我国在这些市场上需要以价格的降低来换市场份额。同理，也将我国进口定价能力归为两类：第一类，进口定价能力超强或较强或较弱，即汇率传导系数大于0，人民币升值后进口价格下降。传导系数越大，进口价格下降幅度越大，我国从这些国家进口的定价能力越强，反之则相反。第二类，进口定价能力超弱，即传导系数小于0，人民币升值后进口价格反而上升，我国从这些国家及地区的进口具有刚性。基于议价能力的分类不难推断，若人民币贬值，在我国定价能力越强的出口市场上出口价格的降幅越小；从进口来源看，我国的定价能力越强，从这些国家及地区进口的价格上涨的幅度也越小，反之则相反。依据表5-4以及表5-8的估计结果，表5-9归纳了我国进出口定价能力的市场分类情况。

表5-9 我国进出口定价能力的市场分类

议价能力	出口目的地	进口来源地
超强 较强或较弱	菲律宾、印度尼西亚、泰国、俄罗斯 韩国、中国台湾地区、南非、英国、德国、荷兰、 意大利、加拿大、澳大利亚、日本、沙特阿拉伯	印度、印度尼西亚、新加坡、法国、 日本、韩国、泰国、中国台湾地区、 南非、德国、荷兰、俄罗斯、巴西
超弱	中国香港地区、新加坡、法国、美国	中国香港地区、沙特阿拉伯、英国、 意大利、加拿大、美国、澳大利亚

---

① 根据IMF的统计数据可知，样本期内人民币汇率指数以及人民币兑主要贸易伙伴货币总体处于升值状态，因此以人民币升值为例来界定议价能力。

基于表 5-9 分析发现，我国定价能力超弱的出口目的地均是经济发展水平相对较高的国家和地区，而超弱的进口来源地属于主要的能源、矿产品输出国或重要的转口地区。进一步细分发现，我国定价能力超强（汇率水平估计结果小于 -1）的出口目的地均是发展中国家；我国定价能力超强的进口来源地（汇率水平估计结果大于 1）主要为发展中国家和地区。

本章小结

本章从描述人民币汇率与我国进出口价格的走势入手，分析了人民币汇率制度、汇率行为在进出口价格变动中的影响。通过本章分析，主要形成如下结论：

第一，通过数据描述可知，美元兑人民币的走势不能够代表人民币的综合走势，即有效汇率走势，更与其他双边汇率走势差距甚远。近年来，尽管各类双边汇率中人民币的升值幅度有所不同，但基本呈普升态势。从进出口价格走势看，我国出口价格指数总体走势较进口价格指数走势平稳。无论是我国以外币计价的出口价格指数还是以本币计价的进口价格指数，其变化特征均具有国别差异性。

第二，总体来看，直接标价下的双边汇率水平变动与出口价格的变动方向相反，与进口价格的变动方向相同，即人民币升值将提高外币标价下的出口价格，降低本币标价下的进口价格。无论是进口价格还是出口价格，汇率都是不完全传导的；汇率波动对进出口价格均产生正向影响，说明汇率波动增加将提高出口价格和进口价格，但相对其他变量的估计结果而言影响程度较小；生产成本与竞争者价格提高皆能引起出口价格和进口价格上升。无论是对出口价格的影响还是对进口价格的影响，国内生产成本的估计系数均大于汇率水平的估计系数。

第三，从国别角度看，我国向菲律宾、印度尼西亚、泰国以及俄罗斯的出口中汇率存在过度传导，我国向中国香港地区、新加坡、法国和美国的出口中汇率存在逆传导，除向印度、马来西亚、巴西的出口中汇率传导系数的估计结果不显著之外，我国向其余国家（地区）的出口中汇率均存在不完全传导；我国从中国香港地区、沙特阿拉伯、英国、意大利、加拿大、美国以及澳大利亚的进口贸易中汇率存在逆传导，我国从印度、印度尼西亚、新加坡以及法国的进口贸易中汇率存在过度传导，除马来西亚和菲律宾以外，我国对其余国家（地区）的进口贸易中汇率均存在不完全传导。汇率对价格的传导程度反映了汇率变动引起的成本增加在进口商与出口商之间如何分摊的问题，主要源于不同市场上产品需求弹性的差异，彰显了产品在市场上的竞争地位，取决于进口方市场上替代品状况。这些情况能够通过出口国资源、产业发展的比较优势以及进口国资源、产业发展的比较劣势反映出来。按照估计值的符号将进出口议价能力归为两类后发现,我国定价能力超弱的出口目的地均是经济发展水平相对较高的国家和地区,而超弱的进口来源地属于主要的能源、矿产品输出国或重要的转口地区。进一步细分发现,我国定价能力超强的出口目的地均是发展中国家;我国定价能力超强的进口来源地主要为发展中国家和地区。

第四,从国别视角来看,汇率波动对进出口价格影响的特点基本一致,估计结果不显著的比例大大增加,估计结果的绝对值总体偏小,从估计值的符号看有正也有负,这个结果验证了已有文献的一般研究结论,即汇率波动对于出口价格的影响是不确定的。总体来看,本书大多数的估计结果支持汇率波动性增加会抬升我国进出口价格的结论。

第五,本书以两种方式添加了虚拟变量,第一种方式以2005年7月的汇率形成机制改革为分界点,分为改革前与改革后;第二种方式以IMF对基于事实的人民币汇率制度的划分为基准,划分为相对灵活的汇率制度与相对稳定的汇率制度。在第一种设置方式下的估计结果显示,2005年7月的汇率制度改革对进口价格存在显著的正向影响;在第二种设置方式下的估计结果显示,相对灵活的汇率制度对进出口价格均存在正向影响。但无论哪种估计结果,虚拟变量的影响都相对偏小。

表 5-10 部分商品综合分类表目录

第 7 章	食用蔬菜、根及块茎
第 15 章	动植物油脂及其分解产品;精制的食用油脂;动植物蜡
第 27 章	矿物燃料、矿物油及其蒸馏产品;沥青物质;矿物蜡
第 36 章	炸药;烟火制品;火柴;引火合金;易燃材料制品
第 40 章	橡胶及其制品
第 42 章	皮革制品;鞍具及挽具;旅行用品、手提包及类似容器;动物肠线(蚕胶丝除外)制品
第 46 章	稻草、秸秆、针茅或其他编结材料制品;篮筐及柳条编结品
第 62 章	非针织或非钩编的服装及衣着附件
第 64 章	鞋靴、护腿和类似品及其零件
第 65 章	帽类及其零件
第 66 章	雨伞、阳伞、手杖、鞭子、马鞭及其零件
第 67 章	已加工羽毛、羽绒及其制品;人造花;人发制品
第 72 章	钢铁
第 84 章	核反应堆、锅炉、机器、机械器具及其零件
第 85 章	电机、电气设备及其零件;录音机及放声机、电视图像、声音的录制和重放设备及其零件、附件
第 95 章	玩具、游戏品、运动用品及其零件、附件

第六章 国别视角下汇率行为的贸易收支效应

前文分析了汇率行为与进出口价格的关系,反映了我国与贸易伙伴的商品在双方市场上的竞争能力。然而无论是价格上涨、量的下降还是价格下降、量的增加都还不能确切断定汇率行为所引起贸易额的变化方向和程度。因此本章将在前文搭建的理论框架上对汇率行为与贸易额的关系作进一步探讨。

第一节 我国贸易收支变动的趋势特征

1979年我国对外贸易体制改革以来,伴随着改革开放的大潮,无论是出口贸易还是进口贸易都得到了迅速发展。尤其是1994年以后,一方面,外贸体制深化改革使我国对外贸易市场化程度不断深入;另一方面,得益于1994年外汇管理体制改革,人民币一次性贬值33%以及之后长期地与美元保持固定比价。同时,加入WTO为我国商品打开了更为广阔的市场,种种因素令我国国际贸易竞争优势不断得到累积,推动了对外贸易总额高速增长。图6-1显示,1994年以来我国进口、出口贸易迅猛发展,2015年我国对外贸易总额达39569.01亿美元,与2013年的41589.93亿美元和2014年的43015.27亿美元相比有所回落,但仍是1994年的17倍左右。将进出口贸易对比分析,2015年出口贸易额22749.5亿美元,进口贸易额16819.51亿美元,分别是1994年的19倍及15倍左右,出口贸易总体增长态势要略快于进口贸易增长。从图6-1中不难看出,除了2009年初受金融危机波及我国进出口贸易额陡然下跌之外,2005年7月的汇率制度改革并没有打破其一贯的上升态势。从贸易差额的变动情况看,2005年之前贸易差额从没有突破两位数的变动幅度。"入世"之后,随着关税水平逐步降低,非关税壁垒分批取消,"狼来了"一度成为现实,我国贸易差额一度出现连续数月的逆差。随着逐渐调整、适应,长期累积的外贸优势终于爆发,之后两年,贸易顺差每年以约1000亿美元的速度递增。受危机影响,2009年起我国贸易顺差额连续三年下滑,至2012年才重新恢复增长。由于国内外经济形势的变化,2015年进出口额双下降,但贸易差额依然维持着增长的势头。

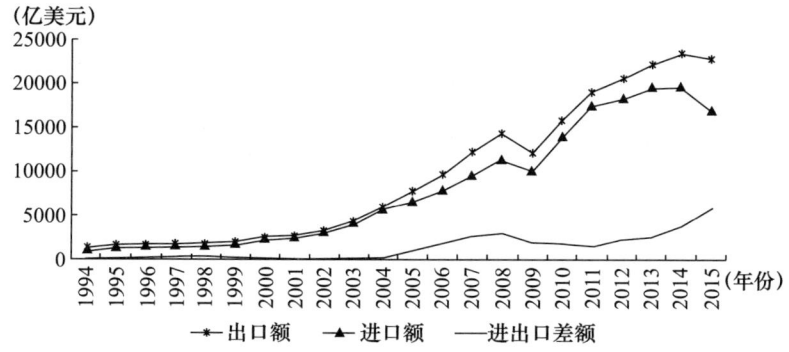

图6-1 我国进出口总额与贸易差额变动趋势

我国对外贸易增长,贸易顺差激增是对外贸易环境的改善、世界经济的恢复、我国经济实力增强等多因素的集中体现。然而从国别角度看,我国与其他各国(地区)的贸易发展并不均衡,不仅发展速度差异明显,而且还存在进出口贸易关系发展不对称,贸易差额分布集中等特点。因此,为了更全面地分析我国进出口贸易发展的特点,本书将从双边贸易视角对我国进出口贸易以及贸易收支差额做进一步剖析。本书选择的贸易伙伴国仍然为前文所述的22国(地区),样本区间自1995年1月至2015年12月,数据来源于中经网统计数据库。

图6-2描述了我国对22国(地区)出口贸易额的走势。由图可见,我国对各国(地区)出口贸易发展并不均衡。中国香港地区、美国、日本是我国主要的出口目的地。对三地的出口额遥遥领先于对其他贸易伙伴的出口额。据数据加总计算可知,对三地的总出口占到对22个国家(地区)出口总额的一半以上。欧盟国家也是我国传统的出口目的地,对5个同属欧盟的国家出口占比也在15%左右。从发展速度看,样本期内对印度、俄罗斯、英国、巴西、马来西亚、南非、印度尼西亚、菲律宾、沙特阿拉伯、泰国的出口年均增长率都在15%以上,对日本的出口年均增幅最低,为8.13%。

汇率制度、汇率行为与贸易收支调整

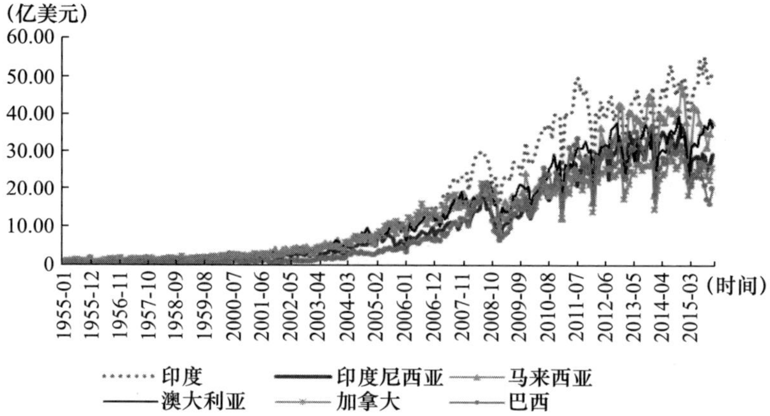

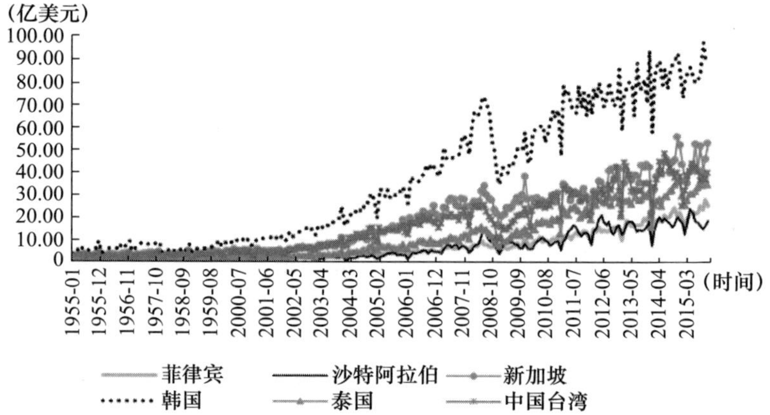

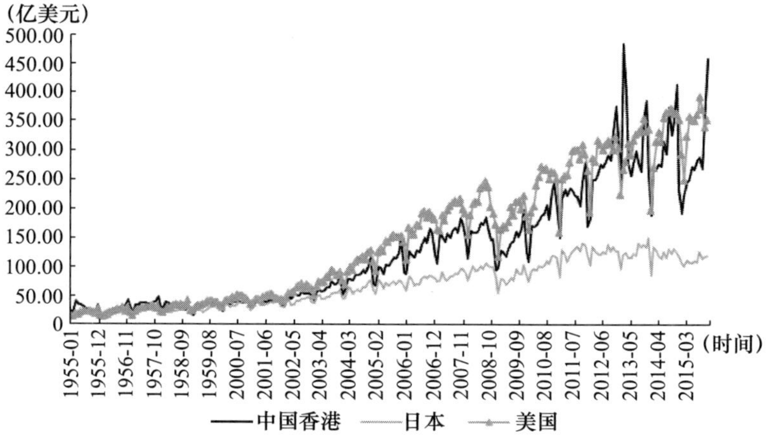

图 6-2 我国对各国（地区）出口贸易额走势

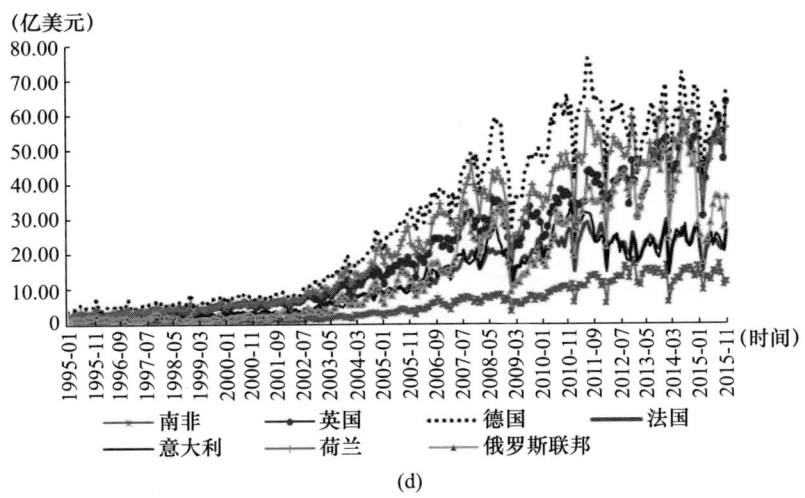

(d)

图6-2 我国对各国（地区）出口贸易额走势（续）

图6-3描述了我国对22位贸易伙伴进口贸易额的走势。可见，日本、韩国、中国台湾地区以及美国是我国传统上主要的进口来源地。通过加总数据计算可知，从日本、韩国、中国台湾地区以及美国的进口额占到从22位贸易伙伴进口总额的52.75%。就进口贸易的发展速度看，从澳大利亚、沙特阿拉伯、南非、巴西、印度、马来西亚、菲律宾、泰国的进口年均增长率都在15%以上，从中国香港地区、日本、意大利的进口增长率较低，在10%以下。

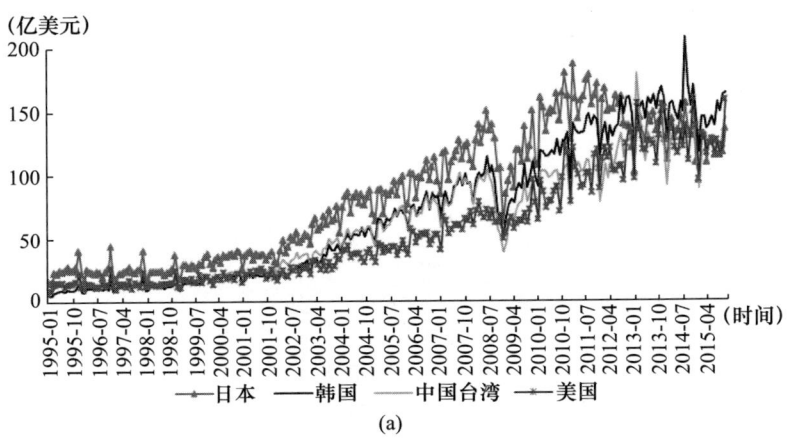

(a)

图6-3 我国从各国（地区）进口贸易额走势

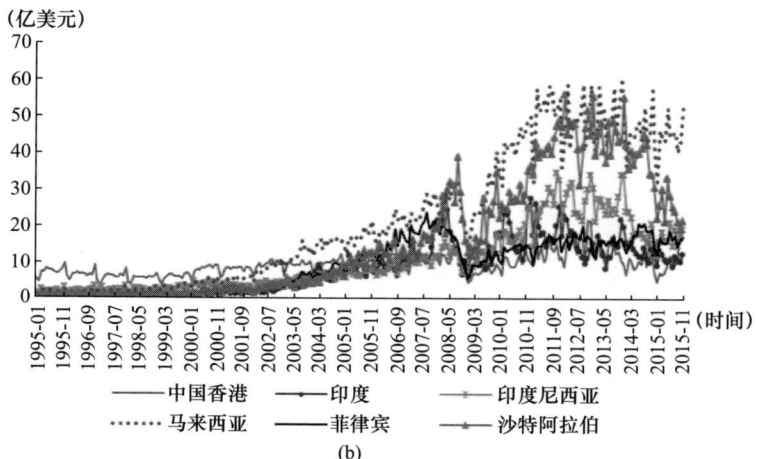

(b)

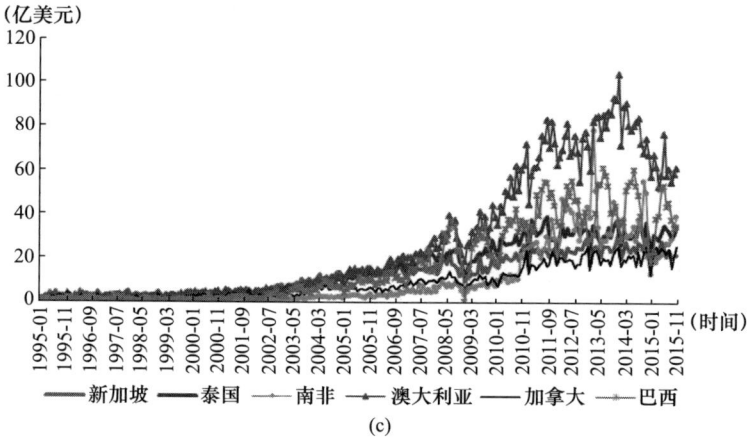

(c)

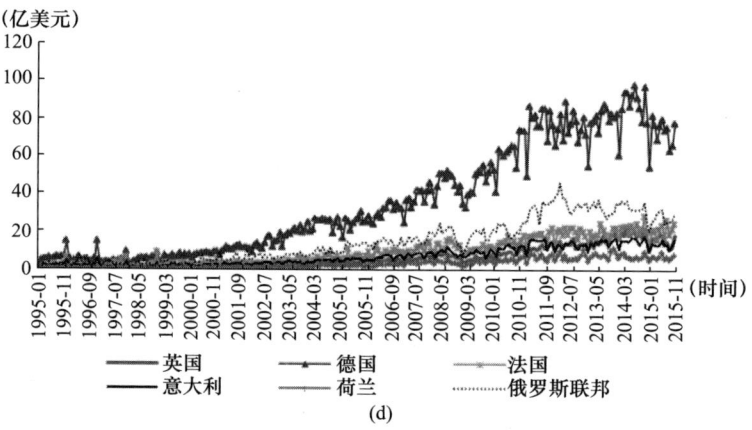

(d)

图6-3 我国从各国(地区)进口贸易额走势(续)

图6-4描述了我国与22位贸易伙伴贸易差额的走势。中国香港地区、美国是我国主要的贸易顺差来源地,就2015年数据说,来自上述两地的顺差额是全年顺差总额的1.15倍。然而众所周知,香港地区是我国出口的中转站,运往中国香港地区的商品最终被分配到全球各地,而且几年来出现不少利用产品出口退税政策在香港地区和内地循环往复的套利行为,因此从这个意义上讲,美国堪称我国首要的顺差来源地。欧盟也是我国主要的顺差来源地区,22位贸易伙伴中隶属欧盟的有5国,其中与英国和荷兰存在绝对的贸易顺差关系;自2003年底

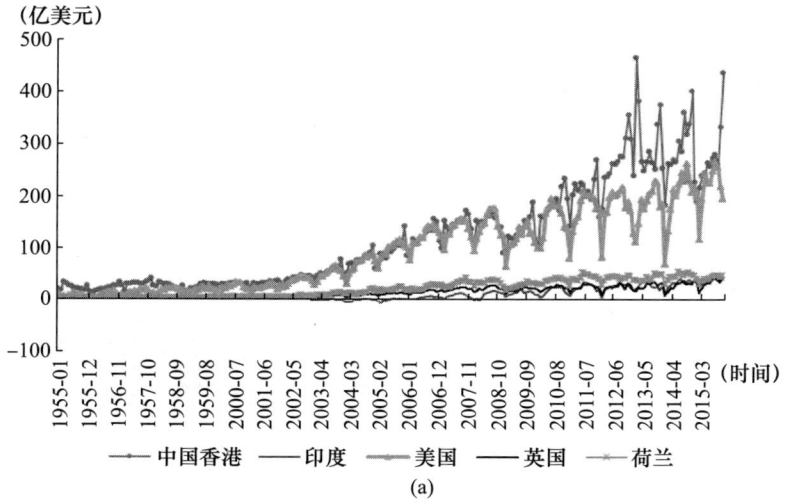

(a)

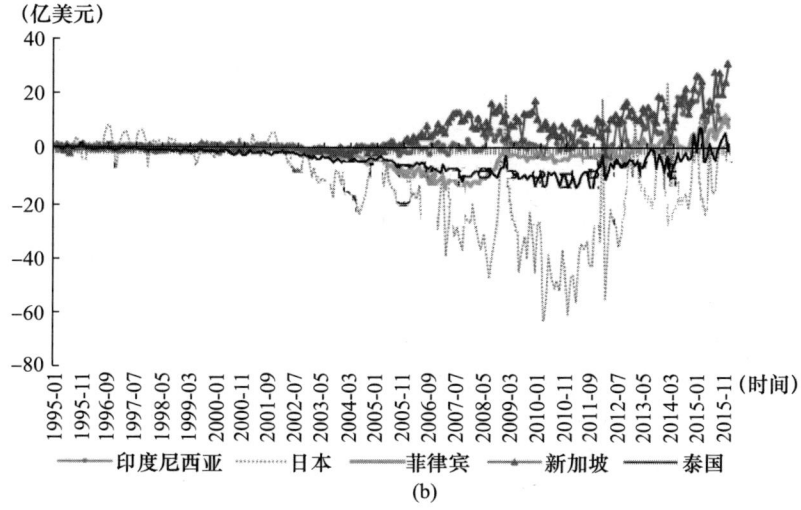

(b)

图6-4 我国与各国(地区)贸易差额的变动趋势

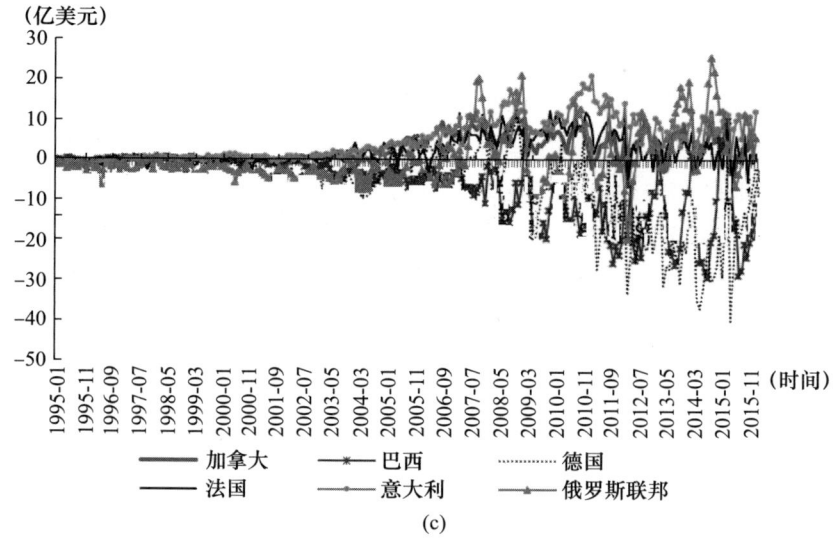

(c)

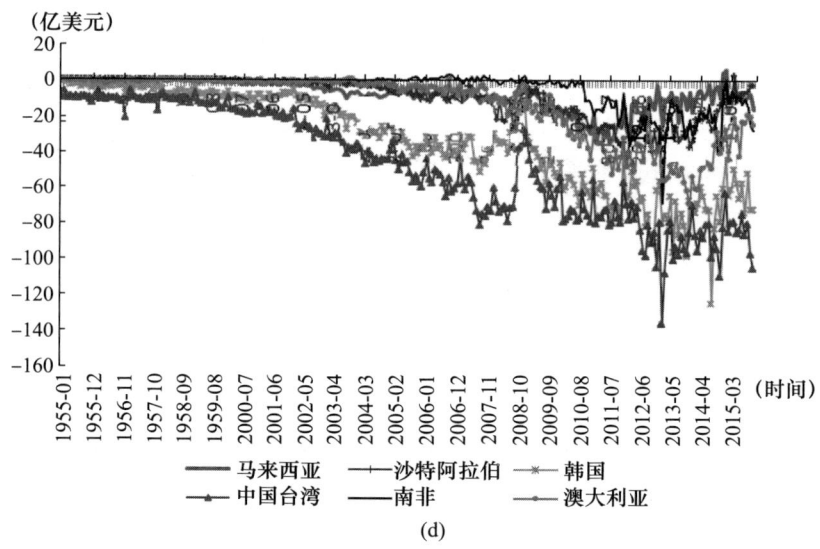

(d)

图6-4 我国与各国（地区）贸易差额的变动趋势（续）

开始，对法国、意大利的出口额呈现大于进口额的迹象并一直持续；从样本期内总贸易差额来看，5国中只有德国是我国的逆差来源地。我国对中国台湾地区、日本、菲律宾、泰国、韩国、澳大利亚、巴西、德国、南非、沙特阿拉伯、马来西亚基本呈现持续的逆差状态，其中中国台湾地区、韩国、日本、澳大利亚是我国主要的逆差来源地，2015年对四地的逆差额就接近2200亿美元。从发展趋势来看,对中国香港地区、美国、荷兰、英国、印度、新加坡的顺差有进一步增长的势头,但对主要的顺差来源地——美国的顺差以及主要逆差地——中国台湾地区的逆差,其增速有所放缓;对日本、马来西亚、沙特阿拉伯、澳大利亚、德国、法国的贸易有向均衡回归的趋势;对菲律宾、泰国的贸易差额已从逆差转变为顺差。

第二节　ML 条件以及拓展

20 世纪 BRM 条件的形成为汇率变动与贸易收支之间的关系提供了稳定性条件,然而表达式中进出口弹性值的计算存在一定的复杂性,因此国内外相关的研究仍以简化的 ML 条件为基础。无论 BRM 条件还是 ML 条件,其理论均以计算供求的价格弹性为基本出发点,而事实证明由于统计数据所限,量和价格的可得性不如汇率和进出口额。基于上述原因,本书根据前文理论部分的分析结果,采用另一种思路求解汇率变动与贸易收支之间关系的判定条件。

设 X 为以外国货币计算的本国出口值, M 为以本国货币计算的本国进口值, B 为本币表示的净出口, E 为直接标价下的汇率,于是有: $B = EX - M$。将上式两边同时对 E 求偏导,得到: $\frac{\partial B}{\partial E} = X\left(1 + \theta_f^{ex} - \frac{M}{EX} \cdot \theta_d^{im}\right)$,式中, θ_f^{ex}、θ_d^{im} 分别为外币出口额的汇率弹性以及本币进口额的汇率弹性。假定初始贸易均衡 $EX = M$,上式又可写为 $\frac{\partial B}{\partial E} = X(1 + \theta_f^{ex} - \theta_d^{im})$。无论贸易差额以本币表示还是以外币表示以及进出口额以本币表示还是以外币表示,上式还有多种不同的变形。例如 $B' = X - M/E$,式中, B' 为外币表示的贸易余额,则汇率变动对贸易余额影响的判定关系式可以表示为: $\frac{\partial B'}{\partial E} = \frac{M}{E^2}\left(1 + \frac{EX}{M}\theta_f^{ex} - \theta_d^{im}\right)$;如果 $B = X' - M$, X' 为本币表示的出口额,则汇率变动对贸易余额影响的判定关系式可以表示为:

$$\frac{\partial B}{\partial E} = \frac{X'}{E}\left(\theta_d^{ex} - \frac{M}{X'}\theta_d^{im}\right) \quad (6-1)$$

式中, θ_d^{ex} 为本币出口额的汇率弹性。式 (6-1) 说明,如果汇率与收支余额同向变动,即本币贬值改善贸易收支的条件为:

$$\theta_d^{ex} - \frac{M}{X'}\theta_d^{im} > 0 \quad (6-2)$$

初始贸易顺差越大越容易满足条件,如果假设初始贸易均衡,则式(6-1)变形为:

$$\theta_d^{ex} - \theta_d^{im} > 0 \tag{6-3}$$

上述各种判定公式说明,进出口贸易额选择不同的计价货币,推导出的判定条件形式是有区别的,同时也说明运用广泛的 ML 条件非"放之四海而皆准"。实际运用中,应该根据实际情况选择适合的判定条件形式。为了便于分析比较,本书统一采用人民币计价的进出口额来进行实证分析,采用式(6-2)与式(6-3)作为判定条件。

第三节 汇率行为影响贸易收支的实证检验

一、模型与数据

(一)模型设立

国际贸易基本理论告诉我们,一国进口需求取决于进口国的实际收入水平以及产品的进口价格与国内产品价格的对比。因此,本国与外国的进口需求函数关系可以表示如下:$D^{ex} = f(Y_f, P_f^{ex}, P_f)$ 与 $D^{im} = f(Y_d, P_d^{im}, P_d)$,式中,$D^{ex}$、$D^{im}$、$P_f^{ex}$、$P_d^{im}$ 分别表示出口需求、进口需求、外币表示的出口价格以及本币表示的进口价格,Y_d、Y_f 分别代表国内、国外的实际收入,P_d、P_f 分别表示本国与外国的国内价格。

"要不要考虑供给"一直是个有争议的问题。简化的 ML 条件计算步骤简单,运用广泛,然而其"进出口供给弹性无穷大"的前提条件也受到了不少质疑。从国外针对出口供给的研究看,多数结果显示出口供给的价格弹性并非无穷大。例如,Geraci 和 Prewo(1982)凭借 1958~1974 年的双边数据估算出美国、日本、德国、法国以及英国的出口供给价格弹性,其平均价格弹性值在 -1.1~12.2。Roy(2007)通过 1960~1999 年的数据计算了印度的四类出口商品的供给价格弹性,其中皮革及制品的弹性最高达 11.11,机械及交通设备的弹性最低为 2.04,化学品以及钢铁的弹性分别为 2.61 和 4.17。虽然弹性值相对较高,却也打破了认为发展中国家人口众多、人力资源闲置、供给具有无限价格弹性的论断。对于我国来说,不少学者在构建进出口方程时已经注意到了供给问题(岳昌君,2003;马丹和许少强,2005;黄万阳,2012 等)。本书认为,近年来沿海地区出现的"用工荒"现象已足以说明廉价劳动力无限供给的时代已经宣告结束,普遍上涨的生产成本以及大幅攀升的人民币汇率也势必影响出口商的供给意愿。印梅和王光伟(2012)以

2005年7月至2010年6月的数据为依托，计算得到我国出口供给的长期价格弹性为1.85，充分说明我国汇率与贸易收支的研究中，出口供给已是不能忽略的因素。

综合国内外文献对出口供给问题的研究，出口价格、产出能力、生产成本是影响出口供给的主要因素（Haynes & Stone，1983；Atique & Ahmad，2003；印梅和王光伟，2012）。因此，进出口供给方程可以表示为 $S^{ex}=f(EP_f^{ex},PC^{ex},Y_d^*)$ 与 $S^{im}=f(P_d^{im}/E,PC^{im},Y_f^*)$，其中，$PC^{ex}$、$PC^{im}$ 分别表示本国出口产品生产成本（本国生产成本）与本国进口产品的生产成本（外国生产成本），Y_d^*、Y_f^* 分别表示本国与外国的产出能力。当进出口均衡时，有 $S^{ex}=D^{ex}$ 与 $S^{im}=D^{im}$ 成立。代入式（6-1）、式（6-2）中进出口价格的表达式，则本币表示的出口额与进口额有如下函数关系：

$$X' = EP_f^{ex}D^{ex} = f(E, P_f, PC^{ex}, Y_f, Y_d^*, V) \quad (6-4)$$
$$M = P_d^{im}D^{im} = f(E, P_d, PC^{im}, Y_d, Y_f^*, V) \quad (6-5)$$

式中，竞争者价格用市场价格水平 P_f 和 P_d 代替。考虑我国出口贸易中加工贸易占比较高，而加工贸易的特殊性削弱了出口供给对汇率变动的敏感型，因此有必要将加工贸易进口额 PIM 作为出口方程中的变量之一。基于此，本书对数形式的计量模型如下所示：

$$\ln X'_{it} = c_i^3 + \alpha_i^1 \ln E_{it} + \alpha_i^2 \ln P_{fit} + \alpha_i^3 \ln PC_t^{ex} + \alpha_i^4 \ln Y_{fit} +$$
$$\alpha_i^5 \ln Y_{dt}^* + \alpha_i^6 \ln V_{it} + \alpha_i^7 \ln PIM_t + \phi_{it} \qquad \text{模型6-1}$$
$$\ln M_{it} = c_i^4 + \beta_i^1 \ln E_{it} + \beta_i^2 \ln P_{dt} + \beta_i^3 \ln PC_t^{im} + \beta_i^4 \ln Y_{dt} + \beta_i^5 \ln Y_{fit}^* + \beta_i^6 \ln V_{it} + \varphi_{it}$$
$$\text{模型6-2}$$

式中，下标 i 代表国别，t 代表时间，c 代表截距项，α_i^j、β_i^j（$j=1,\cdots,6$）为待估参数，ϕ_{it}、φ_{it} 为残差。

为了考察汇率制度转换的影响，在这里同样用两种方式设置制度虚拟变量 D，一是将2005年7月及以前虚拟变量的值设置为0；2005年7月之后虚拟变量的值设置为1；二是将1995年1月至1997年12月、2005年7月至2008年6月以及2010年6月以后设置为1，将1998年1月至2005年6月以及2008年7月至2010年5月设置为0。加入制度变量 D 后得到的模型如下所示：

$$\ln X'_{it} = c_i^3 + \alpha_i^1 \ln E_{it} + \alpha_i^2 \ln P_{fit} + \alpha_i^3 \ln PC_t^{ex} + \alpha_i^4 \ln Y_{fit} +$$
$$\alpha_i^5 \ln Y_{dt}^* + \alpha_i^6 \ln V_{it} + \alpha_i^7 \ln PIM_t + \alpha_i^8 D + \phi_{it} \qquad \text{模型6-3}$$
$$\ln M_{it} = c_i^4 + \beta_i^1 \ln E_{it} + \beta_i^2 \ln P_{dt} + \beta_i^3 \ln PC_t^{im} + \beta_i^4 \ln Y_{dt} +$$
$$\beta_i^5 \ln Y_{fit}^* + \beta_i^6 \ln V_{it} + \beta_i^7 D + \varphi_{it} \qquad \text{模型6-4}$$

本书将在模型6-1、模型6-2、模型6-3、模型6-4的基础上进行分析。

（二）数据来源及处理

本章对1995年1月~2013年6月我国与具有代表性的22位贸易伙伴的双边数据进行分析，数据来源及处理方法说明如下：

(1) 汇率水平 E_{it} 依然采用各国货币兑人民币月均值；汇率波动性 V 仍采用 GARCH 模型获得，数据来源及处理方法与前文一致。

(2) 我国与各国的双边进出口贸易额以及加工贸易进口额月度数据来源于中经网。基于国别数据可得性限制，加工贸易进口额采用我国进口总额减去一般贸易进口额的结果代替。将上述美元标价下的进出口数据乘以美元兑人民币汇率，调整为以人民币标价的进出口额，并采用 CPI 指数进行通货膨胀调整。

(3) 根据国内外文献通常的做法，收入水平以及产出能力通常采用实际国内生产总值（GDP）指数或者工业增加值指数作为代理变量（Roy, 2007；叶永刚和胡利琴等, 2006；黄万阳, 2012）。由于 GDP 统计没有月度数据，本书将各国的季度数据通过 QMS 法（二次匹配和方法）转换为高频数据并转换成指数形式，俄罗斯、巴西、印度采用工业增加值指数代替，数据主要来源于 IMF 数据库，个别近期数据通过各国统计局网站查找补齐，中国台湾地区的数据来自于中华经济研究院①，我国的数据取自中经网统计数据库。上述所有指数调整为以 2005 年为基期的指数。

(4) 生产成本、产品的国内价格水平多采用 CPI 或 PPI 作为代理变量。由于受 PPI 数据可得性所限，贸易伙伴生产成本和国内价格水平均采用 CPI 指数代替，数据来自于 IMF 数据库，其中我国台湾地区数据来自于中华经济研究院。我国的生产成本采用 PPI 指数，国内价格水平采用 CPI 指数，数据来自于中经网统计数据库。所有指数均调整为以 2005 年为基期的指数，处理方法同前文所述。

二、实证检验

（一）面板单位根检验与协整关系检验

与上述分析方法相同，这里仍采用面板数据进行分析。首先通过 IPS 等五种方法对面板数据进行平稳性检验。表 6-1 显示的检验结果表明，所有变量的水平值无法通过全部五种检验方法，而变量的一阶差分却能够在 5% 的显著性水平上全部通过五种检验，因此认为所有变量均为一阶单整变量。

表 6-1 进出口模型相关变量的面板单位根检验

变量	LLC	Breitung	IPS	Fisher-ADF	Fisher-PP
$\ln X'_{it}$	4.14	-6.52***	2.56	35.97	166.94***
$\Delta\ln X'_{it}$	-102.64***	-38.51***	-87.59***	2539.44***	1678.14***
$\ln M_{it}$	0.16	-6.15***	-3.47***	112.90***	597.34***

① http://www.cier.edu.tw/ct.asp?xItem=12270&CtNode=103&mp=1.

第六章 国别视角下汇率行为的贸易收支效应

续表

变量	LLC	Breitung	IPS	Fisher – ADF	Fisher – PP
$\Delta\ln M_{it}$	-93.82***	-27.25***	-85.90***	2401.76***	1165.72***
$\ln E_{it}$	-0.73	-2.64***	1.31	28.71	21.68
$\Delta\ln E_{it}$	-62.58***	-25.51***	-50.64***	1614.24***	1712.19***
$\ln V_{it}$	-13.32***	8.31	-20.58***	568.62***	575.95***
$\Delta\ln V_{it}$	-80.72***	-23.91***	-68.76***	2257.19***	1848.56***
$\ln Y_{fit}$ ($\ln Y_{fit}^*$)	-2.14**	3.35	-1.44*	60.79**	36.77
$\Delta\ln Y_{fit}$ ($\Delta\ln Y_{fit}^*$)	-10.40***	-2.09**	-16.43***	405.20***	1130.35***
$\ln Y_{dt}$ ($\ln Y_{dt}^*$)	-0.10	0.72	-0.11	1.54	1.67
$\Delta\ln Y_{dt}$ ($\Delta\ln Y_{dt}^*$)	-9.33***	-1.98**	-17.82***	120.19***	127.17***
$\ln P_{dt}$	0.23	-0.80	0.86	0.34	0.26
$\Delta\ln P_{dt}$	-6.84***	-5.64***	-6.12***	34.40***	99.30***
$\ln PC_t^{ex}$	0.42	0.66	0.83	0.41	0.58
$\Delta\ln PC_t^{ex}$	-12.14***	-8.14***	-9.32***	61.32***	66.82***
$\ln P_{fit}$ ($\ln PC_{it}^{im}$)	-0.96	0.89	0.74	49.48	49.34
$\Delta\ln P_{fit}$ ($\Delta\ln PC_{it}^{im}$)	-52.92***	-25.44***	-45.17***	1354.41***	1916.37***
$\ln PIM_t$	1.31	-2.21**	0.42	0.75	4.01
$\Delta\ln PIM_t$	-17.51***	-3.97***	-16.34***	113.65***	111.50***

注：①检验形式为含有趋势项和截距项，滞后阶数由 SIC 准则确定。② *** 表示在1%的显著性水平上显著；** 表示在5%的显著性水平上显著；* 表示在10%的显著性水平上显著，下同，不再赘述。

根据上述单位根检验结果，同阶单整变量可以采用协整检验方法来检验变量间有无稳定的长期均衡关系。本书采用 Pedroni（1999）、Kao（1999）的检验方法来进行协整检验，结果如表6-2所示。显然，除进口相关变量的 Kao 检验只能在8%的显著性水平上拒绝不存在协整关系的原假设，其他检验统计量均能够在5%的显著性水平上拒绝原假设，可以认为变量间存在着长期的稳定关系。

（二）汇率行为与出口额的关系验证

这里采用的实证方法与第四章进出口价格模型的实证方法相同。由于混合模型与变截距模型能从整体上估算变量之间的关系，也为了进一步比较模型的估计效果，在以模型6-1和模型6-3为基础估计变系数模型的同时，也以模型6-1为基础估计了混合模型以及变截距模型，估计结果如表6-3和表6-4所示。

表6-2 进出口模型相关变量的面板协整关系检验

检验对象		$\ln X'_{it}\ \ln E_{it}\ \ln V_{it}$ $\ln Y_{fit}\ \ln Y^*_{dt}\ \ln P_{fit}$ $\ln PC^{ex}_t\ \ln PIM_t$		$\ln M_{it}\ \ln E_{it}\ \ln V_{it}$ $\ln Y_{dt}\ \ln Y^*_{fit}\ \ln P_{dt}$ $\ln PC^{im}_{it}$	
检验方法	统计量	统计值	P值	统计值	P值
Pedroni 检验 H0：不存在协整关系	Panel v - Statistic	7.27	0.01	5.05	0.02
	Panel rho - Statistic	-58.69	0.00	-15.77	0.00
	Panel PP - Statistic	-36.25	0.00	-15.5	0.00
	Panel ADF - Statistic	-14.69	0.00	-6.86	0.00
	Group rho - Statistic	-63.73	0.00	-13.72	0.00
	Group PP - Statistic	-41.65	0.00	-14.31	0.00
	Group ADF - Statistic	-16.22	0.00	-6.31	0.00
Kao 检验 H0：不存在协整关系	ADF	-4.29	0.00	-1.34	0.08

注：检验形式为含有截距项，滞后阶数由 SIC 准则确定。

表6-3 出口混合模型与变截距模型估计结果

$\ln X'_{it}$	混合模型估计结果	变截距模型估计结果	
		固定效应模型	随机效应模型
C	-0.09（0.30）	-0.16（0.02）***	-0.61（0.04）***
$\ln E_{it}$	0.10（0.00）***	0.09（0.00）***	0.07（0.00）***
$\ln V_{it}$	-0.07（0.00）***	-0.02（0.00）***	-0.02（0.00）***
$\ln P_{fit}$	0.51（0.02）***	0.35（0.03）***	0.42（0.03）***
$\ln PC^{ex}_t$	-0.98（0.17）***	-1.08（0.14）***	-0.86（0.14）***
$\ln Y_{fit}$	0.16（0.04）***	0.39（0.08）***	0.35（0.08）***
$\ln Y^*_{dt}$	0.35（0.09）***	0.59（0.04）***	0.56（0.03）***
$\ln PIM_t$	0.71（0.06）***	0.65（0.05）***	0.66（0.05）***
	$R^2=0.82\ \ \bar{R}^2=0.82$ $F=3218.66$***	$R^2=0.97\ \ \bar{R}^2=0.97$ $F=7337.97$***	$R^2=0.93$ Wald chi2（7）=1508.64***
		Hausman 检验 chi2 = 957.02***	

注：括号内为标准差，下同。

将表6-3与表6-4进行比较后不难看出，变系数模型的估计效果要优于混合模型以及变截距模型。混合模型以及变截距模型的估计结果大致反映了变量间的整体关系。总的来看，汇率水平、国外价格水平、国外收入水平、国内产出水平以及加工贸易进口与我国出口额呈正相关关系，汇率波动、生产成本与出口额呈负相关关系。其估计结果与价格方程估计结果具有一致性，表明人民币汇率升值将提高出口价格，减少出口额；汇率波动率提高也将促使出口价格增长而抑制出口贸易。虽然汇率波动率提高不利于出口贸易增长，但与其他变量相比，其影响程度微不足道。生产成本、国外收入水平、国外价格水平以及国内产出水平每变动1%对出口额的影响均超出了汇率行为变动同样幅度的影响。在出口方程中还添加了加工贸易进口额变量，其估计结果显著。据变系数模型的估计结果显示，加工贸易进口增加1%，出口额增加0.5%左右，表明加工贸易对我国出口贸易的影响较大。

表6-4 出口变系数模型估计结果

$\ln X'_{it}$	模型6-1		模型6-3	
C	-0.90 (0.21)***		-0.98 (0.33)***	
$\ln PC_t^{ex}$	-1.30 (0.13)***		-1.26 (0.20)***	
$\ln P_{fit}$	1.15 (0.04)***		1.11 (0.04)***	
$\ln Y_{fit}$	0.45 (0.08)***		0.44 (0.09)***	
$\ln Y_{dt}^*$	0.61 (0.06)***		0.61 (0.06)***	
$\ln PIM_t$	0.54 (0.05)***		0.55 (0.05)***	
D	—		0.02 (0.01)**	
	$\ln E_{it}$	$\ln V_{it}$	$\ln E_{it}$	$\ln V_{it}$
_ Hong Kong	1.91 (0.16)***	0.08 (0.01)***	1.91 (0.16)***	0.08 (0.01)***
_ India	0.36 (0.11)***	0.14 (0.05)***	0.36 (0.11)***	0.14 (0.05)***
_ Indonesia	0.89 (0.04)***	-0.22 (0.03)***	0.89 (0.04)***	-0.22 (0.03)***
_ Japan	0.18 (0.18)	0.11 (0.07)	0.18 (0.17)	0.11 (0.07)
_ Malaysia	0.28 (0.08)***	-0.02 (0.00)***	0.27 (0.08)***	-0.02 (0.00)***
_ Philippines	0.72 (0.06)***	-0.09 (0.03)***	0.73 (0.06)***	-0.08 (0.03)***
_ Saudi Arabia	0.67 (0.15)***	-0.05 (0.01)***	0.66 (0.15)***	-0.06 (0.01)***
_ Singapore	0.73 (0.17)***	-0.04 (0.05)	0.75 (0.16)***	-0.05 (0.05)
_ Korea	1.00 (0.05)***	0.13 (0.02)***	1.01 (0.05)***	0.13 (0.02)***
_ Thailand	0.28 (0.12)**	-0.12 (0.02)***	0.28 (0.11)**	-0.11 (0.02)***
_ Taiwan	0.63 (0.09)***	0.07 (0.05)	0.64 (0.09)***	0.05 (0.05)
_ South Africa	0.46 (0.04)***	0.00 (0.03)	0.46 (0.04)***	0.00 (0.02)
_ United Kingdom	0.63 (0.06)***	-0.44 (0.05)***	0.64 (0.06)***	-0.43 (0.05)***
_ Germany	0.30 (0.04)***	-0.13 (0.04)***	0.31 (0.04)***	-0.11 (0.04)***
_ France	0.11 (0.01)***	0.00 (0.05)	0.11 (0.01)***	0.00 (0.05)

续表

$\ln X'_{it}$	模型 6-1		模型 6-3	
_Italy	0.03 (0.00)***	0.04 (0.07)	0.03 (0.00)***	0.03 (0.09)
_Netherlands	0.28 (0.03)***	-0.23 (0.04)***	0.28 (0.03)***	-0.23 (0.03)***
_Russia Federation	1.04 (0.05)***	0.00 (0.02)	1.04 (0.05)***	0.00 (0.02)
_Brazil	0.21 (0.05)***	-0.12 (0.12)	0.21 (0.05)***	-0.10 (0.11)
_Canada	0.85 (0.13)***	0.14 (0.04)***	0.86 (0.12)***	0.14 (0.03)***
_United States	1.36 (0.09)***	0.04 (0.01)***	1.37 (0.08)***	0.04 (0.01)***
_Australia	0.18 (0.04)***	-0.11 (0.03)***	0.19 (0.04)***	-0.11 (0.03)***
	$R^2=0.98$ $\bar{R}^2=0.98$		$R^2=0.98$ $\bar{R}^2=0.98$	
	F 值 4664.95		F 值 4890.87	

注：这里只汇报了虚拟变量第二种设置方式下的估计结果。第一种设置方式下虚拟变量的估计系数为 0.01，标准差为 0.00，系数在 5% 的显著性水平上显著，其他变量的估计系数除不显著的系数之外其变动均在 0.1 以内。

表 6-4 给出变系数模型的估计结果。结果显示，我国与日本的双边汇率水平的估计系数不显著，除此之外，其他估计系数均在 5% 的显著性水平上显著。

从汇率水平估计系数的符号看，其符号出奇地一致，呈现出汇率水平与出口额强烈的正向关系，这个估计效果与宿玉海和于海燕（2007）的估计效果相同。比较估计系数的大小，其中系数大于 1 的国家（地区）有中国香港地区和美国，接近单位弹性的有韩国与俄罗斯。与汇率水平对出口价格的估计结果相比不难看出，价格的汇率弹性与出口额的汇率弹性的国别差异并不一致，其原因很显然，即国别需求弹性存在差异，同样的价格变动所引起的量的变动不同。

但值得注意的是，既然出口额弹性系数为正且无出其右，那么为何近年来人民币兑贸易伙伴国货币普遍升值的情况下，我国出口额不仅没有减少反而迅速增长呢？就本书的研究来看，首先，汇率行为对出口额的弹性总体偏小，对出口额的影响能力较弱。其次，虽然人民币汇率升值以及生产成本增加对出口贸易形成一定的抑制，但是国外收入水平、国内产出能力增加以及国外价格水平提高均能促进我国的出口贸易。即便汇率升值、生产成本提高的幅度与国外收入水平增加、国内产出水平增加以及国外价格水平提高的幅度相同，其对出口额的总影响仍然是正向的。如果将 2012 年人民币双边汇率、我国生产成本、贸易伙伴价格水平、贸易伙伴收入水平以及国内产出水平的月均值与 2005 年的月均值进行对比后发现，上述变量 7 年间累计增加幅度为 22.66%、25.26%、29.66%、31.45% 以及 124.48%，汇率与生产成本的变动幅度不及其他变量的变动幅度。最后，加工贸易进口增加对出口贸易额的促增作用不容小觑，加工贸易方式削弱了出口供给对价格变动的敏感型，因此也削弱了汇率变动对出口贸易的影响。

从汇率波动变量的估计系数看,显著性比例大大下降。通过5%显著性检验的系数大多数为负值,绝对值总体上比价格模型中的估计值偏大。本书认为,这进一步说明了汇率波动对出口贸易是具有抑制作用的,随着人民币波动幅度增加,这种作用可能会更加明显。

在考虑了虚拟变量之后,虚拟变量的估计系数显著,其他通过5%显著性检验的估计系数变动很小,虽然拟合优度没有变化,但部分系数标准差减小,因此认为加入制度变量之后总体估计效果是改善的。两种设置下的虚拟变量的估计系数偏小但符号均为正,而且第一种设置方式下的估计数要高于第二种设置方式下的估计系数,这说明无论是灵活的汇率制度下还是2005年的人民币汇率体制改革之后,我国出口额非但没有减少,反而显著增加,但幅度微小。结合上述分析结果,本书认为主要存在三点原因:一是国外收入水平提高以及我国产出水平大幅增加等因素推动了出口的高增长;二是相比其他因素而言,人民币汇率行为对出口贸易额的作用偏小,而且人民币升值幅度对出口造成的抑制作用有限;三是我国逐渐度过了"入世"的适应期,全球纺织品配额的取消令我国的比较优势得到充分发挥,上述因素共同导致了我国出口额呈不断增长的态势。

(三)汇率行为与进口额的关系验证

与前文相同,先以模型6-2为基础,分别估计混合模型与变截距模型,估计结果见表6-5,再以模型6-2、模型6-4为基础估计变系数模型,估计结果见表6-6。不难看出,变系数模型的估计效果要优于混合模型与变截距模型的估计效果。

表6-5 进口混合模型与变截距模型估计结果

$\ln M_{it}$	混合模型估计结果	变截距模型估计结果	
		固定效应模型	随机效应模型
C	2.05(0.53)***	3.08(0.54)***	3.15(0.32)***
$\ln E_{it}$	-0.06(0.00)**	-0.10(0.00)***	-0.11(0.01)***
$\ln V_{it}$	-0.09(0.00)***	-0.07(0.00)***	-0.08(0.01)***
$\ln P_{dt}$	0.08(0.02)***	0.10(0.03)***	0.15(0.03)***
$\ln PC_{it}^{im}$	-1.30(0.32)***	-1.53(0.32)***	-1.98(0.18)***
$\ln Y_{dt}$	1.67(0.07)***	1.77(0.07)***	1.86(0.04)**
$\ln Y_{fit}^{*}$	0.34(0.05)	0.44(0.03)***	0.36(0.05)***
	$R^2 = 0.78$ $\bar{R}^2 = 0.78$ $F = 1948.18^{***}$	$R^2 = 0.95$ $\bar{R}^2 = 0.95$ $F = 3115.78^{***}$	$R^2 = 0.81$ Wald chi2(4) = 2118.10***
		Hausman 检验 chi2 = 242.04***	

表6-5显示了变量间的整体关系，汇率水平与进口额负相关，即人民币升值，进口额增加，反之则相反。汇率波动与进口额负相关，但影响程度依然不高。生产成本与进口额也呈负相关关系，国内价格水平与进口额呈正相关关系，与进口价格模型的估计结果具有一致性，与经济意义相符。需要注意的是，表6-5与表6-6的估计结果显示，模型中国内价格水平的估计值与其他变量估计值相比较小，这与价格模型、出口模型中的估计结果有着显著的不同，究其原因可能是我国国内产品价格与进口额的关联度不高，一定程度上反映了我国进口商品的可替代性不强。

国内收入水平、国外产出水平与进口额均呈正向关系，其中国内收入水平的估计系数绝对值要大于其他任何估计系数绝对值，表明收入水平提高所引起的收入效应是进口额增加的主要助推因素，这一点在出口模型的估计结果中基本得到验证。虽然国外产出水平提高也能促进进口额增加，但与国内收入水平的作用机理不同，前者促进进口额增加是需求效应，而后者推动进口额增加则是供给效应。

表6-6 进口变系数模型估计结果

$\ln M_{it}$	模型6-4		模型6-6	
C	1.74（0.32）***		1.58（0.53）***	
$\ln Y_{dt}$	1.60（0.04）***		1.66（0.07）***	
$\ln Y_{ft}^*$	0.43（0.05）***		0.38（0.05）***	
$\ln P_{dt}$	0.22（0.06）***		0.25（0.07）***	
$\ln PC_{it}^{im}$	-1.40（0.18）***		-1.55（0.31）***	
D	—		0.05（0.01）***	
	$\ln E_{it}$	$\ln V_{it}$	$\ln E_{it}$	$\ln V_{it}$
_ Hong Kong	5.57（0.28）***	-0.02（0.02）	5.59（0.29）***	0.02（0.02）
_ India	-0.44（0.19）**	0.11（0.06）*	-0.40（0.20）**	0.11（0.06）
_ Indonesia	-0.70（0.06）***	0.21（0.03）***	-0.72（0.06）***	0.20（0.03）
_ Japan	0.19（0.10）*	-0.13（0.06）**	0.17（0.14）	-0.17（0.09）*
_ Malaysia	-0.93（0.08）***	-0.04（0.01）***	-0.93（0.10）***	-0.04（0.01）***
_ Philippines	-2.06（0.08）***	-0.37（0.05）***	-2.00（0.10）***	-0.38（0.06）***
_ Saudi Arabia	-4.27（0.42）***	0.03（0.03）	-4.22（0.41）***	0.04（0.03）
_ Singapore	-1.24（0.20）***	0.03（0.07）	-1.30（0.23）***	0.05（0.07）
_ Korea	0.36（0.07）***	0.02（0.03）	0.39（0.08）***	0.00（0.03）
_ Thailand	-0.78（0.08）***	-0.10（0.02）***	-0.73（0.10）***	-0.09（0.03）***
_ Taiwan	0.90（0.10）***	-0.05（0.05）	0.89（0.12）***	-0.05（0.07）

续表

$\ln M_{it}$	模型 6-4		模型 6-6	
_ South Africa	-0.46（0.10）***	-0.19（0.07）***	-0.43（0.11）***	-0.19（0.07）***
_ United Kingdom	0.37（0.07）***	-0.83（0.07）***	0.44（0.09）***	-0.81（0.09）***
_ Germany	0.35（0.04）***	0.31（0.06）***	0.30（0.05）***	0.37（0.07）***
_ France	-0.05（0.03）*	-0.36（0.13）***	-0.06（0.04）*	-0.11（0.16）***
_ Italy	-0.06（0.00）***	-0.06（0.07）	-0.06（0.01）***	0.12（0.10）
_ Netherlands	-0.18（0.06）***	0.05（0.05）	-0.21（0.06）***	0.06（0.07）
_ Russia Federation	0.91（0.07）***	-0.02（0.03）	0.97（0.08）***	-0.04（0.03）*
_ Brazil	-0.41（0.09）***	-0.64（0.24）***	-0.39（0.09）***	-0.77（0.23）***
_ Canada	0.48（0.16）***	-0.25（0.04）***	0.53（0.18）***	-0.26（0.04）***
_ United States	1.16（0.12）***	0.02（0.01）	1.23（0.15）***	0.02（0.02）
_ Australia	1.65（0.12）***	0.30（0.08）***	1.65（0.13）***	0.33（0.08）***
	$R^2:0.96$ $\bar{R}^2=0.96$		$R^2=0.96$ $\bar{R}^2=0.96$	
	F 值 1616.11		F 值 1596.62	

注：第一种设置方式下虚拟变量的估计系数为 -0.03，标准差为 0.02，系数不显著；与加入虚拟变量之前相比，针对印度、法国、加拿大的汇率水平估计值不再显著。这里只汇报了虚拟变量第二种设置方式下的估计结果。

表 6-6 显示了变系数模型的估计结果。从汇率水平的估计结果看，加入虚拟变量之后，我国与日本双边汇率水平的估计结果不再显著，其余估计结果的绝对值变动均在 0.1 以内。除与法国汇率水平的估计系数只能在 10% 的显著性水平上显著之外，其他估计结果均能在 5% 的显著性水平上显著。同出口模型中汇率水平的估计结果的一致性正号不同，进口模型中汇率水平的估计值有正有负，表明汇率水平变动对进口额的影响方向是不一致的。其中，汇率水平估计结果为正的贸易伙伴有中国香港地区、日本（加入虚拟变量前的估计值）、韩国、中国台湾地区、英国、德国、俄罗斯、加拿大、美国以及澳大利亚；估计系数为负的贸易伙伴有印度、印度尼西亚、马来西亚、菲律宾、新加坡、沙特阿拉伯、泰国、南非、法国、意大利、荷兰和巴西，其中意大利的负向关系较弱。不难发现一个有意思的规律，估计结果为正的贸易对方大多数为工业技术发展水平相对较高的国家和地区，而估计结果为负的贸易对方的工业发展水平一般相对较弱。从估计结果看，有两方面问题值得进一步深入探究：一是为何工业发展水平相对较高的贸易伙伴，其与我国的双边汇率水平估计结果同一般的经济理论相悖；二是同为欧洲发达国家，德国与法国、意大利、荷兰的估计值的方向为何不同。

对于第一个问题，本书的估计结果不是个例。宿玉海和于海燕（2007）采用实际汇率来估计我国与 13 个主要贸易伙伴的进出口汇率弹性时遇到与本书估计结果类似的问题，即进口汇率弹性的估计值多数为正数。他们认为，一方面，"进口主要受国内需求的影响，凡经济增长较快的年份，进口增长都比较快"；另一方面，"可能与现行体制有关，政府对进口的干预和限制较多，特别是一些垄断部门在国际市场上经常出现买涨不买落的行为"。① 从本书的估计结果看，估计系数符号不同的国家之间具有较为明显的工业发展水平差距，由此推断，这种现象的产生还可能与我国主要产品的进口刚性相关，进口刚性削弱了进口对价格的敏感型，进而削弱了进口与汇率的联系。

对于第二个问题，从我国与四国贸易商品的种类及比重上可以得到解释。以联合国商品贸易统计数据库 2012 年的统计数据为例，按照 HS 编码两位数分类，中国从德国的进口占德国总出口比重在 0 ~ 13.98%，如果将 20% 作为划分重要性的标准，那么在任何一种商品上，中国都不是德国重要的商品出口国；反观中国从德国的进口占中国总进口的情况，其比重在 0 ~ 35.76%，其中超过 20% 的有第 86 章、第 87 章以及第 93 章，比重分别为 27.09%、35.76% 以及 30.91%。第 86 章铁道及电车道机车等交通信号设备以及第 87 章车辆及其零附件均属于 OECD 定义的高科技产业；第 93 章比较特殊，属于武器、弹药类产品，这些高科技产品进口都具有一定的进口刚性。比较我国与法国、意大利、荷兰的双边贸易状况，按 HS 编码两位数分类，2012 年我国从法、意、荷的进口占法、意、荷出口的比重分别在 0.01% ~ 42.65%，0 ~ 44.02% 以及 0 ~ 41.33%，说明在某些产品上，中国是法国、意大利、荷兰非常重要的出口目的地。其中占比最大的分别是第 53 章其他植物纺织纤维、纸纱线及其机织物，第 47 章木浆纤维素浆、纸类产品和第 51 章羊毛、动物毛及其机织物类产品，属于与我国优势产业同构性较强、替代性较高的劳动密集型产品和科技含量较低的林业资源类产品。同时，我国从法、意、荷的进口占我国进口比重最高的分别是第 22 章饮料、酒及醋，第 93 章武器、弹药类产品（值得注意的是仅次于第 93 章的是第 64 章鞋靴、护腿等产品）和第 6 章活树、活植物类产品，无论是第 22 章还是第 6 章均不属于我国主要的进口产品。虽然意大利与德国同属我国武器、弹药及其零件、附件的主要进口国，分别占我国同类产品总进口量的 44.3% 与 30.91%，但我国从意大利的进口总额只占我国进口总额的 0.88%，而从德国进口总额占进口总额的比重是 5.06%。

进口模型中汇率波动变量的参数估计效果与价格模型、出口模型的估计效果类似，呈现估计结果的显著性比例大大降低，符号有正有负的特点。从通过 5%

---

① 宿玉海，于海燕. 人民币一篮子货币最优权重模型的构建 [J]. 国际金融研究，2007 (7)：56，引自张曙光. 人民币汇率问题：升值及其成本—收益分析 [J]. 经济研究，2005 (5)：27.

显著性检验的估计结果看,除与印度、印度尼西亚、德国、澳大利亚的双边汇率波动率估计结果为正之外,其余均为负值,说明汇率波动性增加对进口贸易的影响仍然以负向影响为主。

虚拟变量的参数估计结果显示,第一种设置方式下的估计系数不显著,而第二种设置方式下估计系数为0.05,说明更灵活的汇率制度下进口贸易非但没有减少反而有所提升。本书认为,这跟样本期内虚拟变量的设置有关。2005年汇率制度改革之后,我国政府也有意识地鼓励增加进口来调节国际收支、缓解国际矛盾,除了2009年前后有一轮大幅下降之外,其余均呈增势。本书所认为的更灵活的汇率制度时期以2005年7月汇率制度改革之后的时期为主,但剔除了2008年7月至2010年5月这段时期汇率相对稳定的时期,因此第二种设置方式下虚拟变量的估计结果比第一种设置方式下的估计结果显著。

三、主要结论

通过构建的理论框架及实证检验结果,本节主要得到以下结论:

第一,进出口贸易额选择不同的计价货币,推导出的判定条件形式不一致;汇率弹性的判定条件形式与供需价格弹性的判定条件形式亦存在不同。因此,运用广泛的 ML 条件应该严格采用量的弹性判定,而非"放之四海而皆准"。

第二,总体来看,汇率水平与出口额正相关,与进口额负相关;汇率波动性增加无论是对出口额还是对进口额都产生负向影响,尽管与其他变量相比,其影响相对偏小;进口方的国内价格水平提高将促进我国产品流出,我国的国内价格水平提高将刺激商品流入。无论是进口还是出口,生产成本增加都将对国际贸易产生负向作用;进口方的收入水平提高有利于进口贸易,出口方的产出能力增加有利于出口贸易,上述结论均符合经济意义,与惯常的论断相同。然而,虚拟变量的参数估计结果显示,在灵活的汇率制度下进口、出口贸易额反而有小幅增长,更灵活的汇率制度时期我国的贸易出口额与进口额均没有受到抑制。

第三,从国别视角看,无论是汇率水平还是汇率波动对双边贸易额的影响都具有差异性。从汇率水平的国别估计结果看,汇率水平与出口额呈相关关系,再次从国别视角证明了汇率贬值促进出口的一般论断;估计系数显示,汇率水平对进口额的影响既存在正向影响也存在负向影响。存在正向影响的国家(地区)大多数为工业技术发展水平相对较高的国家和地区;存在负向影响的国家大多数工业发展水平相对较弱。本书认为,进口估计系数的差异跟我国政府对进口的干预以及主要进口物资的进口刚性有关。

第四,如果将进出口汇率水平的估计系数代入式(6-3)的判定条件,混合模型以及变截距模型估计的汇率水平弹性系数都是满足条件的。从国别视角来看，如果假设初始贸易是均衡的，我国与澳大利亚以及中国香港地区、中国台湾地区的贸易往来不满足汇率贬值改善贸易收支的判定条件 $\theta_d^{ex} > \theta_d^{im}$；日本的部分估计系数没有通过显著性检验，除此之外，我国与其他18个贸易伙伴国（地区）的贸易往来均满足判定条件。如果考虑初始贸易，汇率贬值改善国际收支的判定条件可能与初始贸易状态相关：在进口弹性严格为负的情况下，与初始贸易状态无关；在进口弹性为正的情况下，则出口汇率弹性越大，初始贸易顺差越大，进口汇率弹性越小，越容易满足条件，反之则相反。因此，将样本期内我国与澳大利亚以及中国香港地区、中国台湾地区的进出口月均值作为初始值，中国香港地区作为主要的顺差来源地，与其贸易往来能够满足判定条件；澳大利亚与中国台湾地区作为我国长期以来主要的贸易逆差来源地，与其贸易往来不能满足判定条件。

本章小结

本章主要分析了汇率行为对贸易收支的影响。首先描述了进出口贸易额以及贸易余额变动的国别特征；然后基于进出口双方程实证了汇率行为与贸易收支的长期关系。通过上述分析，本章小结如下：

第一，我国进出口贸易的国别发展并不均衡。中国香港地区、美国、日本是我国主要的出口目的地，日本、韩国、中国台湾地区以及美国是我国主要的进口来源地。从发展速度看，近年来对印度、巴西、马来西亚等发展中国家的出口增长显著提高，对澳大利亚、沙特阿拉伯、南非、巴西等主要矿产品来源国的进口增长迅速。

第二，总体来看，汇率水平与出口额正相关，与进口额负相关；汇率波动增加无论是对出口额还是对进口额都产生负向影响；出口方的国内价格水平提高将抑制出口额，进口方的国内价格水平提升将提高进口额；生产成本增加对进口额和出口额都产生负向作用；进口方的收入水平提高有利于提高本国进口额，出口方的产出能力增加有利于增加出口方的出口额。总的来说，成本因素与需求因素是影响进出口贸易最重要的因素，其次是国内产出推动因素。另外，灵活的汇率制度没有对进口、出口贸易形成抑制。

第三，从国别视角看，双边汇率水平与我国国别出口额均呈同向变动，与我国国别进口额既有同向变动也存在反向变动，存在同向变动的贸易伙伴大多数为工业技术发展水平相对较高的国家和地区；而存在反向变动的国家大多数工业发展水平相对较弱。本书经分析认为，进口汇率水平估计结果的方向性差异与我国政府对进口的干预以及主要进口物资的进口刚性有关。将进出口汇率水平的估计结果代入判定条件可知，我国总贸易收支满足汇率贬值改善国际收支的判定条件，除澳大利亚、中国香港地区以及中国台湾地区以外（与日本的双边汇率估计结果不显著），我国与其他18个贸易伙伴也都满足判定条件，考虑初始状态则与中国香港地区的贸易收支也满足判定条件。

第七章 国别视角下汇率行为与贸易余额关系的进一步分析

第一节 分析方法、模型与数据

前文通过双方程模型考察了汇率水平、汇率波动与贸易收支之间的长期均衡关系以及通过判定条件考察了汇率水平与贸易余额间的长期关系。本节将进一步考察短期贸易收支偏移长期趋势以后的调整效应以及汇率水平冲击下的贸易收支余额的走势。前文采用面板变系数模型进行了分析,但出于计算上的复杂性,变系数模型并未得到广泛的讨论。为此,本部分采用时序数据分国别进行研究。据前文可知,用本币表示的出口额与进口额分别为 $X' = f(E, P_f, PC^{ex}, Y_f, Y_d^*)$ 和 $M = f(E, P_d, PC^{im}, Y_d, Y_f^*)$,则贸易收支余额 $B = X' - M = f(E, P_d, P_f, PC^{im}, PC^{ex}, Y_d, Y_f^*, Y_f, Y_d^*)$。由于变量 Y^* 与 Y 通常都采用各国实际 GDP(或工业增加值)代替;而 PC^{im} 与 PC^{ex} 也通常采用 PPI 指数或 CPI 指数来进行替代,于是在转换成计量模型时,P_d 与 PC^{ex} 以及 P_f 与 PC^{im} 均可以只保留一个变量。由此函数关系又可以写成:

$B = f(E, P_b, P_f, Y_d, Y_f)$,将上述贸易余额函数关系转化为如下对数形式的计量模型:

$$\ln B_{it} = c^5 + \lambda_i^1 \ln(E_{it} \cdot P_{fit}/P_{dt}) + \lambda_i^2 \ln Y_{dt} + \lambda_i^3 \ln Y_{fit} + \kappa_{it} \qquad \text{模型 7-1}$$

模型 7-1 也是已有文献通常所采纳的计量模型(Bahmani – Oskooee & Brooks, 1999;林文,2011),其中,λ_i^j 为待估系数,$j = 1, \cdots, 3$;κ_{it} 为扰动项;$E_{it} \cdot P_{fit}/P_{dt}$ 正是双边实际汇率表达式。再将模型 7-1 变形为:

$$\ln B_{it} = c^5 + \lambda_i^1 \ln E_{it} + \lambda_i^2 \ln(P_{fit}/P_{dt}) + \lambda_i^3 \ln Y_{dt} + \lambda_i^4 \ln Y_{fit} + \kappa_{it} \qquad \text{模型 7-2}$$

与模型 7-1 相比,模型 7-2 分离出名义汇率对贸易余额的作用,能够一目了然地观察名义汇率变动、国内外价格水平对比对贸易余额影响的方向及程度。① 为了考察汇率波动对收支余额的影响，在模型 7-2 的基础上再添加汇率波动变量，最终写成如模型 7-3 所示的形式：

$$\ln B_{it} = c^5 + \lambda_i^1 \ln E_{it} + \lambda_i^2 \ln P_{fdit} + \lambda_i^3 \ln Y_{dt} + \lambda_i^4 \ln Y_{fit} + \lambda_i^5 \ln V_{it} + \kappa_{it} \quad \text{模型 7-3}$$

这里 B_{it} 仍然表示贸易余额，E_{it} 表示直接标价下的汇率水平，V_{it} 表示汇率波动，P_{fdit} 表示国内外相对价格 P_{fit}/P_{dt}。国外、国内价格水平 P_{fit} 和 P_{dt}、汇率水平 E_{it}、汇率波动 V_{it} 以及双边收入（产出）水平 Y_{dt} 和 Y_{fit} 的来源及处理方法如前文所述；贸易余额原指出口额减去进口额，为了能够克服负数无法求对数的缺陷，按照通常做法采用出口额除以进口额来进行代替，出口额与进口额的数据来源也与前文相同。

第二节　数据平稳性检验

在做回归分析之前，需要对各时间序列进行稳定性检验，其标准方法是进行单位根检验。单位根检验方法很多，例如 ADF 检验、DFGLS 检验、KPSS 检验等，本书将采用应用中常见的 Augmented Dickey–Fuller test（ADF）检验方法。考虑 y 存在 p 阶自相关：$y_t = \varphi_1 y_{t-1} + \cdots + \varphi_p y_{t-p} + \mu_t$，等号两端同时减去 y_{t-1} 整理变形为 $\Delta y_t = (\sum_{i=1}^{p} \varphi_i - 1) y_{t-1} + \cdots + \sum_{i=1}^{p-1}(-\sum_{j=i+1}^{p} \varphi_j) \Delta y_{t-i} + \mu_t$，根据是否具有截距项以及趋势项还有另外两种形式。ADF 检验将通过检验 $H_0: \sum_{i=1}^{p} \varphi_i - 1 = 0$，$H_1: \sum_{i=1}^{p} \varphi_i - 1 < 0$ 来判断高阶自相关序列 $AR(p)$ 过程是否存在单位根，上述三种形式中只要有一种拒绝原假设，则原序列就是平稳的。

表 7-1 汇报了 ADF 检验的最终结果。不难看出，无论哪一组序列都不是 5% 显著性水平上的同阶单整序列。我国与中国香港地区、印度、菲律宾、沙特阿拉伯、新加坡、泰国、意大利、加拿大以及澳大利亚的样本数据除汇率波动序列外都是一阶单整序列，其余各组数据的平稳性不具规律性。依据各组数据的平稳性特点，本书采取以下分析步骤：首先，借鉴马君潞和王博等（2010）的处理

---

① 采用国内外的相对价格而没有进一步拆分成国内价格与国外价格主要基于以下考虑：一是分析目的主要是验证汇率行为与收支余额的关系；二是尽量减少相似指标的个数；三是考虑到后续软件分析的效率问题。

方法，将我国与中国香港地区、印度、菲律宾、沙特阿拉伯、新加坡、泰国、意大利、加拿大以及澳大利亚的样本数据采用 Johansen 协整检验考察变量间是否具有协整关系，并通过 VEC 模型求解误差修正项系数。其次，通过建立 ARDL – ECM（自回归分布滞后—向量误差修正）模型引入 Pesaran 等（2001）提出的边界检验（Bound Tests）来考察其余 13 组变量间的长期协整关系以及误差修正项系数。① 最后，通过 VAR 模型（向量自回归模型）考察汇率水平冲击下贸易余额的变动过程。

表 7 – 1　贸易余额模型相关变量的平稳性检验结果

变量	$\ln Y_d$	$\ln B$	$\ln E$	$\ln V$	$\ln P_{fd}$	$\ln Y_f$
_ Hong Kong	—	I (1)	I (1)	I (0)	I (1)	I (1)
_ India		I (1)	I (1)	I (0)	I (1)	I (1)
_ Indonesia		I (0)	I (1)	I (0)	I (1)	I (1)
_ Japan		I (0)	I (0)	I (1)	I (1)	I (1)
_ Malaysia		I (1)	I (1)	I (1)	I (0)	I (0)
_ Philippines		I (1)	I (1)	I (1)	I (1)	I (1)
_ Saudi Arabia		I (1)	I (1)	I (0)	I (1)	I (1)
_ Singapore		I (0)	I (1)	I (0)	I (1)	I (1)
_ Korea		I (0)	I (1)	I (0)	I (1)	I (1)
_ Thailand		I (1)	I (1)	I (1)	I (1)	I (1)
_ Taiwan		I (0)	I (1)	I (0)	I (1)	I (1)
_ South Africa		I (1)	I (1)	I (0)	I (1)	I (1)
_ United Kingdom		I (1)	I (1)	I (0)	I (0)	I (1)
_ Germany		I (0)	I (1)	I (1)	I (1)	I (0)
_ France		I (0)	I (1)	I (1)	I (1)	I (1)
_ Italy		I (1)	I (1)	I (1)	I (1)	I (1)
_ Netherlands		I (0)	I (1)	I (1)	I (0)	I (1)
_ Russia Federation		I (1)	I (1)	I (1)	I (1)	I (1)
_ Brazil		I (0)	I (0)	I (0)	I (1)	I (0)

---

　　① ARDL – ECM 模型不必考虑变量的平稳性，然而在变量较多的情况下滞后阶数太长不仅易产生序列相关问题（王宇雯，2009），而且软件运行的效率较低，因此在 ARDL – ECM 模型分析中将月数据处理成季度数据。马君潞、王博等（2010）曾指出，月数据分析可以提高结论的可靠性和说服力。尤其是能够更精准地反映短期状况，因此尽量选择月数据进行分析。鉴于此，本书采用 VEC 模型分析上述 9 组月据。

续表

变量	$\ln Y_d$	$\ln B$	$\ln E$	$\ln V$	$\ln P_{fd}$	$\ln Y_f$
China	I(1)	—				
_ Canada		I(1)	I(1)	I(0)	I(1)	I(1)
_ United States		I(1)	I(0)	I(0)	I(1)	I(1)
_ Australia		I(1)	I(1)	I(0)	I(1)	I(1)

注：①由于所需要检验的序列数量较多，上表只汇报检验的最终结果。I(1)表示一阶单整、I(0)表示平稳序列。②单位根检验采用SIC准则选择最优滞后期，分别进行有常数项趋势项、有常数项形式以及既无常数项又无趋势项三种形式的检验，结论依据的是ADF值与5%的显著水平上临界值的比较。

第三节 同阶平稳序列的实证检验

同阶非平稳序列通常采用Johansen协整以及向量误差修正模型（VEC）的分析方法，然而我国与中国香港地区、印度、菲律宾、沙特阿拉伯、新加坡、泰国、意大利、加拿大以及澳大利亚的样本数据中汇率波动序列的单整性与其他变量不同，为此，本书借鉴马君潞和王博等（2010）的处理方法在VEC模型中添加汇率波动变量①。

无论是Johansen协整还是VEC模型，其均以构建VAR系统为分析基础。自Sim（1980）将VAR模型引入经济分析，经济系统的动态性分析得到广泛运用。为叙述方便，考虑不带外生变量的非限制向量自回归模型 $y_t = \varphi_1 y_{t-1} + \cdots + \varphi_p y_{t-p} + \mu_t$，简化写成 $\varphi(L) y_t = \mu_t$，式中，y_t 为 k 维内生变量列向量，$\varphi_1, \cdots, \varphi_p$ 为 $k \times k$ 阶系数矩阵，μ_t 为 k 维扰动列向量，相互间可同期相关，但不与自身滞后值以及等式右边变量相关，$\varphi(L) = I_k - \varphi_1 L - \cdots - \varphi_p L^p$。如果模型稳定，即对某一扰动项施加冲击，随时间推移，冲击会逐渐消失，那么VAR模型稳定性的条件是行列式 $\det[\varphi(L)]$ 的根的倒数都在单位圆以内。传统VAR模型要求每个变量都是平稳的，随着协整理论的发展，只要变量间存在协整关系，也可以直接建立VAR模型。假设 y_t 各分量都是 $I(1)$ 变量，上述等式两端减去 y_{t-1} 可以变形为 $\Delta y_t = \Pi y_{t-1} + \cdots + \sum_{i=1}^{p-1} \Gamma_i \Delta y_{t-i} + \mu_t$，其中 $\Pi = \sum_{i=1}^{p} \varphi_i - I$，$\Gamma_i = -\sum_{j=i+1}^{p} \varphi_j$。

---

① 马君潞，王博等. 人民币汇率变动对我国出口贸易结构的影响研究——基于SITC标准产业数据的实证分析 [J]. 国际金融研究，2010（12）：26.

只要 Πy_{t-1} 是 $I(0)$ 向量,即 y_{t-1} 各分量间具有协整关系则可保证 Δy_t 的平稳性。矩阵 Π 的秩 r 决定了 y_{t-1} 各分量间是否具有协整关系。将协整检验变成对矩阵 Π 的分析即是以 VAR 为基础的 Johansen 协整检验的基本原理(Johansen,1988;Juselius,1990)。由于各分量均为 $I(1)$ 变量,因此 r 必在 0 与 k 之间。令 $\Pi = \alpha\beta'$,α、β 均为 $k \times r$ 阶矩阵,且秩都为 r,则等式又可变形为 $\Delta y_t = \alpha\beta'y_{t-1} + \cdots + \sum_{i=1}^{p-1}\Gamma_i\Delta y_{t-i} + \mu_t$,$\beta'y_{t-1}$ 每一行都是 $I(0)$ 组合变量。因此,β 被称为协整向量矩阵,r 为协整向量个数,矩阵 α 的每一行是协整组合的权重,被称为调整参数。令 $ecm_{t-1} = \beta'y_{t-1}$,$\Delta y_t = \alpha ecm_{t-1} + \cdots + \sum_{i=1}^{p-1}\Gamma_i\Delta y_{t-i} + \mu_t$ 即演变成误差修正模型的基本形式。

本书基于构建的 VAR 模型进行 Johansen 协整检验和估计 VEC 模型。VAR 模型特征方程的特征根模均在单位圆以内,模型稳定。为保证统计上的可信度,依据 LR、FPE、AIC、SC、HQ 多种检验准则来确定 VAR 模型的滞后阶数,选用多数准则共同确定的阶数。表 7-2 给出了各组变量的协整检验结果,结果表明各组变量至少存在一个协整关系。

表 7-2 同阶平稳序列的协整检验结果①

国家(地区)	协整关系数	特征值	迹统计量	Prob.	协整关系数	最大特征根统计量	Prob.
Hong Kong	At most 1*	0.11	57.69	0.02	None*	74.51	0.00
	At most 2	0.07	32.65	0.09	At most 1	25.04	0.13
India	At most 2*	0.12	40.18	0.01	At most 2*	27.11	0.01
	At most 3	0.05	13.07	0.36	At most 3	12.12	0.18
Philippines	At most 3*	0.06	22.60	0.02	At most 1*	32.88	0.01
	At most 4	0.04	7.99	0.08	At most 2	21.73	0.06
Saudi Arabia	At most 2*	0.15	49.24	0.00	At most 2*	35.79	0.00
	At most 3	0.05	13.45	0.33	At most 3	11.83	0.20
Singapore	At most 3*	0.06	21.92	0.03	At most 2*	25.95	0.01
	At most 4	0.04	8.38	0.07	At most 3	13.53	0.11
Thailand	At most 2*	0.13	49.09	0.00	At most 2*	30.15	0.00
	At most 3	0.04	18.94	0.08	At most 3	10.06	0.33

① EVIEWS 给出了 5 种检验形式。根据赵华、潘长风(2004)研究成果,经济数据更多地呈现出第 2 类或第 4 类情形,通过比较计量结果,本书选择了第 2 种检验形式。具体参见赵华,潘长风. 在协整分析中如何处理截距和趋势[J]. 数量经济技术经济研究,2004(1):106-109。

续表

国家（地区）	协整关系数	特征值	迹统计量	Prob.	协整关系数	最大特征根统计量	Prob.
Italy	At most 1 *	0.11	58.69	0.02	None *	124.05	0.00
	At most 2	0.07	31.99	0.11	At most 1	26.70	0.09
Canada	At most 2 *	0.11	42.54	0.01	At most 2 *	26.04	0.01
	At most 3	0.05	16.50	0.15	At most 3	10.72	0.27
Australia	At most 1 *	0.10	57.31	0.03	None *	55.76	0.00
	At most 2	0.07	34.86	0.05	At most 1	22.45	0.25

鉴于本节的分析目的是为了考察贸易收支短期偏离向长期均衡的调整效应，因此这里不再重复分析变量间的长期关系。短期估计结果如表 7-3 所示。

表 7-3 同阶平稳序列的 VEC 模型估计结果

$\Delta \ln B$	水平变量			滞后变量			
	ecm_{t-1}	$\ln V$	D	$\Delta \ln E(-1)$	$\Delta \ln E(-2)$	$\Delta \ln E(-3)$	$\Delta \ln E(-4)$
Hong Kong	-0.08 (0.04)	0.00 (0.00)		3.57 (3.69)	3.30 (3.85)	-2.24 (3.87)	-3.61 (3.55)
	$R^2 = 0.34$ $\bar{R}^2 = 0.27$ $F = 4.79$ Log likelihood $= 327.00$						
	-0.14 (0.06)	0.00 (0.00)	0.02 (0.01)	5.53 (3.73)	4.48 (3.82)	-1.17 (3.85)	-1.8 (3.60)
	$R^2 = 0.36$ $\bar{R}^2 = 0.29$ $F = 4.93$ Log likelihood $= 330.09$						
India	-0.27 (0.04)	-0.07 (0.01)		-0.63 (0.92)	0.38 (0.99)	1.13 (0.97)	-2.06 (0.92)
	$R^2 = 0.37$ $\bar{R}^2 = 0.30$ $F = 5.42$ Log likelihood $= 228.80$						
	-0.30 (0.05)	-0.07 (0.01)	0.04 (0.01)	-0.49 (0.92)	0.47 (0.99)	1.22 (0.97)	-1.93 (0.91)
	$R^2 = 0.38$ $\bar{R}^2 = 0.31$ $F = 5.39$ Log likelihood $= 230.69$						
Philippines	-0.07 (0.02)	0.02 (0.00)		-0.95 (0.57)	-0.19 (0.57)		
	$R^2 = 0.34$ $\bar{R}^2 = 0.31$ $F = 9.87$ Log likelihood $= 275.56$						
	-0.10 (0.02)	0.07 (0.02)	-0.05 (0.02)	-0.76 (0.56)	-0.14 (0.56)		
	$R^2 = 0.36$ $\bar{R}^2 = 0.32$ $F = 9.64$ Log likelihood $= 278.20$						

续表

$\Delta\ln B$	水平变量			滞后变量			
	ecm_{t-1}	$\ln V$	D	$\Delta\ln E(-1)$	$\Delta\ln E(-2)$	$\Delta\ln E(-3)$	$\Delta\ln E(-4)$
Canada	-0.19 (0.05)	0.05 (0.04)		0.80 (0.79)	-0.30 (0.79)		
	$R^2=0.26$	$\bar{R}^2=0.22$		$F=6.17$	Log likelihood = 228.19		
	-0.39 (0.07)	0.09 (0.05)	0.08 (0.02)	0.62 (0.77)	-0.36 (0.77)		
	$R^2=0.32$	$\bar{R}^2=0.27$		$F=7.27$	Log likelihood = 236.10		
Australia	-0.24 (0.06)	0.09 (0.03)		-0.34 (0.35)	-0.06 (0.35)		
	$R^2=0.37$	$\bar{R}^2=0.33$		$F=10.95$	Log likelihood = 315.55		
	-0.27 (0.06)	0.09 (0.03)	0.02 (0.01)	-0.28 (0.35)	-0.01 (0.35)		
	$R^2=0.38$	$\bar{R}^2=0.34$		$F=10.39$	Log likelihood = 317.15		
Saudi Arabia	-0.41 (0.06)	-0.05 (0.01)		-0.22 (0.94)			
	$R^2=0.36$	$\bar{R}^2=0.34$		$F=20.00$	Log likelihood = 190.56		
	-0.48 (0.07)	-0.06 (0.01)	0.07 (0.02)	-0.16 (0.07)			
	$R^2=0.39$	$\bar{R}^2=0.37$		$F=19.20$	Log likelihood = 195.41		
Singapore	-0.11 (0.03)	-0.03 (0.01)		-1.04 (0.64)			
	$R^2=0.35$	$\bar{R}^2=0.33$		$F=19.32$	Log likelihood = 322.55		
	-0.21 (0.05)	-0.05 (0.01)	0.05 (0.01)	-1.09 (0.63)			
	$R^2=0.38$	$\bar{R}^2=0.36$		$F=18.48$	Log likelihood = 327.16		
Thailand	-0.41 (0.07)	0.07 (0.01)		0.44 (0.38)			
	$R^2=0.27$	$\bar{R}^2=0.25$		$F=12.96$	Log likelihood = 279.49		
	-0.41 (0.07)	0.07 (0.01)	0.00 (0.01)	0.43 (0.38)			
	$R^2=0.27$	$\bar{R}^2=0.24$		$F=11.08$	Log likelihood = 279.54		

第七章　国别视角下汇率行为与贸易余额关系的进一步分析

续表

ΔlnB	水平变量			滞后变量			
	ecm_{t-1}	lnV	D	$\Delta lnE(-1)$	$\Delta lnE(-2)$	$\Delta lnE(-3)$	$\Delta lnE(-4)$
Italy	-0.20 (0.06)	-0.23 (0.04)		0.00 (0.02)	-0.01 (0.02)		
	$R^2=0.29$	$\bar{R}^2=0.26$	$F=7.84$	Log likelihood = 287.45			
	-0.28 (0.07)	-0.22 (0.06)	-0.01 (0.01)	0.04 (0.02)	-0.02 (0.02)		
	$R^2=0.31$	$\bar{R}^2=0.27$	$F=7.70$	Log likelihood = 289.92			

注：①限于分析目的及篇幅，上表仅列出汇率水平滞后变量的参数估计结果。②虚拟变量 D 采用第二种设置方法。

表7-3所列的估计结果显示，相对估计值而言，误差修正项的标准差均偏小，说明估计值的显著性较高。所有的误差修正项系数均为负值，符合短期动态调整的反向拉动规律。加入虚拟变量前，从短期非均衡向长期均衡的调整速度最大为每期调整偏差的41%，最小为每期调整偏差的7%，由大到小依次为沙特阿拉伯、泰国、印度、加拿大、意大利、澳大利亚、新加坡、中国香港地区以及菲律宾。加入制度变量后，短期调整速度都有所加强，说明灵活的汇率制度下从非均衡走向均衡的时间有所缩短，均衡更容易实现。汇率波动的参数估计结果显示，汇率波动对贸易余额的短期影响总体仍然偏小。从估计结果的符号看，呈正向影响与呈负向影响的数量相当，没有表现出规律性，究其原因，与短期内贸易收支余额调整的时滞有关。汇率水平滞后变量对收支余额的短期影响方向和程度都是各不相同的，汇率水平对收支余额的作用过程需要通过脉冲响应图作进一步分析。

第四节　非同阶平稳序列的实证检验

由 Charemza 和 Deadman 提出的自回归分布滞后（Autoregressive Distributed Lag，ARDL）模型经 Pesaran 等（2001）发展与推广，成为非同阶平稳数据关系检验的常用方法。其主要思想是运用 Pesaran 边界检验法（Bound Testing）判断是否具有协整关系。与 Engle - Granger 两步法和 Johansen 协整检验方法相比，ARDL 方法最大的优点在于对变量关系的检验不依赖变量的平稳性状况，方法也更为稳健。

ARDL 模型的建立包括两部分，首选建立 ECM 模型（误差修正模型）通过 F

检验值判断变量之间是否具有协整关系，其次运用 ARDL 模型估计长期关系结果。根据模型 7-3 建立的 ARDL-ECM 如下所示：

$$\Delta \ln B_{it} = c' + \sum_{j=1}^{p_0} \kappa_{ij}^0 \Delta \ln B_{it-j} + \sum_{j=0}^{p_1} \kappa_{ij}^1 \Delta \ln E_{it-j} + \sum_{j=0}^{p_2} \kappa_{ij}^2 \Delta \ln P_{fdit-j} + \sum_{j=0}^{p_3} \kappa_{ij}^3 \Delta \ln Y_{fit-j} +$$

$$\sum_{j=0}^{p_4} \kappa_{ij}^4 \Delta \ln Y_{dt-j} + \sum_{j=0}^{p_5} \kappa_{ij}^5 \Delta \ln V_{it-j} + \lambda_i^0 \ln B_{it-1} + \lambda_i^1 \ln E_{it-1} + \lambda_i^2 \ln P_{fdit-1} + \lambda_i^3 \ln Y_{dt-1} +$$

$$\lambda_i^4 \ln Y_{fit-1} + \lambda_i^5 \ln V_{it-1} + \tau_{it} \qquad \text{模型 7-4}$$

式中，κ_{ij}^l（$l=0$，…，5）为短期关系系数；λ_i^{ll}（$ll=0$，…，5）为长期关系系数；p_{lll}（$lll=0$，…，5）为充分滞后的最大滞后阶数。

本书采用 microfit4.1 来估计 ARDL-ECM 模型，每一组样本需要估计的方程个数为 $(p_{lll}+1)^6$。最大滞后阶数太长不仅会引起序列相关问题，而且在模型变量较多的情况下，程序的运算速度急剧下降。因此，本书将 ARDL 可接受的最大的滞后阶数 lll 设置为 4②，为了同时兼顾变量的滞后效应，将月度数据全部处理为季度数据进行估计。ARDL 模型采用 λ_i^{ll} 联合显著的 F 统计量来判断变量之间是否存在长期稳定的关系，原假设 H_0：$\lambda_i^0 = \lambda_i^1 = \lambda_i^2 = \lambda_i^3 = \lambda_i^4 = \lambda_i^5$，临界值表由 Pesaran 等（2001）给出。各组样本的计算结果如表 7-4 所示，F 检验结果表明，除巴西的样本数据之外，其他各组样本的变量间均存协整关系。

表 7-4 非同阶平稳序列的联合显著性检验结果

样本 F值	Indonesia	Japan	Malaysia	Korea	Taiwan	France
F (6, 42)	3.18	2.89	9.55	3.44	4.79	4.77
Prob.	0.01	0.02	0.00	0.01	0.00	0.00

样本 F值	Germany	Brazil	Netherlands	Russia Federation	South Africa	United States	United Kingdom
F (6, 42)	3.61	1.29	6.64	6.30	4.35	4.91	2.33
Prob.	0.01	0.28	0.00	0.00	0.00	0.00	0.05

具备协整关系的变量可以估计 ARDL 模型和估计误差修正模型。鉴于分析目的，本书只针对误差修正模型进行分析，表 7-5 给出了误差修正模型的估计结果。

---

① 指数为滞后变量的个数，底数为滞后阶数的个数。
② 邹平认为将季度变量的最大滞后期设置为 4 较为合适，具体参见邹平. 金融计量学 [M]．上海：上海财经大学出版社，2005：146.

表 7-5 非同阶平稳序列的误差修正模型估计结果

$\Delta \ln B$	Indonesia		Japan	
	ARDL (1,0,1,0,0,0)	ARDL (1,0,1,0,0,0)	ARDL (1,0,1,0,1,4)	ARDL (1,0,1,0,1,4)
$ecm(-1)$	-0.74(0.11)***	-0.77(0.11)***	-0.53(0.11)***	-0.52(0.11)***
$\Delta \ln E$	0.17(0.15)	0.20(0.15)	0.02(0.12)	0.02(0.11)
$\Delta \ln V$	0.03(0.04)	0.03(0.04)	0.05(0.09)	0.05(0.09)
D		-0.04(0.02)		-0.01(0.01)
	$R^2=0.48$ $\bar{R}^2=0.43$	$R^2=0.51$ $\bar{R}^2=0.44$	$R^2=0.55$ $\bar{R}^2=0.46$	$R^2=0.55$ $\bar{R}^2=0.45$
	$F=9.57$***	$F=8.98$***	$F=7.85$***	$F=6.98$***
	Log likelihood=92.35	Log likelihood=94.76	Loglikelihood=159.69	Log likelihood=159.80

$\Delta \ln B$	Malaysia		Korea	
	ARDL (1,0,0,2,1,2)	ARDL (0,0,1,0,3,1)	ARDL (1,0,0,0,0,0)	ARDL (1,0,0,0,0,0)
$ecm(-1)$	-0.26(0.08)**	-0.26(0.08)**	-0.50(0.11)***	-0.52(0.10)***
$\Delta \ln E$	0.37(0.19)*	0.36(0.19)*	0.07(0.10)	0.14(0.11)
$\Delta \ln V$	-0.01(0.01)		0.01(0.03)	0.03(0.04)
D		0.01(0.02)		0.03(0.02)
	$R^2=0.27$ $\bar{R}^2=0.25$	$R^2=0.55$ $\bar{R}^2=0.46$	$R^2=0.34$ $\bar{R}^2=0.28$	$R^2=0.38$ $\bar{R}^2=0.31$
	$F=8.88$***	$F=8.88$***	$F=5.44$***	$F=5.39$***
	Log likelihood=131.40	Log likelihood=131.53	Loglikelihood=128.37	Log likelihood=131.39

$\Delta \ln B$	Taiwan		South Africa	
	ARDL (1,0,0,0,0,1)	ARDL (1,0,0,0,0,1)	ARDL (1,0,0,0,0,2)	ARDL (1,0,0,0,0,2)
$ecm(-1)$	-0.64(0.10)***	-0.68(0.10)***	-0.35(0.07)***	-0.36(0.07)***
$\Delta \ln E$	0.29(0.20)	0.14(0.21)	0.12(0.14)	0.03(0.17)
$\Delta \ln V$	0.16(0.05)***	0.15(0.05)**	-0.07(0.07)	-0.08(0.07)
D		-0.03(0.02)*		-0.05(0.05)
	$R^2=0.48$ $\bar{R}^2=0.42$	$R^2=0.50$ $\bar{R}^2=0.44$	$R^2=0.53$ $\bar{R}^2=0.46$	$R^2=0.54$ $\bar{R}^2=0.47$
	$F=9.33$***	$F=8.78$***	$F=9.48$***	$F=8.90$***
	Log likelihood=142.20	Log likelihood=146.17	Log likelihood=90.68	Log likelihood=93.01

$\Delta \ln B$	United Kingdom		Germany	
	ARDL (1,0,0,0,0,3)	ARDL (1,0,0,0,0,3)	ARDL (4,1,0,4,1,0)	ARDL (4,1,0,0,0,2)
$ecm(-1)$	-0.51(0.13)***	-0.54(0.12)***	-0.16(0.08)**	-0.18(0.09)**
$\Delta \ln E$	0.42(0.28)	0.77(0.35)**	-0.09(0.17)	-0.02(0.18)

续表

$\Delta \ln B$	Vnitde Kingdom		Germang	
	ARDL (1,0,0,0,0,3)	ARDL (1,0,0,0,0,3)	ARDL (4,1,0,4,1,0)	ARDL (4,1,0,0,0,2)
$\Delta \ln V$	-0.29(0.14)**	-0.42(0.16)**	0.49(0.15)***	0.34(0.15)***
D		0.07(0.05)		-0.04(0.03)
	$R^2=0.45$ $\bar{R}^2=0.37$ $F=6.07***$ Log likelihood =108.55	$R^2=0.47$ $\bar{R}^2=0.38$ $F=5.82***$ Log likelihood =111.86	$R^2=0.56$ $\bar{R}^2=0.43$ $F=5.60***$ Loglikelihood =134.26	$R^2=0.51$ $\bar{R}^2=0.40$ $F=5.31***$ Log likelihood =130.54

$\Delta \ln B$	_France		_Netherlands	
	ARDL (1,0,0,2,0,0)	ARDL (1,0,0,2,0,0)	ARDL (1,0,0,0,0,2)	ARDL (1,0,0,0,0,2)
$ecm(-1)$	-0.60(0.12)***	-0.63(0.12)***	-0.62(0.11)***	-0.63(0.11)***
$\Delta \ln E$	0.01(0.10)	0.07(0.11)	-0.21(0.19)	-0.25(0.19)
$\Delta \ln V$	-0.11(0.50)	-0.16(0.50)	0.39(0.19)**	0.44(0.20)**
D		-0.03(0.03)		-0.02(0.74)
	$R^2=0.40$ $\bar{R}^2=0.32$ $F=5.78***$ Log likelihood =79.60	$R^2=0.41$ $\bar{R}^2=0.32$ $F=5.25***$ Log likelihood =80.36	$R^2=0.43$ $\bar{R}^2=0.35$ $F=6.51***$ Log likelihood =92.85	$R^2=0.43$ $\bar{R}^2=0.35$ $F=5.72***$ Log likelihood =93.17

$\Delta \ln B$	_Russia Federation		_United States	
	ARDL (2,1,0,0,0,0)	ARDL (2,1,0,0,0,0)	ARDL (1,0,0,0,0,3)	ARDL (1,0,0,0,0,3)
$ecm(-1)$	-0.80(0.11)***	-0.81(0.10)***	-0.47(0.11)***	-0.50(0.10)***
$\Delta \ln E$	-0.84(0.42)**	-0.74(0.41)*	1.47(0.57)**	2.28(0.70)**
$\Delta \ln V$	-0.08(0.07)	-0.09(0.07)	0.02(0.01)	0.05(0.02)**
D		-0.04(0.03)		-0.03(0.02)*
	$R^2=0.70$ $\bar{R}^2=0.66$ $F=19.99***$ Log likelihood =71.19	$R^2=0.71$ $\bar{R}^2=0.66$ $F=18.08***$ Log likelihood =73.53	$R^2=0.75$ $\bar{R}^2=0.71$ $F=21.59***$ Loglikelihood =139.81	$R^2=0.76$ $\bar{R}^2=0.72$ $F=20.74***$ Log likelihood =144.38

注：①采用 SBC 准则的判断来确定滞后阶数。②上表仅列出汇率水平与汇率波动滞后变量的参数估计结果。

表 7-5 的结果显示，误差修正项的系数均在 5% 的显著性水平上显著，且均为负值，符合反向修正规律。式中，修正力度最大的是俄罗斯，误差修正项的估

第七章 国别视角下汇率行为与贸易余额关系的进一步分析

计系数达到-0.80,最小的是德国,仅为-0.16,说明每期最大调整偏差的80%,最小调整偏差的16%;其他修正力度由大到小依次为印度尼西亚、中国台湾地区、荷兰、法国、日本、英国、韩国、美国、南非以及马来西亚。以外生变量加入制度变量以后,调整系数的绝对值提高,说明灵活的汇率制度下,短期非均衡更容易达到长期均衡趋势,这个结论与VEC模型得到的结论相同。值得注意的是,ARDL-ECM的估计结果明显比VEC模型的估计结果偏大,这是由于前者采用的是季度数据,得到的是每个季度的调整比例;而后者采用的是月度数据,得到的是每个月的调整比例所致。汇率水平以及汇率波动对贸易收支余额仅存在短期的当期影响,估计结果多数不显著。从通过显著性检验的估计结果看,汇率行为对贸易收支余额的短期影响方向是不确定的,其原因可能与贸易合同的时滞性以及进出口商短期的反应速度有关。

第五节 汇率冲击与贸易余额变动轨迹

为了直观描述汇率水平冲击下贸易余额变动的动态过程,本书基于VAR模型做变量间的脉冲响应分析。上述VAR模型$\varphi(L)y_t=\mu_t$如果满足平稳性条件,则可以表示成无穷阶的向量移动平均形式$y_t=\Theta(L)\mu_t$,式中,$\Theta(L)=I_k+\Theta_1 L+\Theta_2 L^2+\cdots$且$\Theta(L)=\varphi(L)^{-1}$。$y_t$的第$i$个变量$y_{it}$可以表示为:$y_{it}=\sum_{j=1}^{k}\theta_{ij}^0\mu_{jt}+\theta_{ij}^1\mu_{jt-1}+\theta_{ij}^2\mu_{jt-2}+\cdots$,$k$是变量个数。一般地,由$y_j$的脉冲引起的$y_i$的响应函数为$\theta_{ij}^0$,$\theta_{ij}^1$,$\theta_{ij}^2$,$\cdots$,相应地,$y_i$的累计响应函数表示为$\sum_{q=0}^{\infty}\theta_{ij}^q$。$\Theta_q$的第$i$行第$j$列元素可表示为$\theta_{ij}^q=\partial y_{i,t+q}/\partial \mu_{jt}$,即$t$时期第$j$个变量增加一个单位扰动项后$y_{i,t+q}$的反应。

本书利用差分后的平稳数据建立VAR模型。VAR模型的动态分析一般采用依赖于Cholesky分解的正交脉冲响应函数,但Cholesky分解结果严格依赖模型中变量的次序,为此,本书采用Koop等(1996)提出的广义脉冲响应函数衡量汇率水平变动一个标准差大小的冲击对贸易收支余额变动的累积效应。其结果以图形直观地体现出来(见图7-1),其中横轴表示月数,纵轴表示变化率。

图7-1显示,在汇率水平一个标准差的冲击下,各双边贸易余额变动的累积效应是不一致的。在受到冲击后的24期内,我国与22位贸易伙伴的双边贸易余额变动轨迹可为六类:第一类,我国与印度、马来西亚、俄罗斯、巴西与美国的贸易余额累积变动呈现较典型的"J"型走势;第二类,我国与菲律宾、新加

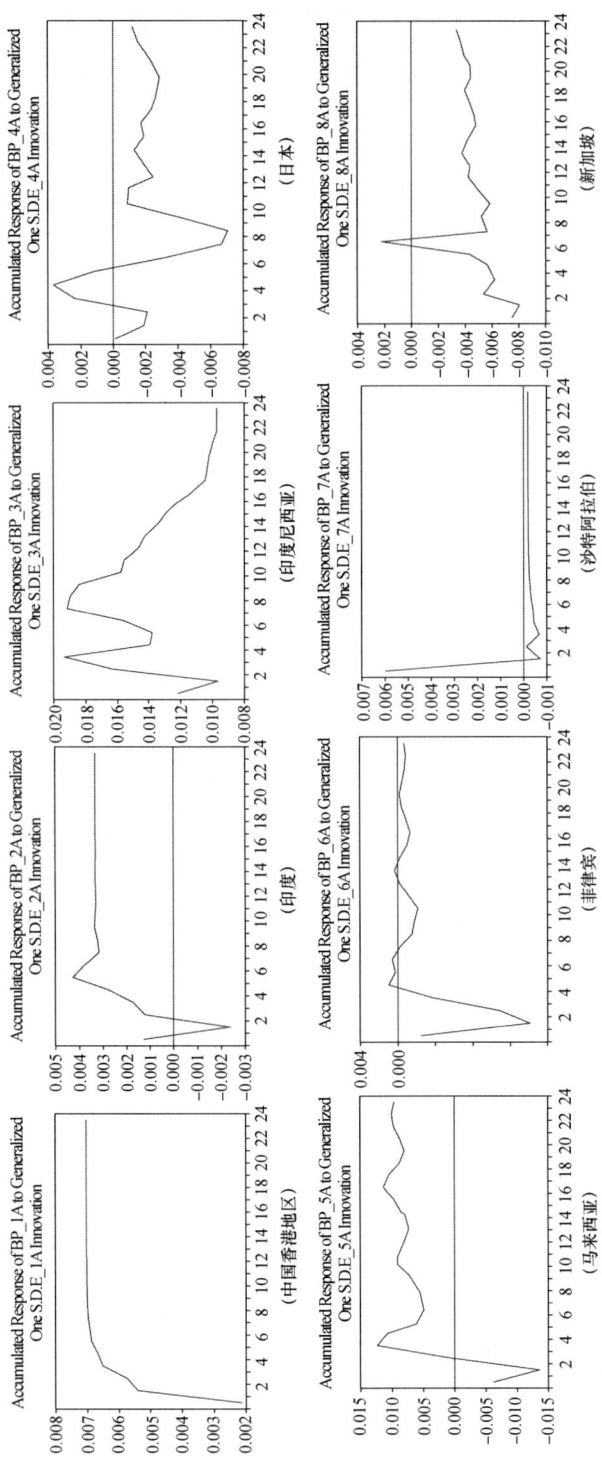

图7-1 汇率水平变动冲击下的贸易余额变动轨迹

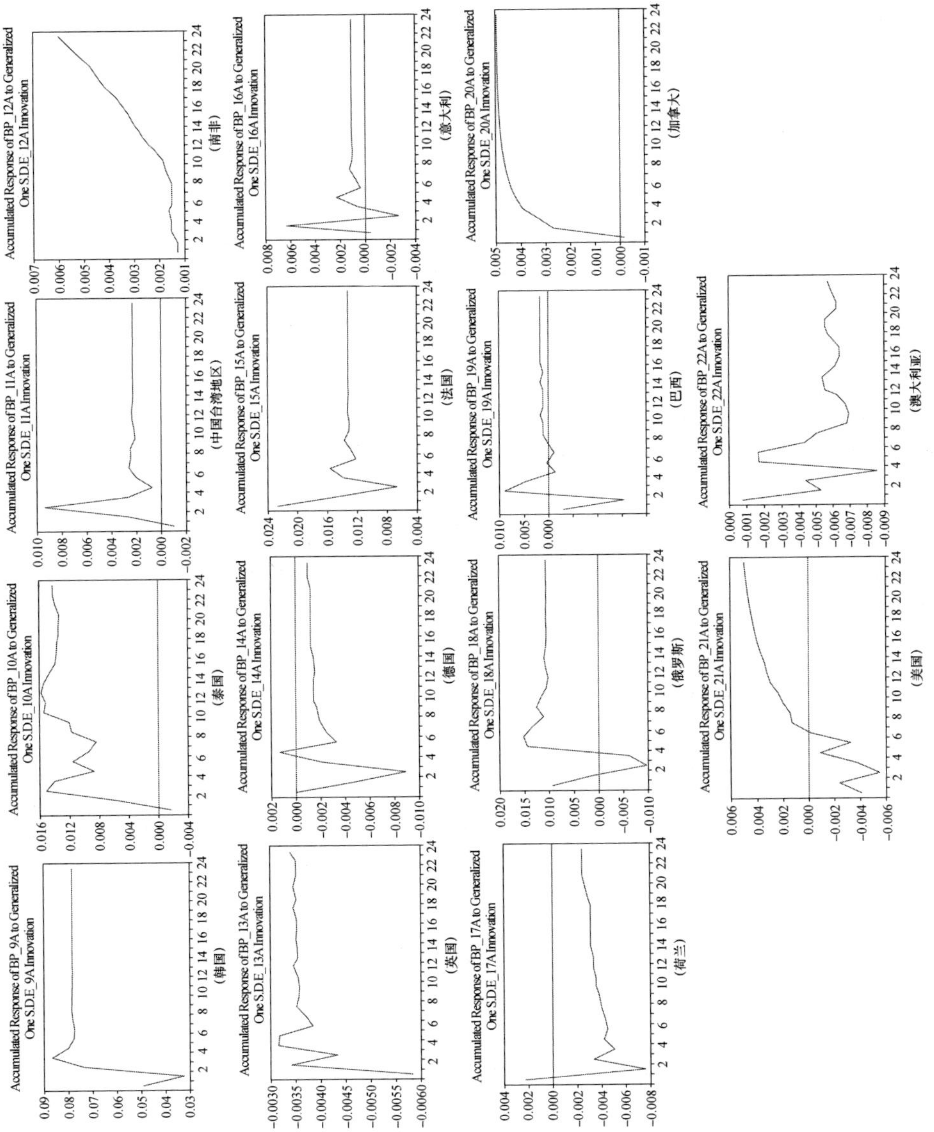

第七章 国别视角下汇率行为与贸易余额关系的进一步分析

图 7-1 汇率水平变动冲击下的贸易余额变动轨迹（续）

坡、日本、德国以及荷兰的贸易余额累积变动轨迹呈现"非典型"的"J"型走势，即24期内只有改善的趋势或者呈现"双J"走势；第三类，我国与中国香港地区、加拿大、泰国以及南非的贸易余额累积效应轨迹呈快速拉升后缓慢增长或高位震荡态势；第四类，我国与意大利、中国台湾地区的贸易余额累积变动轨迹为受到冲击后立即冲至最高点然后快速回落至低位稳定状态；第五类，我国与印度尼西亚、韩国、法国的贸易收支余额累积效应轨迹在0线以上呈"J"型或"双J"型走势；第六类，24期内我国与澳大利亚、英国的贸易余额变动均在0线以下，与沙特阿拉伯的贸易余额变动呈现高点迅速下降，然后在0线以下达到均衡的运动轨迹。总体分析后能够得到以下结论：一是受到一个标准差的汇率水平变动的冲击后，贸易收支余额变动呈立即拉升与立即恶化的国家数基本是相当的，其中，恶化期大多发生在前3个月以内，3个月之后出现改善趋势；二是受到冲击后的1年内，绝大多数双边贸易余额累积变动均在0线以上，贸易余额改善。

本章小结

本章通过 VEC 模型、ARDL – ECM 模型以及脉冲响应分析考察了贸易收支余额短期内偏离长期趋势的调整速度以及汇率水平冲击下贸易收支余额的变动过程，主要结论归纳如下：

首先，VEC 模型的月数据估计结果显示，从短期非均衡向长期均衡的调整速度最高为每期41%，最低为每期7%；ARDL – ECM 模型的季度数据估计结果显示，调整速度最高为每期80%，最低为每期16%，可以推断我国双边贸易收支短期偏离调整到长期趋势的时间大致在3~18个月[①]。加入制度变量后，短期调整速度都有所加强，说明灵活的汇率制度下从非均衡走向均衡的时间有所缩短，均衡更容易实现。

其次，汇率水平及汇率波动对贸易收支余额的短期影响方向是不确定的，其原因可能与贸易合同的时滞性以及进出口商短期的反应速度有关。

最后，在汇率水平一个标准差的冲击下，各双边贸易余额的累计效应是不一致的，但贸易收支余额立即拉升和立即恶化的国家数相当。其中，收支恶化基本发生在前3个月以内，3个月之后逐步改善。受到冲击后的1年内，绝大多数双边贸易余额累积变动都在0线以上，显示改善迹象。

---

① 参考了潘省初（2009）关于误差修正项的讨论。具体参见潘省初．计量经济学中级教程[M]．北京：清华大学出版社，2009：166．

第八章 汇率行为对贸易收支国别分布的影响

第一节 贸易收支国别分布的变动趋势

一、主要贸易伙伴市场份额的变动趋势

本书首先采用对各市场的进出口占总进出口的份额作为分析进出口国别分布的指标之一。图8-1和图8-2分别显示了我国出口目标市场分布和进口来源分布的变动趋势。从出口贸易额的国别分布来看,中国香港、日本和美国是我国主要的出口目的地,就2015年来看,对三地的出口占到我国总出口的38.9%。

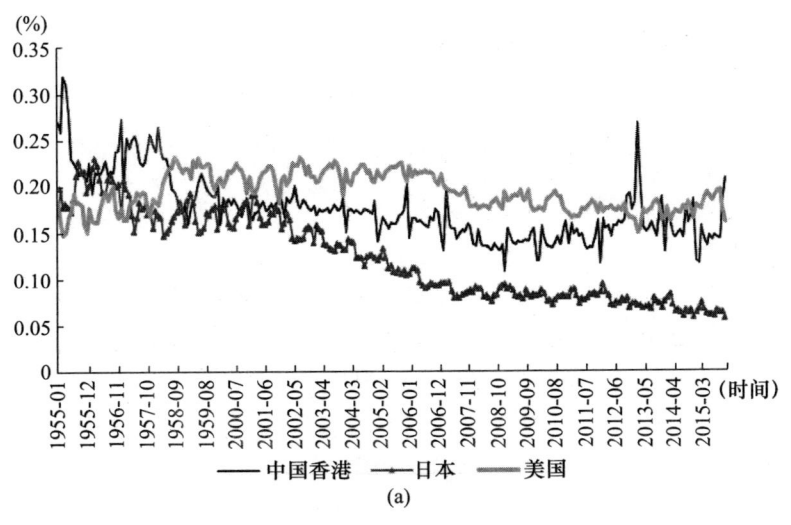

图 8-1 出口国别份额变动趋势

汇率制度、汇率行为与贸易收支调整

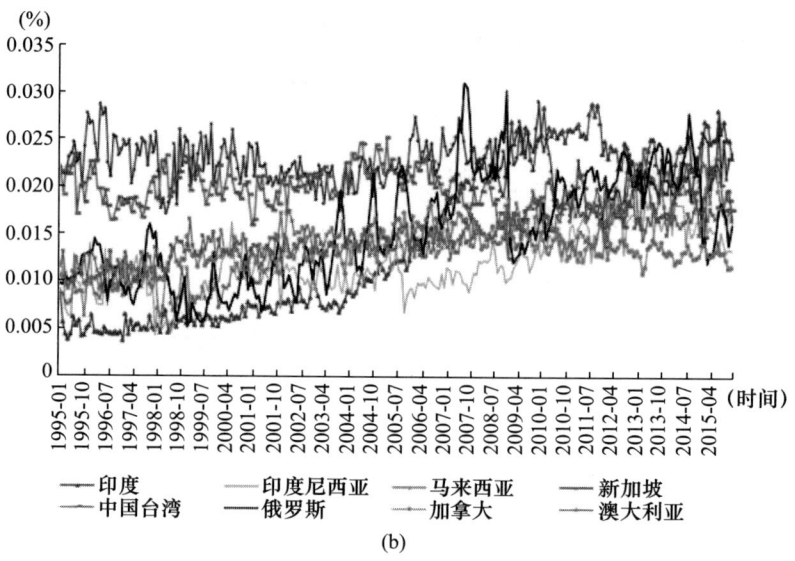

(b)

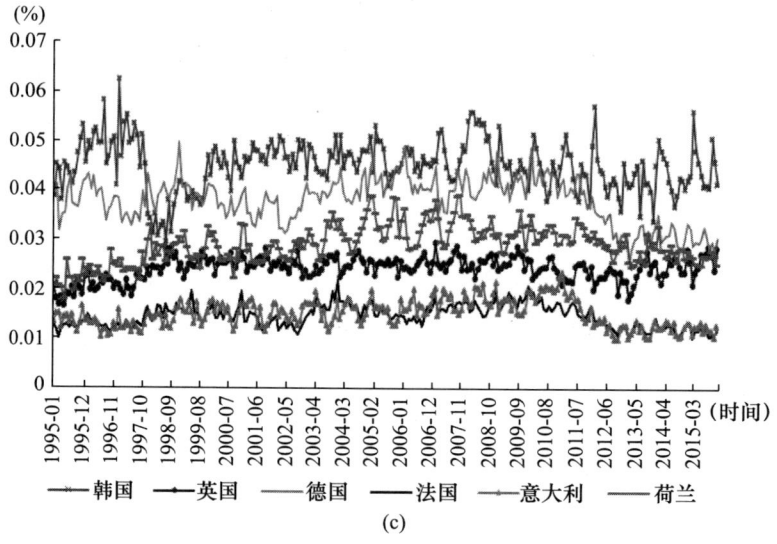

(c)

图 8-1 出口国别份额变动趋势（续）

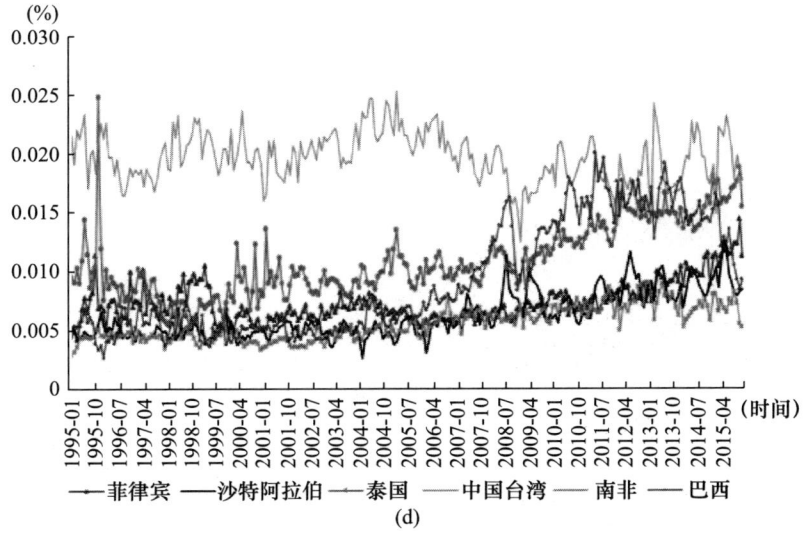

(d)

图8-1 出口国别份额变动趋势(续)

除此以外,欧盟也是我国主要的出口目的地,2015年对其中英国、德国、法国、意大利、荷兰五国的出口占到我国出口总额的10.67%。从发展趋势看,我国对主要的出口目的地的出口份额呈逐年下降的趋势,1995年、2000年以及2005年我国对中国香港地区、日本、美国以及欧盟的出口占总出口的比重分别是70.66%、67.45%和61.95%;反之,我国对印度、马来西亚、巴西等国的出口比重呈不断上升的态势,2015年我国对三地的出口份额分别比1995年增加392.23%、128.31%以及139.09%。

与出口贸易额的国别分布比较,进口贸易额的国别分布较为分散。日本、韩国、中国台湾地区以及加拿大是我国主要的进口来源地,1995年从四地的进口额占到进口总额的53.38%。2000年、2005年以及2015年,上述四地依然是我国的主要进口来源地,但是从四地的进口份额分别为50.09%、45.59%和36.47%,呈逐步下降的态势,其中从日本进口的比重下滑最为迅速,其比重由1995年的22.00%下滑到2015年的8.53%。我国对菲律宾、沙特阿拉伯、南非、俄罗斯、印度以及美国等进口份额呈上升趋势,将2015年与1995年相比,我国对上述六地的进口份额分别增长了437.69%、343.41%、282.39%、185.13%、160.94%以及126.71%。

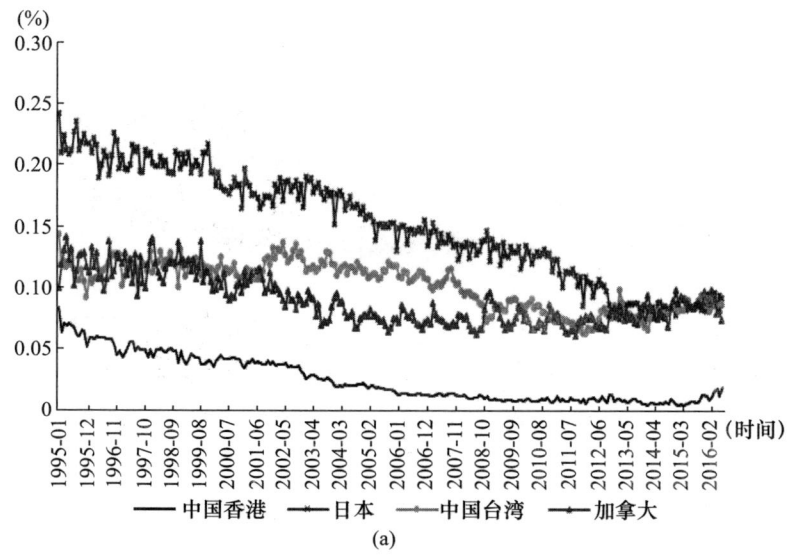

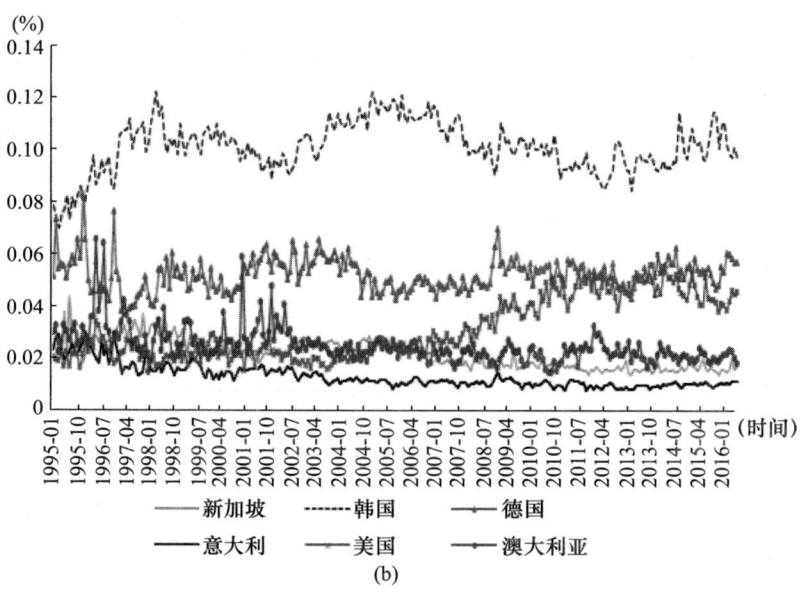

图8-2　进口国别份额变动趋势

第八章 汇率行为对贸易收支国别分布的影响

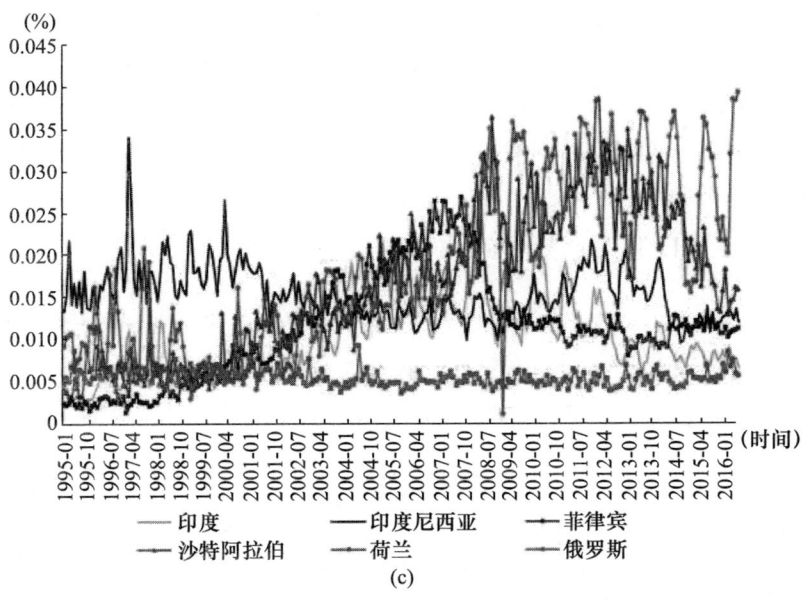

(c)

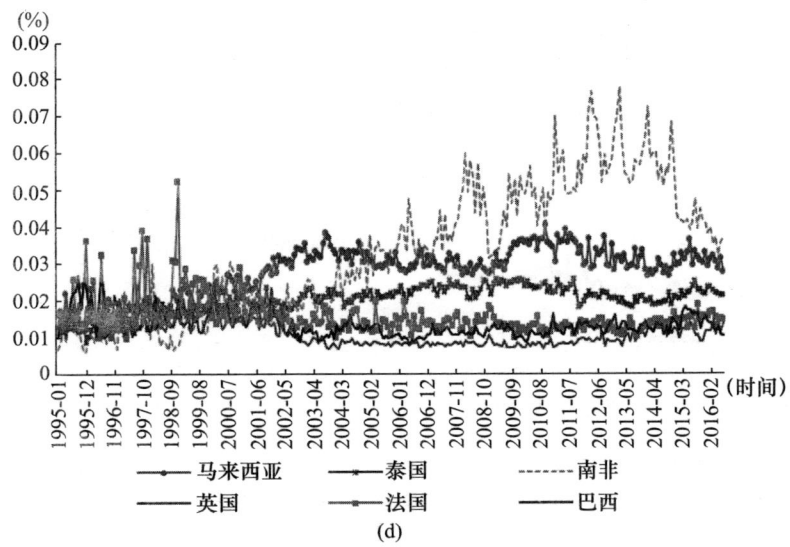

(d)

图 8-2 进口国别份额变动趋势（续）

二、主要贸易伙伴市场分散度的变动趋势

前文图 6-2~图 6-4 直观显示了双边贸易收支及收支差额的变动趋势，图 8-1、图 8-2 显示了我国主要进出口国别份额的变动趋势，但仍无法直接观测

· 137 ·

贸易收支在国家（地区）间分布趋势的总体情况。贸易收支地区分布越均衡，进出口贸易市场风险越小，发生国际摩擦以及受制于人的概率越小。我们采用进口市场分散度和出口市场分散度来衡量贸易收支在国家（地区）间分配的均衡程度，进出口市场分散度采用赫芬达尔—赫尔希曼指数（Herfindahl - Hirschman Index）的倒数来衡量。

赫芬达尔—赫尔希曼指数 HHI 可以表示为：$HHI = \sum_{i=1}^{n}(x_i/\sum_{i=1}^{n}x_i)^2$，式中，$i = 1, \cdots, n$，$x_i$ 为对第 i 个市场出口额或进口额，$i = 1, \cdots, n$，分散度指数相应地表示为：$DIS^{ex}(DIS^{im}) = 1/\sum_{i=1}^{n}(x_i/\sum_{i=1}^{n}x_i)^2$，其中 DIS^{ex}、DIS^{im} 分别为出口市场分散度和进口市场分散度。

图 8-3 描述了我国出口市场分散度与进口市场分散度的变动情况。由图可知，样本期内我国进口市场分散程度要高于出口市场分散程度，无论是进口市场分散度还是出口市场分散度其总体走势都呈不断递增的趋势。但自 2010 年初起，进口、出口市场分散度走势发生分化，进口市场分散度仍然保持增加态势，而出口市场分散度则呈现下降迹象，说明我国进口贸易地理方向越来越多元化，而出口贸易地理方向出现了集中趋势。然而 2012 年下半年以来，进口市场分散度也出现微降趋势，出口分散度则保持相对平稳的状态。

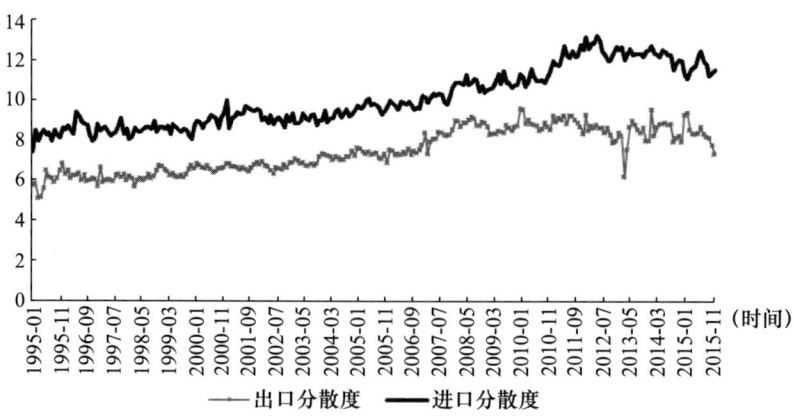

图 8-3 我国进出口贸易市场分散度的变动趋势

第八章　汇率行为对贸易收支国别分布的影响

第二节　汇率行为与贸易收支国别分布的理论联系

以典型出口商为例，基于第二章理论部分的分析，推导出：

$$V_i = p_{hi}^* Q_i = \frac{\overline{S_i} p_{hi}^* (1 - 1/\eta_i) - MC}{b p_{hi}^{*} \sigma_i^2 (1 - 1/\eta_i)} 成立。$$

根据上式不难得到目标市场 i 的出口额占该厂商总出口的比重为：

$$\frac{V_i}{\sum_{i=1}^{n} V_i} = \frac{[\overline{S_i} p_{hi}^* (1 - 1/\eta_i) - MC] \cdot \sum_{i=1}^{n} P_{hi}^* \sigma_i^2 (1 - 1/\eta_i)}{P_{hi}^* \sigma_i^2 (1 - 1/\eta_i) \cdot \sum_{i=1}^{n} [\overline{S_i} p_{hi}^* (1 - 1/\eta_i) - MC]} \quad (8-1)$$

暂不考虑 $\sigma_i^2 (i=1,\cdots,n)$ 的变动。令 $\kappa_i = 1 - 1/\eta_i$ 及 $\tau_i = \sigma_i^2 (1 - 1/\eta_i)$，整理得：

$$\frac{V_i}{\sum_{i=1}^{n} V_i} = \frac{(\overline{S_i} p_{hi}^* \kappa_i - MC) \cdot (P_{h1}^* \tau_1 + \cdots + P_{hi}^* \tau_i + \cdots + P_{hn}^* \tau_n)}{P_{hi}^* \tau_i \cdot (\overline{S_1} p_{h1}^* \kappa_1 + \cdots + \overline{S_i} p_{hi}^* \kappa_i + \cdots + \overline{S_n} p_{hn}^* \kappa_n - MC)} \quad (8-2)$$

进一步变形为：$\dfrac{V_i}{\sum_{i=1}^{n} V_i} = \left(1 + \dfrac{P_{h1}^* \tau_1 + \cdots + P_{hi-1}^* \tau_{i-1} \cdots P_{hi+1}^* \tau_{i+1} \cdots + P_{hn}^* \tau_n}{P_{hi}^* \tau_i}\right)$

$$\frac{1}{1 + \dfrac{\overline{S_1} p_{h1}^* \kappa_1 + \cdots + \overline{S_{i-1}} p_{hi-1}^* \kappa_{i-1} + \cdots + \overline{S_{i+1}} p_{hi+1}^* \kappa_{i+1} + \overline{S_n} p_{hn}^* \kappa_n}{\overline{S_i} p_{hi}^* \kappa_i - MC}} \quad (8-3)$$

根据 Marazzi 等 (2005)、陈学彬和李世刚等 (2007) 国内外学者的经典推导得到的结论，最优外币价格与直接标价法的汇率水平负相关，即 $\overline{S_i}$ 增加则 p_{hi}^* 下降，如果 $\overline{S_i}$ 增加 p_{hi}^* 下降且 $\overline{S_i} p_{hi}^*$ 增加，$\dfrac{V_i}{\sum_{i=1}^{n} V_i}$ 显然减小；如果 $\overline{S_i}$ 增加 p_{hi}^* 下降但 $\overline{S_i} p_{hi}^*$ 减少，则 $\dfrac{V_i}{\sum_{i=1}^{n} V_i}$ 的变动方向无法确定。

如果令 $\upsilon_i = P_{hi}^* (1 - 1/\eta_i)$ 及 $\vartheta_i = \overline{S_i} p_{hi}^* (1 - 1/\eta_i)$，暂不考虑 $\overline{S_i}$ 和 P_{hi}^* ($i = 1, \cdots, n$) 的变动。则式 (8-1) 变形为：

$$\frac{V_i}{\sum_{i=1}^{n} V_i} = \frac{\vartheta_i - MC}{\vartheta_1 + \cdots + \vartheta_i + \cdots + \vartheta_n - MC} \cdot \left(1 + \frac{\sigma_1^2 v_1 + \cdots + \sigma_{i+1}^2 v_{i+1} + \cdots + \sigma_n^2 v_n}{\sigma_i^2 v_i}\right)$$

(8-4)

式（8-4）表明，σ_i^2 增加 $\frac{V_i}{\sum_{i=1}^{n} V_i}$ 将减小。

上述理论分析显示，汇率变动不一定导致贸易市场分布的变动，其结果受汇率变动幅度以及汇率传递程度的影响，还取决于出口价格弹性的反应。然而，不同的市场上竞争状况不同，产品种类不同，无论是汇率传递程度还是价格需求弹性都存在区别，因而汇率水平对出口份额的影响具有市场差异性。汇率变动之后，一国对那些贸易额减少幅度小或者增加幅度大的贸易对象的出口份额将增加，反之出口份额减少，从而导致该国出口市场分布调整。此外，在风险厌恶的一般假设下，汇率风险增加将导致抑制出口，也将引起贸易市场分布的调整。但前文文献综述部分曾提到，虽然汇率风险不利于贸易发展的观点得到了普遍的支持，但也有不少学者对此提出反对意见，认为风险偏好者的存在、额外的获利机会、对冲工具的广泛运用等足以弥补风险带来的弊端。本书认为，汇率风险与市场分布的关系应该基于特定样本下实证检验的结果来做出判定。

第三节 汇率行为与贸易收支国别市场分散度的关系检验

肖文和潘家栋（2016）检验了人民币汇率变动对我国出口贸易市场分布的影响，结果显示，人民币双边汇率与我国向发达国家出口的份额呈负向相关，与我国向发展中国家的出口份额呈正相关关系。人民币升值后，我国向发达国家的出口份额减少，向发展中国家的出口份额增加。在此，本书不再检验人民币汇率行为与国别进出口份额的影响，转而检验汇率行为在进出口市场多元化过程中所扮演的角色。

一、检验方法与数据

进出口市场分散度是指进出口市场的分散程度，可以用来衡量一国进出口市场的多元化程度。20世纪90年代初，我国正式提出了市场多元化战略来减少对欧美等发达国家市场的过度依赖，突破西方的经济制裁，降低政治风险。Adams

和 Behrman（1982）认为，无论是商品的集中度过高还是市场的集中度过高都可能会导致出口贸易的不稳定。这个原因也已经成为推行贸易多元化政策的重要依据之一。国内学者陈泽星（2004、2006）在编制的《中国贸易业绩指数》中将市场分散度作为贸易业绩的重要指标之一。一些学者通过实证方法验证了市场集中度过高不利于对外贸易的稳定性以及市场的多元化能够促进经济增长的结论（许统生和张小伟等，2008；杨长湧，2010）。因此，无论是出口目的市场还是进口来源市场，其越分散，对外联系越广泛，进出口风险越小，发生国际摩擦概率越小，对对外经济发展越有利。

本节基于样本数据来检验汇率行为对市场分散度有怎样的影响，人民币汇率升值、波动提高是促进了还是抑制了进出口市场的多元化发展。由于有关汇率变动与市场分散度的关系没有相对成熟的研究经验可以借鉴，故本书建立如下对数形式模型来辅助分析：

$$\ln DIS_t^{ex} = c^6 + v_t^1 \ln NEER_t^{ex} + v_t^2 \ln V_t^{ex} + \zeta_t^{ex} \qquad 模型 8-1$$

$$\ln DIS_t^{im} = c^7 + o_t^1 \ln NEER_t^{im} + o_t^2 \ln V_t^{im} + \zeta_t^{im} \qquad 模型 8-2$$

在模型 8-1 以及模型 8-2 的基础上再添加制度虚拟变量，考察汇率制度转换对进出口市场分散度的影响。实证中所使用的数据来源及处理方法与前文相同。

二、检验过程与结果

实证检验之前需要对数据进行平稳性检验，依据数据类型选择合适的计量方法。表 8-1 汇报了变量平稳性检验结果，可见除有效汇率波动序列为平稳序列之外，其余均为一阶平稳序列。

表 8-1 贸易市场分散度模型相关变量的 ADF 检验结果

序列	差分次数	检验类型	DW 值	ADF 值	1%临界值	5%临界值	结论
$\ln DIS^{ex}$	0	(C,0,3)	1.99	-2.03	-3.46	-2.87	不平稳
	1	(C,0,2)	1.99	-12.62	-3.55	-2.91	平稳
$\ln DIS^{im}$	0	(C,T,3)	2.02	-2.81	-4.00	-3.43	不平稳
	1	(C,T,2)	2.04	-13.23	-4.00	-3.43	平稳
$\ln NEER^{ex}$	0	(C,T,1)	1.95	-1.72	-4.00	-3.43	不平稳
	1	(C,T,0)	1.94	-10.48	-4.00	-3.43	平稳
$\ln NEER^{im}$	0	(C,0,1)	1.96	-1.62	-3.46	-2.87	不平稳
	1	(C,0,0)	1.95	-11.02	-3.46	-2.87	平稳
$\ln V^{ex}$	0	(C,T,0)	2.01	-9.39	-4.00	-3.43	平稳
$\ln V^{im}$	0	(C,T,0)	2.06	-4.87	-4.00	-3.43	平稳

将两组变量 $\ln DIS^{ex}$、$\ln NEER^{ex}$、$\ln V^{ex}$ 以及 $\ln DIS^{im}$、$\ln NEER^{im}$、$\ln V^{im}$ 分别采用 ARDL - ECM 模型进行协整检验。将可接受的最大滞后阶数设置为 12。ARDL 模型系数联合显著的 F 统计量计算结果分别为 3.71 和 4.28，在 5% 的显著性水平下显著，表明变量间存在协整关系。以 SBC 准则的判断来确定滞后阶数，通过 ARDL - ECM 模型求解的变量间的长期关系如下①：

$$\ln DIS^{ex} = -0.004\ln NEER^{ex} - 0.36\ln V^{ex} + 1.44$$
$$\text{ARDL}(4,0,0) \quad (0.02) \quad (1.46)(2.77)$$
$$\ln DIS^{im} = 0.001\ln NEER^{im} - 1.63\ln V^{im} + 1.51$$
$$\text{ARDL}(4,0,0) \quad (0.02) \quad (5.57)(3.78)$$

再以外生变量的形式加入第二种设置方式下的虚拟变量，得到变量间的长期关系如下所示：

$$\ln DIS^{ex} = -0.005\ln NEER^{ex} - 0.49\ln V^{ex} - 0.43D + 1.63$$
$$\text{ARDL}(4,0,0) \quad (0.03) \quad (2.11) \quad (0.30)(3.97)$$
$$\ln DIS^{im} = 0.002\ln NEER^{im} - 0.98\ln V^{im} + 0.04D + 1.07$$
$$\text{ARDL}(4,0,0) \quad (0.01) \quad (2.97) \quad (0.17)(2.07)$$

从参数估计结果不难看出，有效汇率（间接标价）变动对进出口市场分散度的影响是不一致的，结果表明人民币有效汇率升值促进了进口市场多元化程度的提高，而抑制了出口市场多元化趋势，反之亦然。一般来说，在贸易权重相对稳定的情况下，有效汇率升值可能是本币对少数货币升值或者是对多数货币升值。在双边汇率变动不均衡的情况下，部分出口商品将会流向那些价格压力较低的国家（地区），以维持竞争优势。基于这点考虑，前一种升值方式将有利于出口市场的多元化，而后一种升值方式则使出口市场趋向集中，而人民币的升值规律显然属于后者。但也要看我国主要的出口地区以及我国主要的出口增长地区都不是人民币对其货币升值幅度最小的地区，因此结合偏小的参数估计结果不难推断，汇率升贬值不是影响出口市场分散度的主要因素。有效汇率升值对进口市场分散度是促进的，其原因可能是一些国家的产品原本在我国市场上不具有竞争实力（例如互补性弱或者与其他进口品相比不具备价格上的优势），在人民币相对该国货币大幅升值以后也具备了一定的价格优势，从而产生贸易创造和贸易转移效应。

同等的变动幅度下，有效汇率波动对市场分散度影响要大于汇率水平的影响。估计结果显示，汇率波动提高对进出口国别分散度均产生负向影响。反映了双边汇率波动幅度存在差异时，厂商将在贸易伙伴中寻求少数相对稳定的合作对

---

① 变量的长期关系通过 ARDL 模型两端求期望得到，因此计算的标准差往往偏大。

象。我国央行历来主要控制人民币与美元、日元、港元波动幅度（欧元流通以后也严控与欧元的波动幅度），而与其他货币的波幅则相对宽松许多。本轮汇率制度改革以后，虽然扩大了人民币对美元、港元、日元以及欧元的波幅，但对于其他货币限制更宽或无限制。 从这个意义上也能解释美国、日本、中国香港地区是我国主要贸易伙伴的原因。

从虚拟变量的估计系数看，在相对灵活的汇率制度时期出口市场分散度比相对稳定的汇率制度时期的出口市场分散度要低；但相对灵活的汇率制度时期的进口市场分散度是有小幅增加的，而且波动变量的解释力降低，究其原因可能与2010年以后进出口分散度走势的反转有关。2010年以后，我国三大主要出口地区中只有对日本的出口占比维持持续的下跌趋势，对中国香港地区的出口占比反而增加，而我国三大主要进口地区中，日本和中国台湾地区的占比均呈现不断的下跌趋势。

三、主要结论

通过上述实证检验以及对结果的分析，本书将汇率行为与进出口国别分散度的关系总结如下：

第一，有效汇率水平变动对进出口市场分散度影响方向不同，有效汇率升值促进进口市场分散度的提高，而使出口市场更为集中。从估计值看，有效汇率水平对进出口市场分散度的影响十分有限。

第二，有效汇率波动与进出口市场分散度均呈负向关系，即有效汇率波动提高，进出口分散度降低。我国相关数据支持有效汇率波动增加，双边汇率波动幅度存在差异时厂商将在贸易伙伴中寻求少数相对稳定的合作对象的解释。同等变动幅度下，有效汇率波动对进出口市场分布的影响程度远远超过有效汇率水平的影响程度，可见虽然汇率波动对贸易收支的影响程度不大，但对贸易渠道的选择影响较大。

第三，灵活的汇率制度下进口市场分散度得到促进而出口市场分散度则是降低的。

---

① 参见历年 IMF 出版的 *Annual Report on Exchange Arrangemens and Exchange Restrictions* 中对中国汇率制度的描述与分析。

本章小结

本章分三个部分分析了汇率行为的贸易收支效应。首先，本章描述了进出口贸易市场份额的变动特征以及市场分散度的走势。其次，基于前文理论基础推导了汇率行为与贸易收支市场分布的理论联系。最后，实证检验了汇率行为与进出口市场分散度的关系。通过上述分析，本章得到主要的结论如下：

第一，从出口贸易额的市场分布来看，中国香港地区、日本、美国以及欧盟是我国主要的出口目的地；从发展趋势看，我国主要的出口目的地中国香港、日本、美国以及欧盟四国及地区的出口份额呈逐年下降的趋势；反之我国对印度、马来西亚、巴西等国的出口比重呈不断上升的态势。比较来看，进口贸易额的市场分布较为分散。日本、韩国、中国台湾地区以及加拿大是我国主要的进口来源地，但是从四地的进口份额分别为呈逐步下降的态势，其中从日本进口的比重下滑最为迅速；反之，我国对菲律宾、沙特阿拉伯、南非、俄罗斯、印度以及美国等进口份额呈上升趋势。

第二，从进出口市场分散度的变动趋势看，我国进口市场分散程度总体高于出口市场分散程度。无论是进口市场分散度还是出口市场分散度，其总体走势都呈不断递增的趋势，但近年来，进口市场分散度仍然保持上扬态势，而出口市场分散度则呈现下降迹象，说明进口贸易地理方向越来越多元化，而出口贸易地理方向出现了集中趋势。

第三，以出口为例的理论模型分析表明，汇率平价的贸易市场分布效应受汇率变动幅度、汇率传递程度以及出口价格弹性反应的影响。双边汇率变动幅度不一，汇率传导程度差异以及出口价格弹性的区别等导致对那些增加幅度大或减少幅度小的地区的出口份额上升；反之则下降，从而出口市场分布调整。在汇率风险工具广泛运用的情况下，汇率风险对市场份额的影响存在不确定性，需要通过特定的样本数据检验后方能得出结论。

第四，与有效汇率波动对进出口市场分散度的影响相比，有效汇率水平的影响较低，有效汇率行为对进出口市场分散度的影响主要在于有效汇率波动的影响。有效汇率波动与进出口市场分散度均呈负向关系，波动提高进出口市场分散度下降。说明虽然汇率波动对贸易收支的影响不大，但对贸易渠道的选择影响较大。

第九章 一篮子货币汇率制度、汇率调节与贸易收支均衡

第一节 一篮子货币汇率制度介绍

一篮子货币（Basket of Currencies）是指由多种货币按一定的权重所构成的一组货币。钉住或参考一篮子货币汇率即某货币相对于货币组合的加权平均汇率保持不变或者将篮子里货币的加权平均汇率作为参考，在设定的浮动范围内浮动。钉住一篮子货币产生于20世纪70年代，布雷顿森林体系之后，世界货币体系迈入了牙买加体系时代，《牙买加协议》正式确立了浮动汇率制的合法化，承认固定汇率制与浮动汇率制并存的局面，成员国可自由选择汇率制度。美国等工业化国家先后采取了单独浮动或联合浮动的汇率制度。在一个主要货币都采取自由浮动的时代，钉住任何货币都不能真正实现汇率的稳定。为了在浮动汇率时代寻求汇率稳定，钉住一篮子货币的汇率制度顺势而出。

2005年的人民币汇率制度改革，采取了"以市场供求为基础的、参考一篮子货币进行调节、有管理的浮动汇率制度"。张斌（2003）、余永定（2005）以及威廉姆森（2006）等均对人民币汇率的篮子制度持肯定态度，认为篮子里面的货币升值和贬值可以相互抵消，避免有效汇率大幅波动；而且能够更全面地反映中国的贸易状况，且能够避免单一钉住美元带来的种种负面影响。陈建梁和梁志诚（2005）还以钉住一篮子货币为例，对钉住美元和钉住一篮子货币下的汇率波动性进行比较后发现，我国13个主要的贸易国货币中除美元、港元、林吉特外，其余货币兑人民币的双边汇率波动性均大幅度减小，认为钉住一篮子货币比钉住美元更利于多边贸易与投资的发展。

本节将分别从货币篮子的定义方法以及钉住一篮子货币制度下汇率的变动来

阐述和分析一篮子货币汇率制度的内涵与特点。

一、货币篮子的定义方法

一篮子货币汇率常见的主要有两种定义方法：一种是有效汇率指数的定义方法（王君萍和王慧，2009；陆前进，2010）；另一种是特别提款权的定义方法（小川英治和姚枝仲，2004；卜亚，2006；谢科进和费新，2006）。

（一）基于有效汇率的定义方法

有效汇率是反映宏观经济运行和对外经济往来的重要的指标。采用一篮子双边汇率的加权平均值来表示。通常采用几何加权方式来定义有效汇率①：

$$NEER = \prod_{i=1}^{n}(E_i)^{w_i} \text{ 且 } \sum_{i=1}^{n} w_i = 1 \tag{9-1}$$

式中，$NEER_i$ 为名义有效汇率；E_i 为 i 国货币兑本币的汇率（直接标价，每一单位外国货币折合多少本币）；w_i 为 i 国货币的权重。式（9-1）两端同时取自然对数，变形为：

$$\ln NEER = \sum_{i=1}^{n} w_i \ln E_i \tag{9-2}$$

假设权重不随时间变动，式（9-2）两端同时对时间 t 求导得：

$$d\ln NEER/dt = \sum_{i=1}^{n}(w_{it} d\ln E_i/dt) \tag{9-3}$$

令某参照国货币为1，例如参照国货币兑本国货币汇率为 E_1，参照国货币兑其他国家货币为 E'_i（每一单位参照国货币折合多少其他国家货币），根据套算汇率的计算方法有：$E_i = E_1/E'_i$。两端取自然对数并且对时间求导得：

$$d\ln E_i/dt = d\ln E_1/dt - d\ln E'_i/dt \tag{9-4}$$

将式（9-4）代入式（9-3）得：

$$d\ln NEER/dt = \sum_{i=1}^{n}(w_{it} d\ln E_1/dt - w_{it} d\ln E'_i/dt)$$

$$= d\ln E_1/dt - \sum_{i=w}^{n}(w_{it} d\ln E'_i/dt) \tag{9-5}$$

如果再令 $\dot{E_i}$ 为 E_i 对时间的变动率，$\dot{E_i}'$ 为 E_i' 对时间的变动率，$\dot{NEER}$ 表示 $NEER$ 对时间的变动率，且有 $E_1' = 1$，则式（9-5）可以写成：

$$\dot{NEER} = \dot{E_1} - \sum_{i=2}^{n} w_i \dot{E_i}' \tag{9-6}$$

---

① 有效汇率的计算可以采用算术平均计算方法或者几何平均的计算方法，根据运用意图而定。例如，IMF、国际清算银行均采用几何加权平均计算各国货币的有效汇率。有效汇率的计算一般采用本币的间接标价，为了上下文符号的统一，本章采用了直接标价法，有效汇率上升，表示本币贬值。

（二）基于特别提款权的定义方法

特别提款权（Special Drawing Rights，SDRs）由国际货币基金组织（IMF）于1969年创设，以一篮子货币定值。以过去5年各货币在国际贸易以及金融体系中的重要性作为篮子货币的选择标准，其权重反映了各国在世界商品和服务贸易及国际储备中所占的比重。货币篮子每5年审查一次，2010年11月的审查决定，特别提款权的价值将继续基于由美元、欧元、英镑和日元组成的一篮子货币价值的加权平均值表示，权重分别为41.9%、37.4%、11.3%以及9.4%。2015年12月1日人民币正式作为第五种货币与美元、英镑、欧元以及日元一同成为构成IMF特别提款权的篮子货币，五种货币的权重分别为人民币占10.92%，美元占41.73%，欧元占30.93%，日元占8.33%以及英镑占8.09%。特别提款权定值公式表示为：

$$E_B = \sum_{i=1}^{n} q_i E_i \quad (9-7)$$

式中，E_B 为本币表示的其他 n 种货币的加权平均汇率，q_i 为 i 国货币的数量，E_i 为 i 国货币兑本国货币的汇率（直接标价，每一单位外国货币折合多少本币），某参照国货币仍然为1，参照国货币兑本国货币汇率为 E_1。将式（9-7）两边同时对时间求导，并同时除以 E_B 可得：

$$dE_B/(E_B dt) = \sum_{i=1}^{n} [q_i E_i dE_i/(E_i E_B dt)] \quad (9-8)$$

令 $q_i E_i / E_B = w_i$，并将式（9-4）代入式（9-8）得：

$$dE_B/(E_B dt) = \sum_{i=1}^{n} w_i (d\ln E_1 - d\ln E_i')/dt \quad (9-9)$$

式中，E_i' 依然为参照国货币兑其他国家货币汇率（每一单位参照国货币折合多少其他国家货币）。如果再令 $\dot{E}_B$ 为 E_B 对时间的变动率，$\dot{E}_i'$ 为 E_i' 对时间的变动率，$\dot{E}_1$ 表示 E_1 对时间的变动率，则式（9-9）可写成如下形式：

$$\dot{E}_B = \dot{E}_1 - \sum_{i=2}^{n} w_i \dot{E}_i' \quad (9-10)$$

综上，两种定义方式是相通的。分别推导出的式（9-6）与式（9-10）意义上一致，即本币计价的一篮子货币价值的变动率取决于参照国货币兑本国货币的变动率以及参照国货币兑其他国家货币汇率的变动率的加权平均值。如果篮子货币价值不变，则需要有参照国货币兑本国货币的变动率等于参照国货币兑其他国家货币变动率的加权平均值成立。

二、钉住一篮子货币与汇率变动

一篮子货币的汇率制度的优势非常明显，即能够掌握主动性，通过调整基准汇率就能规避汇率变动引发的冲击，从而有效地实现汇率的相对稳定。这一点与单一钉住参照国货币是不同的。

以严格钉住一篮子货币的汇率制度为例，基于式（9-10）不难得出，如果 $\dot{E}_B=0$ 则有 $\dot{E}_1=\sum_{i=1}^{n}W_i\dot{E}_i'$。假设 E_i' 是独立自由浮动的汇率，由于篮子货币的权重均不为 0，$\dot{E}_i'|_{i\neq 1}$ 同时为 0 或者加权平均值为 0 的可能性很小，因此，篮子货币稳定的条件是参照国货币兑本币的变动率等于参照国货币兑其他货币变动率的加权平均。假如其他条件不变，E_i' 正向变动 1%，则 E_1 正向变动 $w_i\%$，即参照国货币相对于 i 国货币升值，参照国货币相对于本国货币亦升值，升值幅度取决于 i 国货币的权重。可以肯定的是，升值幅度小于 1%。根据汇率的套算公式有 $\dot{E}_i=\dot{E}_1-\dot{E}_i'=-0.01(1-w_i)$，即 i 国货币相对于本币贬值，变动幅度（$1-w_i$）%，也小于 1%。

综上可见，在一篮子货币汇率制度下，可以通过调整参照国货币兑本国货币的汇率维持篮子汇率稳定，并且调节的力度要小于参照国货币与其他国家货币之间的变动幅度，具体力度大小取决于货币篮子里其他国家货币的权重。

第二节 贸易收支均衡与人民币一篮子货币权重

"一篮子货币的汇率制度"有两点基本的构成要素：一是篮子中的货币种类；二是货币篮子中各种货币的数量或者所占比重。人民币采取"参考一篮子货币的汇率制度"是个相当模糊的概念，它与钉住一篮子货币的汇率制度有着本质的不同。参考一篮子货币的汇率制度下，货币篮子仅仅是调节汇率水平的参考，而不是汇率形成的准则，人民币对一篮子货币仍然可升可贬。本节将以前文所述的我国 22 位主要贸易伙伴国（地区）的货币组成货币篮子为例，探讨在一篮子货币制度下以贸易收支均衡目标来设置篮子货币权重的机理。

一、人民币一篮子货币种类

截至 2015 年 12 月，官方公开场合表示的有关货币篮子的信息中有两条信息对篮子中货币的构成分析是比较具有参考价值的。一是 2005 年 8 月 10 日，中国人民银行行长周小川首次阐述了人民币汇率形成新机制所参考的一篮子货币的组成原则。他指出，"人民币篮子货币的国家和地区覆盖了中国对外贸易总量相当大的部分"。作为人民币汇率调节的一个参考，"篮子货币的确定是以

第九章 一篮子货币汇率制度、汇率调节与贸易收支均衡

对外贸易权重为主的，目前，美国、欧元区、日本、韩国等是中国最主要的贸易伙伴，相应地，美元、欧元、日元、韩元等也自然会成为主要的篮子货币"。而且"由于新加坡、英国、马来西亚、俄罗斯、澳大利亚、泰国、加拿大等国与中国的贸易比重也较大，它们的货币对人民币汇率也很重要"①。二是 2011 年 1 月 28 日，周小川在接受采访时表示，"人民币汇率参考一篮子货币大约有 20 种，包括 10 种左右发达国家的货币，以及一半新兴市场国家的货币"②。可见，篮子货币的选取综合考虑了对外经济往来，其中对外贸易是其选择的基础。

当时虽然官方并未明确公布人民币货币篮子中的货币种类，但从学者们的研究成果看，基本都是参照官方的选择标准来选择篮子中的货币，其中贸易份额是最常用的选择指标。例如，陈建梁和梁志成（2005）以 1999~2001 年我国与贸易伙伴的累计双边贸易额作为货币的选择指标，选取了累计双边贸易额占累计总贸易额比重超过 1% 的 13 个国家和地区的货币，这些国家（地区）有日本、美国、欧元区、韩国、中国台湾地区、中国香港地区、新加坡、俄罗斯、英国、马来西亚、澳大利亚、泰国以及加拿大。赵进文和高辉等（2006）以贸易额比重与投资额比重以及货币在国际货币体系中的作用构造了包括美元、日元、欧元、港元、韩元、新台币、英镑和澳元的篮子货币。许少强和李亚敏（2007）直接选取了我国三大贸易伙伴的货币美元、欧元以及日元作为篮子货币。王慧和刘宏业（2007）将贸易额标准、外商投资标准、贸易结构相似性标准以及汇率波动率标准作为一套指标体系用于综合判断如何确定篮子中的币种，研究结论表示，货币篮子应该包括美元、欧元、日元、韩元、澳元、英镑、新台币、新加坡元、卢布、泰铢以及加元。贾男和郑智峰等（2010）以央行行长周小川 2005 年提及的 11 种货币作为篮子货币。陆前进（2012）根据 2007~2009 年中国的对外贸易情况，选取了除上文涉及的 11 种货币之外，增加了港元、新台币、印度卢比、巴西雷亚尔、沙特里亚尔、印度尼西亚盾、菲律宾比索、智利比索、墨西哥比索以及南非兰特，一共 21 种货币作为篮子货币。本书中，我国 22 位贸易伙伴国（地区）共涉及 19 种货币，包括美元、欧元、加元、澳元、英镑、日元、韩元、港元、新加坡元、新台币、卢布、印度卢比、泰铢、菲律宾比索、马来西亚林吉特、沙特里亚尔、巴西雷亚尔、南非兰特和印度尼西亚盾。通过文献回顾不难发现，其货币配比基本满足官方公开信息所示的货币配比。

---

① 新华网．我国首次披露人民币汇率参考的货币篮子主要币种 [EB/OL]．http://news.xinhuanet.com/fortune/2005-08/10/content_ 3334597.htm．

② 周小川．人民币汇率参考货币约 20 种 [EB/OL]．http://finance.ifeng.com/hk/sckx/20110128/3343585.shtml．

汇率制度、汇率行为与贸易收支调整

2015年12月11日，中国外汇交易中心在中国货币网正式发布了CFETS人民币汇率指数，其货币篮子中的货币为中国外汇交易中心挂牌的各人民币对外汇交易的比重，具体包括美元、欧元、日元、港元、英镑、澳元、新西兰元、新加坡元、瑞士法郎、加元、林吉特、卢布、兰特共13种样本货币。值得一提的是，为从不同角度观察人民币汇率的变动情况，中国外汇交易中心在公布CFETS汇率指数的同时，还公布了参考国际清算银行（BIS）货币篮子以及特别提款权（SDRs）货币篮子的人民币汇率指数。

二、贸易收支均衡目标下的权重计算方法

（一）人民币篮子货币的权重目标

篮子中货币的最优权重是依据某一政策目标而定的，篮子货币权重的计算首先要明确权重设置的政策目标是什么。虽然不同的经济政策目标对应不同的货币权重，但基本思想都是要使主要货币汇率变动的随机冲击对宏观经济的干扰最小。

一篮子货币汇率制度的最终目标往往被认为是稳定收入或产出，Turnovsky（1982）建立了小型开放经济的一般均衡模型，将国内实际收入稳定作为选择最优货币篮子权重的目标。Daniels和Toumanoff等（2001）在此基础上进一步发展，建立了小国宏观经济模型以储备规模和物价水平的稳定作为篮子货币权重选择的政策目标。这种多目标的权重在Franders和Helpman（1979）、Han（2000）等的研究上也得以体现。前者分析了以贸易差额稳定和收入波动最小化作为目标求解篮子货币的权重；后者从既能够稳定贸易余额，又可以稳定价格指数的角度确定最优的篮子货币权重。

在所有作为推导最优权重的政策目标中，与进出口贸易相联系的目标运用得最为广泛。威廉姆森（2006）认为，直接通过贸易权重安排最优货币篮子可以利用保持有效汇率稳定以最小化主要货币汇率随机性的变动对本国的实体经济的冲击，从而使宏观经济、贸易品的相对价格以及产出保持稳定。Lipschitz和Sundararajan（1980）通过有效汇率的波动最小化来稳定汇率波动对经济的影响。类似地，实际有效汇率的贸易条件稳定也曾用来当作选择货币权重的目标（Branson & Katseli – Papaefstratiou，1980）。Edison和Vardal（1985）在Lipschitz和Sundararajan以及Turnovsky研究模型的基础上以北欧国家为研究对象，建立了局部均衡模型，以出口波动最小化作为政策目标计算多种情况下的货币权重，并且区分了篮子货币权重与有效汇率权重的不同。在与贸易相关的目标中，稳定贸易额和稳定贸易差额作为政策目标来推导货币权重的方法较为普遍，尤其是国内学者在推导人民币篮子货币权重时也基本采用这类目标。将贸易额的稳定作为一国篮子货币最优权重确定的政策目标有 Yoshino 和 Kaji 等（2004）、小川英治和姚枝仲（2004）以及赵进文和高辉等（2006）等；将贸易差额稳定作为权重推算的政策目标的有 Flanders 和 Tishle（1981）、Ogawa 和 Ito（2002）、宿玉海和于海燕（2007）以及陆前进（2012）等。

综观文献资料，虽然资本流动也是对外经济的重要组成部分，受汇率变动的影响，但运用中往往将其忽略。小川英治和姚枝仲（2004）认为，其原因与采用钉住一篮子货币汇率制度的国家多为发展中国家或者新兴市场经济国家有关。这些国家资本流动受到控制，金融体系相对不成熟，因而可以只关注汇率变动对国际贸易的影响，而不考虑汇率变动对资本流动以及货币市场的影响。从国际经验看，新加坡从 1991 年起开始实施参考一篮子货币的有管理的浮动汇率制度，以新加坡的主要贸易伙伴和竞争对手的货币作为篮子货币，由新加坡对该国的贸易依存度来确定各货币的权重。我国资本金融项目尚未完全开放，资本在国内外之间的流动仍然受到控制，忽略资本流动而仅考虑对外贸易目标也是一种可行的选择。因此，基于分析目的，本书只考虑贸易收支均衡目标，而不涉及资本流动。

值得一提的是，文献资料在目标函数的设定上有一般均衡和局部均衡两种分析框架。国外分析采用一般均衡方法较多，而国内研究采用局部均衡分析较多。虽然一般均衡分析框架下考虑的因素更全面，得到的货币篮子权重也更加合理，但主要侧重于抽象化的理论分析。由于存在数据方面的困难，使其在实际分析中的运用相对困难。

（二）贸易收支均衡目标与篮子货币的权重

将对外贸易纳入篮子货币的权重计算主要存在两种方法：一是直接以贸易权重作为货币权重（陈建梁和梁志成，2005；谢科进和费新，2006）。二是以稳定贸易相关指标作为政策目标推导货币权重。两种方法有共通之处，但第二种方法则更为严谨。在以稳定贸易额为目标的货币权重计算中，Flanders 和 Tishler（1981）、Ogawa 和 Ito（2002）、小川英治和姚枝仲（2004）等得到结论是相近的，即最优权重取决于贸易伙伴的份额以及贸易额的汇率弹性。本书将在一个较为严格的通用模型的基础上推导以稳定贸易差额为目标的篮子货币权重①，并吸收宿玉海和于海燕（2007）的研究思想，再区分进出口推导篮子货币的权重。所涉及符号及其含义归总于表 9-1。

---

① 本书认为，只要贸易差额在该国的可接受范围之内，该国的贸易收支即可称为平衡。在贸易收支相对平衡的思想下，选择合适的时期，以贸易差额稳定为目标的货币权重可以代替以贸易收支平衡为目标的货币权重。

汇率制度、汇率行为与贸易收支调整

表 9–1　本章理论推导所涉符号及其含义

符号	含义
T (T_i)	——本国总贸易额（本国与贸易伙伴国 i 的贸易额）
$\dot{T}$ ($\dot{T}_i$)	——本国总贸易额的变动率（本国与贸易伙伴国贸易额的变动率）
TB (TB_i)	——本国贸易差额（本国与贸易伙伴国 i 的贸易差额）
$\dot{TB}$ ($\dot{TB}_i$)	——本国贸易差额变动率（本国与贸易伙伴国 i 的贸易差额变动率）
v_i (v'_i)	——本国与 i 国的贸易额（贸易差额）占总贸易额（贸易差额）的比值
τ_i^x (τ_i^m)	——本国向（从）i 国的出口（进口）占两国贸易差额的比值
X_i (M_i)	——本国向（从）i 国的出口额（进口额）
$\dot{X}_i$ ($\dot{M}_i$)	——本国向（从）i 国的出口额（进口额）的变动率
η_i^z (η_i^c)	——本国与 i 国双边贸易总额（差额）的汇率弹性
η_i^x (η_i^m)	——本国向（从）i 国出口额（进口额）的汇率弹性
w_i (w'_i)	——以稳定总贸易额（贸易差额）为目标的篮子货币权重

假设本国有 n 个贸易伙伴，则本国的总贸易额可以表示为双边贸易额的总和：

$$T = T_1 + \cdots + T_i + \cdots + T_n \tag{9-11}$$

同样，本国的贸易差额也可以表示为双边贸易差额的总和：

$$TB = TB_1 + \cdots + TB_i + \cdots + TB_n \tag{9-12}$$

式（9–11）、式（9–12）等式两边同时对时间求导并分别除以 T 与 TB 后经变换可得：

$$\dot{T} = v_1 \dot{T}_i + \cdots + v_i \dot{T}_i + \cdots + v_n \dot{T}_n \tag{9-13}$$

$$\dot{TB} = v'_1 \dot{TB}_1 + \cdots + v'_i \dot{TB}_i + \cdots + v'_n \dot{TB}_n \tag{9-14}$$

假设其他因素不变，贸易额的变动由其汇率变动决定，则有 $\dot{T}_i = \eta_i^z \dot{E}_i$，同理得到 $\dot{TB}_i = \eta_i^c \dot{E}_i$。两式分别代入式（9–13）、式（9–14），并且将式（9–4）代入后整理可得：

$$\dot{T} = v_1 \eta_1^z \dot{E}_1 + v_2 \eta_2^z \dot{E}_1 - v_2 \eta_2^z \dot{E}_2' \cdots + v_i \eta_i^z \dot{E}_1' - v_i g_i^z \dot{E}_i' \cdots + v_n \eta_n^z \dot{E}_1 - v_n \eta_n^z \dot{E}_n'TB$$

$$= v'_1 \eta_1^c \dot{E}_1 + v'_2 \eta_2^c \dot{E}_1 - v'_2 \eta_2^c \dot{E}_2' \cdots + v'_i \eta_i^c \dot{E}_1' - v'_i y_i^c \dot{E}_i' \cdots + v'_n \eta_n^c \dot{E}_1 - v'_n \eta_n^c \dot{E}_n'$$

进一步合并后可以写成如下形式：

$$\dot{T} = \dot{E}_1 \sum_{i=1}^{n} v_i \eta_i^z - \sum_{i=2}^{n} v_i \eta_i^z \dot{E}_i' \tag{9-15}$$

$$\dot{TB} = \dot{E}_1 \sum_{i=1}^{n} v_i' \eta_i^c - \sum_{i=2}^{n} v_i' \eta_i^c \dot{E}_i' \qquad (9-16)$$

式（9-10）表明，当篮子价值稳定时，有 $\dot{E}_1 = \sum_{i=2}^{n} w_i \dot{E}_i'$ 成立。将其代入式（9-15）和式（9-16），整理可得：

$$\dot{T} = \sum_{i=2}^{n} [w_i \sum_{i=1}^{n} v_i \eta_i^z - v_i \eta_i^z] \dot{E}_i' \qquad (9-17)$$

$$\dot{TB} = \sum_{i=2}^{n} [w_i \sum_{i=1}^{n} v_i' \eta_i^c - v_i' \eta_i^c] \dot{E}_i' \qquad (9-18)$$

小川英治、姚枝仲（2004）在论述目标函数形式时提及，目标的方差和目标变量对目标值偏离平方和的最小化常被作为目标函数。前一种方法侧重于尽量降低各种冲击对于目标变量的影响，而后者主要侧重于规避汇率冲击对目标变量的影响，虽然在数学含义上没有第一种方法严密，但是却更符合钉住一篮子货币汇率制度的原始意义。Lipschitz 和 Sundararajan（1980）指出，第一种方法下，假如目标变量被限制在较小范围内，则钉住一个固定的货币篮子不能实现其目标，而必须适时改变货币篮子。因此，这里采用第二种方法，令 $\dot{T}^2$ 和 $\dot{TB}^2$ 最小化，即求解 $d\dot{T}^2/dw_i = 0$ 和 $d\dot{TB}^2/dw_i = 0, i = 2, \cdots, n$。由于无法预知 $\dot{E}_i'$ 的变动情况，那么当 $w_i \sum_{i=1}^{n} v_i \eta_i^z - v_i \eta_i^z = 0$ 成立，则 $d\dot{T}^2/dw_i = 0$ 均成立，所以 $w_i = v_i \eta_i^z / \sum_{i=1}^{n} v_i \eta_i^z$ 是满足贸易总额稳定的一个结果。假设所有双边贸易额的弹性相等，则 $w_i = v_i$，即最优权重等同于双边贸易额占总贸易额的比重。由此可见，直接以贸易占比作为货币权重的做法，其隐含条件是所有的双边贸易额弹性均相等。

同理，只要 $w_i \sum_{i=1}^{n} v_i' \eta_i^c - v_i' \eta_i^c = 0, d\dot{TB}^2/dw_i = 0$ 可成立，于是求得权重为：

$$w_i = \frac{v_i' \eta_i^c}{\sum_{i=1}^{n} v_i' \eta_i^c} \qquad (9-19)$$

如果在式（9-14）的基础上区分进出口弹性的区别，则 $TB_i = X_i - M_i$，将两边求导变形后可得 $\dot{TB}_i = \tau_i^x \dot{X}_i - \tau_i^m \dot{M}_i$，代入进出口额的汇率弹性有 $\dot{TB}_i = \tau_i^x \eta_i^x \dot{E}_i - \tau_i^m \eta_i^m \dot{E}_i$ 成立，再将其代入式（9-14）得到如下形式：

$$\dot{TB} = v_1' (\tau_1^x \eta_1^x - \tau_1^m \eta_1^m) \dot{E}_1 \cdots + v_i' (\tau_i^x \eta_i^x - \tau_i^m \eta_i^m) \dot{E}_i \cdots + v_n' (\tau_n^x \eta_n^x - \tau_n^m \eta_n^m) \dot{E}_n \qquad (9-20)$$

将式（9-4）以及 $\dot{E}_1 = \sum_{i=2}^{n} w_i \dot{E}_i'$ 代入式（9-20）后可得：

$$\dot{TB} = \sum_{i=2}^{n}\left[w_i\sum_{i=1}^{n}v_i{'}(\tau_i^x\eta_i^x - \tau_i^m\eta_i^m) - v_i{'}(\tau_i^x\eta_i^x - \tau_i^m\eta_i^m)\right]\dot{E_i}{'} \qquad (9-21)$$

根据上文的权重求解方法，可得权重表达式为：

$$w_i = \frac{v_i{'}(\tau_i^x\eta_i^x - \tau_i^m\eta_i^m)}{\sum_{i=1}^{n}v_i{'}(\tau_i^x\eta_i^x - \tau_i^m\eta_i^m)} \qquad (9-22)$$

如果将式（9-21）变形，也可以写成如下形式：

$$\dot{TB} = \frac{1}{TB}\cdot\sum_{i=2}^{n}\left[w_i\sum_{i=1}^{n}(X_i\eta_i^x - M_i\eta_i^m) - (X_i\eta_i^x - M_i\eta_i^m)\right]\dot{E_i}{'} \qquad (9-23)$$

根据式（9-23）求解的权重表达式为：

$$w_i = \frac{(X_i\eta_i^x - M_i\eta_i^m)}{\sum_{i=1}^{n}(X_i\eta_i^x - M_i\eta_i^m)} \qquad (9-24)$$

式（9-24）等同于宿玉海和于海燕（2007）推导的权重公式。

第三节 贸易收支均衡与人民币汇率调节

虽然从经济意义上讲，权重无论如何应该是个正数，然而在推导过程中，W_i更多体现的是数学符号上的意义。与直接采用贸易额比重作为权重相比，无论是式（9-19）、式（9-22）还是式（9-24）都有可能出现权重值为负值的情况。宿玉海和于海燕（2007）的处理方法是只考虑估计效果良好的出口汇率弹性来计算权重，认为有两方面原因支持忽略汇率变动对进口贸易的影响，一方面进口贸易增长更多地受国内需求的影响，另一方面我国政府部门往往对进口贸易进行干预。对照前文进出口额汇率弹性的估计结果，出口方程中除对日本汇率弹性的估计系数不显著之外，其余估计系数均符合经济意义；而进口汇率弹性系数有正有负，直接代入公式计算将无法控制权重为负的情况。因此，本书将采用两种方法来求解样本期内的平均权重，一是借鉴宿玉海和于海燕（2007）的方法，只考虑出口汇率弹性，求解权重w_i，日本的出口额汇率弹性采用宿玉海和于海燕（2007）求出的值近似代替；二是采用表6-5中固定效应变截距模型所估计的进口汇率弹性代替各国的进口汇率弹性求解权重$w_i{'}$，具体的计算结果如表9-2所示。不难看出，两种方式下计算的货币权重差别不大。

表9-2 各国(地区)货币权重计算①

国家 (地区)	货币缩写	平均出口额 (亿美元)	平均进口额 (亿美元)	w_i	w_i'
Hong Kong	HKD	105.6451	9.041692	0.39358	0.371125
India	INR	13.13466	7.259497	0.014556	0.014681
Indonesia	IDR	8.740347	8.838848	0.012696	0.013151
Japan	JPY	63.32762	77.16735	0.026678	0.035723
Malaysia	MYR	10.187	18.12699	0.0199	0.021203
Philippines	PHP	4.784561	7.752755	0.005698	0.006425
Saudi Arabia	SAR	4.645003	12.98517	0.004856	0.006356
Singapore	SGD	14.53889	11.10746	0.02598	0.025949
Korea	KRW	30.31144	58.21835	0.057551	0.062121
Thailand	THB	7.880119	12.62123	0.00399	0.005492
Taiwan	TWD	12.88786	53.75592	0.01958	0.025821
South Africa	ZAR	4.186718	7.33584	0.003512	0.004313
United Kingdom	GBP	16.18606	5.321238	0.023286	0.022618
Germany	EUR	26.13227	29.7867	0.014856	0.018073
France	EUR	10.29527	8.006944	0.001883	0.002875
Italy	EUR	10.76871	6.353155	0.000466	0.001315
Netherlands	EUR	20.43818	2.896241	0.009234	0.009078
Russia Federation	RUB	12.38597	13.18953	0.020494	0.02108
Brazil	BRL	7.975279	13.18026	0.00204	0.003737
Canada	CAD	9.422412	7.158384	0.020333	0.020096
United States	USD	124.2663	45.45104	0.311725	0.299226
Australia	AUD	10.74191	20.75243	0.007106	0.009543

按照一篮子货币的定义,根据计算所得的权重 w_i 可以求出篮子货币中各货币的数量 q_i,计算公式为 $q_i = \dfrac{E_B w_i}{E_i}$,式中, E_B 为初始篮子中的货币价值, E_i 为贸易伙伴货币兑人民币初始值。在钉住一篮子货币制度下,根据国际金融市场上

---

① 计算中采用的平均进出口额指样本期内的平均值。值得一提的是,本书意在示例如何求得贸易均衡条件下各贸易伙伴货币的占比,不在于精确模拟人民币的货币篮子,否则应采用近几年数据求得的汇率的弹性效果更好,或许还应该考虑港元、里亚尔等货币钉住美元的影响、转口贸易的影响等。

基准货币兑其他货币的汇率,可以求出基准货币兑人民币汇率。值得一提的是,实际运用中政府根据经济、贸易的实际发展状况调节货币篮子的价值或者货币的权重都会导致篮子中各货币的量发生变化,例如特别提款权组成货币的量每5年调节一次。

本书通过举例来说明基准汇率的确定方法。首先假设2005年7月汇率制度改革之前的贸易状态认为是可接受的贸易状态,美元作为基准货币,初始篮子中的货币价值为100元人民币,E_i取2005年8月的月平均汇率,据此可以解出篮子中各货币的初始数量。再以2006年8月美元兑其他国家(地区)货币汇率的月均值为例,得到2006年8月篮子里各货币的美元价值的月平均数,进而求出美元兑人民币汇率的月均值。这里所用数据来源与前文相同,计算结果如表9-3所示。

表9-3 篮子货币数量表①

货币名称	货币缩写	货币权重(1)	篮子货币兑人民币汇率(2)	货币数量(3)	美元兑其他货币汇率(4)	美元价值(5)
港元	HKD	0.39358	1.04255	37.7516	7.775	4.85551
印度卢比	INR	0.01456	0.18571	7.83786	46.537	0.16842
印度尼西亚盾	IDR	0.0127	0.00081	1561.8	9085	0.17191
日元	JPY	0.02668	0.07317	36.4595	115.88	0.31463
林吉特	MYR	0.0199	2.15545	0.92324	3.675	0.25122
菲律宾比索	PHP	0.0057	0.1448	3.93519	51.3618	0.07662
沙特里亚尔	SAR	0.00486	2.16333	0.22447	3.745	0.05994
新加坡元	SGD	0.02598	4.87319	0.53312	1.57572	0.33833
韩元	KRW	0.05755	0.00793	725.653	961.02	0.75509
泰铢	THB	0.00399	0.1969	2.02642	37.5886	0.05391
新台币	TWD	0.01958	0.25323	7.73211	32.7736	0.23592
南非兰特	ZAR	0.00351	1.2551	0.27982	6.96029	0.0402
英镑	GBP	0.02329	14.5283	0.16028	0.52833	0.30337
欧元	EUR	0.02644	9.95855	0.26549	0.78907	0.34012
俄罗斯卢布	RUB	0.02049	0.28451	7.20318	26.7653	0.26912
巴西雷亚尔	BRL	0.00204	3.43316	0.05942	2.1551	0.02757
加元	CAD	0.02033	6.73149	0.30206	1.11826	0.27011

① 两种计算方法下得到的权重差别很小,因此这里以第一种计算方法下得到的权重为例进行说明。

续表

货币名称	货币缩写	货币权重(1)	篮子货币兑人民币汇率(2)	货币数量(3)	美元兑其他货币汇率(4)	美元价值(5)
美元	USD	0.31173	8.10168	3.84766	1	3.84766
澳元	AUD	0.00711	6.16721	0.11522	1.31069	0.08791
总计						12.4676

由 100 元人民币等于 12.4676 美元得：美元/人民币 8.0208

注：(3) = 100 × (1)/(2)；(5) = (3)/(4)。

将本例中 2006 年 8 月的数据替换为每日数据，便可求出当天的美元兑人民币汇率。这个汇率能够使式（9 - 6）与式（9 - 10）成立，保证货币篮子中的货币价值不变，还能使式（9 - 21）成立，保证贸易收支相对均衡。这样，只要干预基准货币兑人民币汇率，便可达到调节货币篮子稳定、促使贸易收支均衡的目的。

第四节 参考一篮子货币与钉住一篮子货币比较

目前，我国实行的是"参考一篮子货币进行调节的、有管理的浮动汇率制度"，IMF（2012）将其归于类爬行的汇率安排（Crawl - like Arrangement），对比传统钉住的汇率制度安排，市场化程度更高。与实质上仍然属于"固定汇率"的钉住一篮子货币，参考一篮子货币汇率无疑更具灵活性、独立性及主动性特点。

首先，在参考一篮子货币的框架下，货币当局即使明确公开了篮子中货币的选取规则、权重或者是权重的确定目标等一系列技术指标，货币当局仍然可以根据市场的供求状况以及国内外的经济形势，在当局认可的"目标区"内，调节人民币有效汇率使之相对于篮子货币汇率有一定程度的偏离，甚至根据货币政策偏好来调整技术指标，公布多个有效汇率。而钉住一篮子货币则给汇率制度设定了一个综合"锚"，货币当局仍然有义务维持本币与综合"锚"汇率的稳定，从而囿于给定的计算公式所确定的汇率水平。

其次，在参考一篮子货币汇率制度下，货币当局的货币政策更具独立性。根据克鲁格曼的"三元悖论"，一国无法同时实现货币政策的独立性、汇率稳定以及资本自由流动三大目标。随着我国逐步开放，逐步放开汇率的波动范围可以为政府的经济政策赢得更多空间。如果实行完全钉住一篮子货币的汇率制度，本质上仍然没有脱离钉住单一货币的弊端。与钉住单一美元类似，假如篮子中货币价值大幅调整，超出了公开宣称的浮动范围，必然需要货币当局频繁且被动地干预外汇市场，这时篮子汇率无法反映外汇市场的真正变化，限制了货币政策独立性的发挥。

最后，在参考一篮子货币的框架下，会减少投机资本对本币汇率的冲击。如果本币不与一篮子货币保持任何形式的钉住关系，不给予任何相关平价的承诺，投机资本对本币汇率的冲击将失去依据，难以判断货币当局的偏好以及汇率变动的方向，使货币当局在同投机资本的博弈中"主客易位"。

随着我国对外开放的不断深入，无论是人民币汇率的服务对象还是汇率变动的影响因素均趋向于多元化。贸易收支相对均衡是任何开放国家汇率调节的重要目标，却不是唯一目标。由此造成实际的汇率与贸易收支均衡目标下的汇率偏离的现象不是偶然而是必然，但绝不能就此否认贸易收支均衡目标下汇率计算的重要性。因为一国贸易收支均衡的重要性决定了贸易收支均衡目标下的汇率是人民币汇率调整的重要参考，可以偏移，但是不能远离。如今在我国贸易收支失衡严重的情况下，参考一篮子货币汇率的灵活性、主动性、独立性特点也为人民币汇率向贸易收支均衡目标汇率的渐进式调整创造了条件。

本章小结

通过本章对货币篮子制度特点以及人民币货币篮子构建与贸易收支均衡关系的分析，主要得到如下结论：

首先，采用货币篮子的汇率制度，即便篮子货币相互间大幅调整，也能够通过主动调整与基准货币的汇率，保持本国货币相对于综合篮子的稳定；而且，本币与篮子货币的双边汇率变动幅度要小于篮子中货币相互间的调整幅度，在不失灵活性的情况下能有效地提高汇率的稳定度。通过对篮子货币权重设置目标的选择，在保持本国货币相对于货币篮子的稳定的同时，还能够规避汇率变动带来的冲击，实现贸易收支相对均衡。

其次，在对外经济往来中，除了汇率冲击之外还有贸易壁垒等非汇率冲击，这些冲击不一定会反映到汇率的变动上，因而无法体现在货币篮子里。当经济形势发生变化，而货币篮子不能自行调整时，需要货币当局调整篮子的基期值。在新的水平上实现篮子价值的稳定以及收支相对均衡的目标。

最后，我国实行的"以市场供求为基础、参考一篮子货币进行调节、有管理的浮动汇率制度"兼具了固定与管理浮动的特点，是由固定走向浮动的中间过程。未来，逐步放宽与篮子货币的波幅，赋予市场供求更多的决定权是我国汇率制度发展的方向。在这个发展过程中，保持与货币篮子的相对稳定，尽量减少汇率因素对我国对外经济尤其是进出口贸易的冲击，保持贸易收支相对均衡对国家经济健康发展而言是十分必要的。

第十章 研究结论与政策建议

第一节 主要结论

本书基于国别视角研究了人民币汇率制度框架下汇率行为对贸易收支的影响。首先,搭建了汇率制度、汇率行为与贸易收支的理论分析框架,回顾了国际汇率制度变迁与贸易收支的联系,评析了人民币汇率制度沿革、汇率调整与贸易收支关系的演变,在理论框架及实践背景下先后通过实证模型分析了汇率行为对进出口定价能力的影响、对贸易收支以及对进出口贸易市场分布的影响。其次,对现行参考一篮子货币的汇率制度下汇率调整与贸易收支均衡应有的关系提出看法。基于上述理论分析与实证研究,本书得到的主要结论如下:

第一,汇率制度、汇率行为与贸易收支的理论联系方面。本书首先基于制度、汇率制度的内涵将汇率制度分解为三种制度要素,把研究汇率制度对贸易收支的影响转为研究汇率制度要素对贸易收支的影响。研究结果认为,一国汇率制度主要通过特定汇率制度下的汇率行为作用于贸易收支。其次通过三种理论模型分析得出,进出口价格是链接汇率行为与贸易收支之间的重要桥梁。汇率行为反映到进出口价格上的程度主要取决于产品的需求价格弹性。因为需求价格弹性等因素具有地域性特点,由此导致了汇率行为对进出口价格传导的差异、汇率机制下进出口国别定价能力的差异,进而影响了贸易收支的地理方向。最后汇率变动与贸易余额关系判定条件的推导结果显示,在汇率弹性条件下,标价货币不同以及汇率表示方法不同,其判定条件的形式是有区别的。但无论哪种形式,以汇率弹性推导的判定条件与经典的基于供求价格弹性的判定条件都具有共通性。

第二,汇率制度、汇率调整与贸易收支的历史关系方面。从国际货币体系历史分析看,金本位体系以及布雷顿森林体系下的固定汇率制度消除了汇率波动的风险,有力地促进了全球贸易的发展,但汇率制度的固化使得贸易收支的调整要通过支出调整政策实现,往往引起内部经济不必要的波动。浮动汇率下能够充分利用汇率机制来均衡贸易收支,但汇率机制的滥用往往导致国与国之间摩擦不断。从金本位制的固定汇率制度到布雷顿森林时代可调整钉住汇率制度再到牙买加体系下的混合汇率制度,国际汇率制度变迁的历史轨迹表明,对一国而言,最合适的汇率制度即最好的汇率制度。从国内历史分析看,人民币汇率制度与贸易收支关系的紧密程度、贸易主体对汇率行为的重视程度根据历史时期的不同而变化。但是,汇率制度调整历来都被货币当局视为外贸体制改革的重要措施之一,通过汇率制度改革、汇率调整对进出口贸易的调节意图十分明显。随着国际经济联系的加深,无论是汇率政策制定的"服务"对象还是汇率的影响因素均趋向于多元化,一定程度上减弱了对对外贸易的"服务"意识,但市场机制下价格在进出口贸易的调节中越发彰显出它的重要作用,汇率行为作为影响进出口价格的重要因素之一,也愈加受到进出口主体的重视。

第三,汇率行为与进出口价格的关系方面。总的来看,直接标价下的人民币汇率与出口价格负相关,与进口价格正相关。即汇率升值将导致出口外币价格上涨,进口本币价格下跌,反之则相反;汇率波动性增强将引起出口价格与进口价格一同上涨,然而汇率波动对进出口价格的影响程度很小。人民币汇率行为对进出口价格的影响具有国别差异性。分析结果表明,汇率传导程度的差异反映了出口国资源、产业发展的比较优势以及进口国资源、产业发展的比较劣势。因此,向外贸结构互补性强的国家出口能够获取更多的定价优势,多元化的进口能弱化对方的定价优势。值得一提的是,同等的变动幅度下,汇率行为所引起的进出口价格的变动程度小于生产成本引起的进出口价格的变动,因此,通过生产成本控制出口价格可能更有效。按照估计值的符号将进出口议价能力分类后发现,我国出口定价能力超弱的贸易伙伴均是经济发展水平相对较高的国家和地区,而我国进口定价能力超弱的贸易伙伴属于主要的能源、矿产品输出国或重要的转口地区。如果进一步细分,我国出口定价能力超强的贸易伙伴均是发展中国家;我国进口定价能力超强的贸易伙伴主要为发展中国家和地区。

第四,汇率行为与贸易收支的关系方面。首先,若人民币汇率升值将减少出口额,增加进口额,反之则相反;若人民币汇率波动性增加无论是对出口额还是对进口额都将产生负向影响,但影响程度很小。同等变动幅度下,汇率行为对贸易收支的影响远不及需求因素以及成本因素的影响,也不及供给因素的影响。由此推断,一方面,长期以来我国贸易收支顺差的主要原因在于贸易伙伴旺盛的需求,相对较低的出口成本以及多年来我国经济飞速增长的推动;另一方面,降低进口障碍,发挥经济增长的进口需求效应能够更有效地促进我国贸易收支走向均衡。其次，人民币汇率行为与贸易收支的关系也具有国别性。不难看到，具有定价优势的贸易伙伴未必是最重要的贸易伙伴，这进一步说明需求因素是影响贸易收支地理方向的主要因素。从判定条件来看，如果不考虑初始贸易状况，除澳大利亚、中国台湾地区、中国香港地区以及日本（系数不显著，无法判断）以外，我国与其他18个贸易伙伴的双边贸易均满足人民币贬值、贸易收支余额增加的判定条件。如果考虑初始贸易状态，顺差越大的双边贸易越容易满足判定条件，存在贸易收支判定条件中的"马太效应"。因此，在考虑初始贸易状态的情况下，中国香港地区作为我国主要的顺差来源地之一，能够满足判定条件。最后，从贸易收支的短期偏离长期均衡的调整力度来看，调整力度的国别差异明显，偏差的修正期从3个月至18个月不等。从受汇率冲击后贸易收支余额的变动轨迹看，短期拉升和短期恶化的贸易伙伴数基本相当。收支恶化一般发生在前3个月以内，受到冲击后的一年内多数双边贸易余额的累计变动显现了增加效应。说明贸易收支的调节具有时滞性，通过汇率调节贸易收支尽管初期可能出现与预期相反的结果，但绝大多数双边贸易最终是符合一般规律的。

第五，汇率行为与进出口国别市场分布的关系方面。首先，我国进出口贸易的地区分布并不均衡。中国香港地区、美国、日本是我国主要的出口目的地，日本、韩国、中国台湾地区、美国以及德国是我国主要的进口来源地。从发展趋势看，我国与这些主要的贸易伙伴的贸易份额呈逐渐下降趋势，而近年来我国对印度、马来西亚、巴西等国的出口比重呈不断上升的态势；对菲律宾、沙特阿拉伯、南非、俄罗斯以及印度等进口份额呈上升趋势。通过合成的进出口市场分散度指标可知，进出口市场分散度都呈不断递增的趋势，其中进口市场分散程度要高于出口市场分散程度。其次，汇率变动幅度、汇率传递程度以及出口价格弹性反映的都是贸易市场分布的主要影响因素。不同的市场上述因素的变动程度不一导致了贸易市场分布的调整。最后，有效汇率行为对进出口市场分布的影响主要在于汇率波动的影响。虽然汇率波动对贸易收支的影响有限，但对贸易渠道的选择影响较大。因此，在人民币汇率弹性不断扩大的同时，仍然需要开发更多适用的避险工具。

第六，汇率制度变量的影响方面。为考察汇率制度的影响，本书通过两种方式来设置虚拟变量：第一种方式以2005年7月的汇率形成机制改革为分界点，分改革前的汇率制度与改革后的汇率制度；第二种方式以IMF对基于事实的人民币汇率制度的划分为基准，划分为相对灵活的汇率制度与相对稳定的汇率制度。研究发现，第二种设置方式下估计结果的显著性总体高于第一种设置方式下的估计结果。从估计结果看，首先，在相对灵活的汇率制度下或是2005年的汇率制度改革之后，进口价格都有所增加；在相对灵活的汇率制度下出口价格也有所增加，但变动程度较小。其次，在相对灵活的汇率制度下以及2005年的汇率制度改革之后，出口贸易额都有显著的增长；在相对灵活的汇率制度下，进口贸易额也有显著增加，表明更灵活的汇率制度时期，我国的对外贸易没有受到抑制。总的看，制度变量对我国贸易收支的作用总体偏小，汇率制度对贸易收支的影响主要体现在汇率行为的影响上。值得一提的是，在灵活的汇率制度下，贸易收支余额的短期偏离向长期均衡调整的力度有所增强，均衡更容易实现。

第七，现行汇率制度下的汇率调整与贸易收支均衡的关系方面。钉住一篮子货币制度下，通过调整基准汇率即可保持本国货币相对于货币篮子的稳定，而且通过对篮子货币权重设置目标的选择，还能同时实现贸易收支均衡。我国实行的参考一篮子货币的汇率制度与实质上仍然属于"固定汇率"的钉住一篮子货币相比具有灵活性、独立性以及主动性特点。在我国贸易收支失衡的情况下，参考一篮子货币汇率的灵活性、主动性、独立性特点也为人民币汇率向贸易收支均衡目标汇率的渐进式靠拢创造了条件。本书认为，随着对外开放程度加深，人民币汇率的服务对象以及影响因素的多元化使得实际的汇率与贸易收支均衡目标下的汇率偏离的现象成为必然，但一国贸易收支均衡的重要性决定了贸易收支均衡目标下的汇率是人民币汇率调整的重要参考，可以偏移，但是不能远离。

第二节　政策建议

2015年下半年以来，人民币兑美元呈现出贬值趋势，并屡创新低，一时间针对人民币贬值原因及后期的走势众说纷纭。本书认为，无论是此次对美元贬值还是2005年以后人民币汇率的大幅升值，除市场压力以外，多少都掺杂着货币当局对当下宏观经济形势判断下的认同。甚至有专家认为本轮人民币兑美元贬值是迎合中国经济的复苏需要，开启了"第二产业相关企业基本面改善的原动力"，也是"不可能三角中确保央行货币政策独立性的唯一钥匙"。① 但至少目前看，人民币不存在大幅贬值的基础。

首先，人民币对一篮子货币保持了相对稳定。近年来美国经济向好，加息预期强烈，而我国则处于不断降息的通道中，与美国的利差不断缩小。受资本流动影响，2015年下半年以来人民币兑美元一路贬值，但对一篮子货币保持了相对的稳定。受英国"脱欧"影响，国际汇市波动剧烈，2016年6月人民币汇率指

---

① 鲁政委. 2016年全年人民币兑美元将会贬值15%［EB/OL］. 东方财富网，http://finance.eastmoney.com/news/1365，20160106582424489.html.

数均有不同程度的走低,但总体而言仍在可接受范围之内。随着人民币汇率市场化程度的加深,市场预期成为了影响人民币汇率短期走势的关键因素。为增强市场对人民币的信心,我国需要保持汇率政策的稳定、透明来进一步增强政策的可信度。

其次,我国出口贸易企稳回升,贸易收支顺差依旧大幅增长。2015 年,我国的出口贸易结束了 2010 年以来的增长态势,全年出口总额达到 2.27 万亿美元,以人民币计价为 14.14 万亿元,比 2014 年下降 1.8%。由于进口的大幅缩减,贸易顺差竟达到 5929.99 亿美元,比 2014 年增长了 54.81%。① 尽管 2015 年我国贸易面临诸多困难,但仍然蝉联货物贸易全球第一以及出口贸易全球第一的名次,虽说这种带有抑制进口意味而换取的巨额顺差不可持续,但一定程度上也是贸易实力的反映。

从整个国际收支情况看,2015 年我国国际收支由"双顺差"转向"顺逆并存",全年经常账户顺差为 2932 亿美元,资本和金融账户逆差为 1611 亿美元,其中资本账户顺差为 3 亿美元,非储备性质的金融账户逆差达到 5044 亿美元。外汇储备自 1992 年以来首次缩水,因国际收支交易减少的外汇储备达 3423 亿美元,因汇率、资产价格变动等非交易因素形成的外汇储备账面价值下降 1703 亿美元。② 然而,从图 10-1 统计的 2015 年我国与各贸易伙伴的储备资产状况不难看出,我国 3.41 万亿美元的储备额仍然傲居全球第一。而且据外汇管理局解读,我国出现的资本流出有两大原因:一是我国居民可自由结汇使对外资产负债结构产生变化,原本进入央行储备的经常项目收入转变为居民自身持有;二是境内企业、金融机构加大了对外资产的持有或偿还以往的融资。那么,最重要的是我国的国际收支、储备状况是否安全?目前对于新兴经济体外汇储备充足率的标准尚未达成明确共识,就以下广泛使用的指标评价看,以 3 个月进口覆盖为标准,我国所持外汇储备可覆盖约 23 个月的进口;以 100% 短期债务覆盖为标准,我国外汇储备超过短期外债的 361%;以 IMF 综合指标为标准,我国外汇储备是有资本管制经济体所需充足水平的 191%,是无资本管制经济体所需的 118%;以 20% 的 M2 覆盖为标准,我国外汇储备为 M2 存量的 14.4%。③ 由此可见,除对 M2 覆盖不足的薄弱点以外,我国外汇储备总体依然充足,有能力抵御外来的冲击。

---

① 海关总署综合统计司. 海关总署介绍 2015 年全年进出口情况 [EB/OL]. http://www.gov.cn/xinwen/2016-01/13/content_5032553.htm.

② 国家外汇管理局. 2015 年我国国际收支由"双顺差"转为"一顺一逆" [EB/OL]. http://money.163.com/16/0204/17/BF0F37UK00253B0H.html.

③ 储芸. 中国到底需要多少外汇储备? [EB/OL]. http://wallstreetcn.com/node/235988.

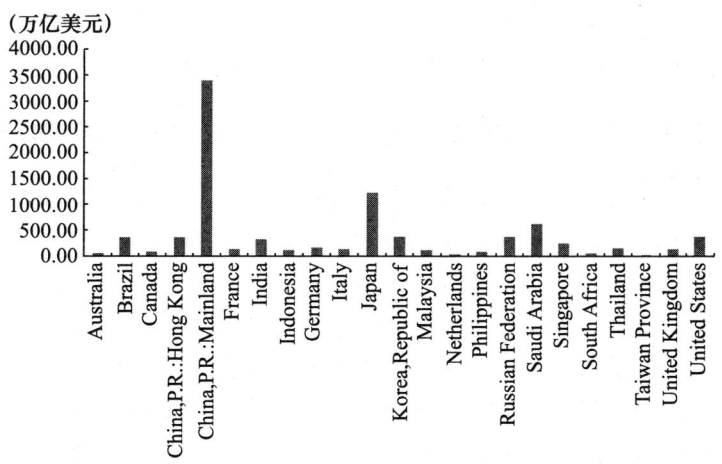

图 10-1　2015 年各国外汇储备额

资料来源：IMF 统计数据库，印度、印度尼西亚以及马来西亚采用的是 2014 年的统计数据。

此外，与主要贸易伙伴相比，中国依然是经济发展最具活力的国家之一（见图 10-2）。无论是从经济发展速度对资金增值的机会而言，还是从巴拉萨—萨缪尔森效应看，经济增长迅速的国家都比增长缓慢的国家更容易吸引外部资金。

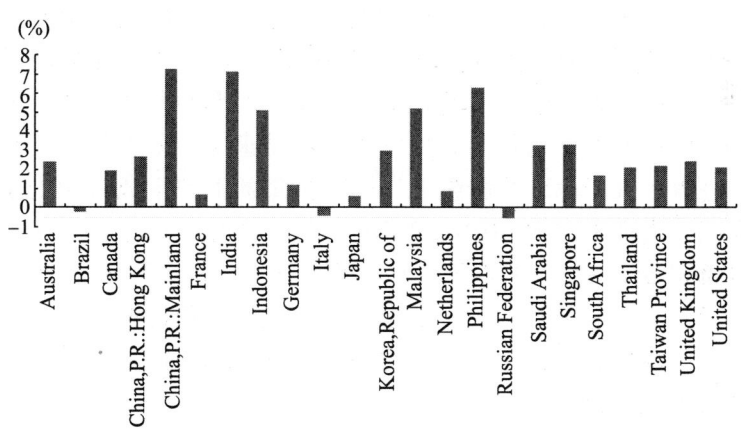

图 10-2　2013~2015 年年均 GDP 增长率

资料来源：世界银行统计数据库。

综上，本书认为，我国经济发展的基本面仍然好于主要贸易国，人民币汇率不具备大幅贬值的基础。如今的汇率走势与其说是基本面恶化导致，倒不如说是市场预期导致更为准确。在这种情形下，本书基于前文研究结论针对人民币汇率制度完善、对外贸易的发展以及我国贸易收支的调节提出以下五点建议。

一、把握好人民币汇率调整的节奏和步伐，促进对外贸易平稳发展

人民币汇率的市场化改革必然要求人民币汇率符合市场的供求关系。市场化改革既促使人民币汇率的合理化回归，但也给国际市场势力干预人民币汇率提供了机会。作为"新生"的国际化货币，根基未稳，易于受到冲击而导致汇率超调的现象。虽说"有弹性的汇率是一国经济发展的稳定器"，但汇率变动过快无疑无益于经济、贸易的发展。若过快的汇率升值必然大幅削弱出口竞争力，对产业发展乃至国内经济造成不良影响；若过快的贬值看似利于出口，实则作用有限。一来贬值对出口的推动有着通货膨胀控制的前提，二来贬值对出口的作用有着数月甚至一年以上的时滞，甚至对贬值前的合同起到反作用，更遑论贬值阻碍进口以及快速贬值下货币信誉的丧失。因此，货币当局在顺应市场供求变动的过程中也要采取市场手段，把握好人民币汇率调整的节奏和步伐，促进对外贸易、宏观经济平稳发展。

二、完善人民币汇率形成机制，逐步提高信息透明度，加强与市场的沟通

自 2005 年 7 月实施"以市场供求为基础、参考一篮子货币进行调节、有管理的浮动汇率制度"以来，人民币有效汇率总体上呈缓慢升值状态，实践表明"参考一篮子货币"的汇率制度符合我国对于汇率制度改革灵活性、独立性、主动性、可控性以及渐进性的要求。人民币汇率制度改革的目的是要实现人民币汇率形成机制的市场化，充分发挥市场供求关系的作用，逐步推动人民币的国际化进程。基于此，我国参考一篮子货币的汇率形成机制处于不断的完善之中。为配合人民币加入 SDRs，2015 年 8 月央行宣布完善人民币兑美元汇率中间价报价机制以纠正中间价偏差；2015 年 12 月，外汇交易中心发布了 CFETS 汇率指数等三种指数，公布了有关货币篮子货币的构成比重；2016 年 5 月央行表示人民币兑美元汇率初步形成了以"收盘汇率＋一篮子货币汇率变化"的中间价形成机制。

然而，人民币汇率不断市场化的举动却引起了市场的持续动荡，2015 年 8 月至 2016 年 6 月人民币兑美元贬值超过 4%，2016 年以来人民币汇率指数也持续走低，1~6 月 CFETS 指数贬值近 4.5%。这表明，国际市场投资者对我国汇率政策的预期存在不确定性，还需要进一步提高政策的透明度和规则性，加强与市场沟通。在人民币汇率制度改革初期，汇率调整的"相机抉择"一定程度上能够起到抑制投机、套利的作用，然而如果市场参与者无法获得有关汇率走势的正确

预期，可能据此做出错误的判断，从而加大汇率的变动压力。因此，在人民币汇率逐步接近合理水平的情况下，应该逐步提高信息的透明度，及时公布人民币汇率的形成规则、调整规则等相关信息，向"规则"靠拢，取信于市场，而不宜过多强调灵活性。

三、加强金融监管的前提下提倡金融创新，发展规避汇率风险的金融工具

本书研究表明，样本期内人民币汇率波动对贸易收支的作用方向是不确定的且程度甚微，但汇率波动对贸易地理方向的选择有较大影响，总体来看，波动率提高不利于对外贸易的发展。随着人民币汇率制度改革的深化，市场因素在人民币汇率上的影响力逐渐增强，汇率的不确定性使市场主体面临日益加大的汇率风险，对贸易的负面作用可能会增加。由此，如何规避汇率风险将愈加受到进出口主体的重视。而且，不仅是进出口贸易，对外直接投资、国际上的金融交易等也需要有合适有效的金融避险工具来规避风险，实现资本的保值增值。

人民币汇率体制改革后，国家外汇交易中心开办了掉期业务、扩大远期业务等方便市场主体在浮动汇率机制下规避汇率风险。但比较看，我国的外汇交易市场并不发达，交易工具十分有限。随着人民币汇率的市场化以及人民币国际化，无论是进出口贸易机构，还是金融机构抑或其他的市场主体，都需要借助更多的汇率衍生工具实现风险对冲或者资产增值。然而不可忽视的是，金融市场是个特殊的市场，具有很强的外部性，它的健康运转离不开完善的法律法规和监管规则。因此在人民币汇率制度市场化改革的过程中，应该在加强金融监管的前提下开发金融衍生工具，提倡金融创新。

四、优化商品结构与渠道结构，提高对外贸易竞争力

改革开放以来，我国凭借要素比较优势参与国际竞争，已经成为名实相符的贸易大国，进出口总额以及出口额连续多年世界第一。但与其他贸易强国相比，出口产品的层次偏低，质量与效益有待提高。优化商品结构，提高核心竞争力是巩固贸易大国地位后的首要任务。为实现由"大"到"强"的转变，各级政府部门要以"中国制造2025"战略为契机督促微观企业要以"创新驱动"而非"价格驱动"，要以"质量为先"而非"粗放经营"来发展对外贸易，切实提高产品技术含量，增加出口产品附加价值，增强对外贸易的核心竞争力。

值得一提的是，在出口结构升级改造过程中，通过提高环境成本、劳工成本等成本因素有利于倒逼企业重视出口效益，进而利于改善出口产品结构。然而若通货膨胀导致了价格普涨、生产成本提高则遏制了本国产品的竞争力，无益于外贸结构的调整。所以，适度收紧流动性，控制国内物价水平，控制结构调整成

本，更利于外贸结构的转型升级。

前文研究显示，向互补性强的国家出口能够提高相对优势，获取更多的定价权；而多元化进口渠道则能降低我国的进口刚性，提高议价能力。贸易竞争力是个相对的指标。有效的贸易渠道结构调整，不仅能够延长产品的生命周期，减少利润损失，维持更长时间的竞争优势，而且能减少贸易摩擦，降低贸易风险。

五、加强各种措施的搭配与协调，调节贸易收支均衡

2005年的人民币汇率制度转换没有抑制住猛增的贸易收支顺差；2014年我国贸易收支顺差3830.58亿美元，已超过了本轮金融危机前的最高点；2015年在进出口贸易双双下降的情况下顺差竟然达到了5929.99亿美元。进出口下降固然有国内外经济形势低迷的原因，但本书认为，这种带有压缩进口意味的顺差不能排除是当局的权宜之计。随着国内外经济形势的好转，贸易收支必然要走向相对的均衡。根据前文的研究结论，本书对现行汇率制度下的贸易收支调节提出以下建议：

一是调整汇率。理论上，以贸易收支均衡或者相对均衡为目标制定一定时期内合理汇率水平，并将此理论汇率水平作为参考，不断地向该汇率水平调整能够达到贸易收支均衡的目的。然而本书分析结论显示，对外贸易收支的影响因素中，国外需求、出口成本等因素对贸易收支的影响要超出了汇率对贸易收支的影响。况且，如今汇率机制服务对象已多元化，按照"政策搭配理论"仅仅通过汇率大幅调整来促进贸易收支均衡是无效率和不现实的。贸易收支调节需要多管齐下，需要各种措施的搭配与协调，除非汇率变动的方向能够同时达到利于经济健康发展以及贸易收支均衡的目的。

二是通过税收补贴政策调节企业成本，鼓励创新，促进出口产品结构升级。我国粗放型的出口不仅带来了贸易收支失衡的问题，而且加剧了资源的消耗，带来了环境污染。这种利薄、量大、消耗高的出口模式无法持续，由此促进出口商品结构升级不仅是为了解决对贸易收支失衡的问题，更是为了从根本上转变这种发展方式。首先应从财政补贴与税收入手，引导出口商品结构的调整。一方面，我国的出口行业，尤其是营利能力低微的劳动密集型行业，行业的竞争力弱，定价能力不强，利润的获取严重依赖财政退税补贴。因此，出口商品结构的调整还要逐步调整财政补贴的产品种类、补贴幅度；另一方面，环境压力不堪重负，对于高耗能、高污染的出口企业，必须加大征收环境资源税，提高这类企业的出口成本。自2005年全球纺织品贸易配额放开以后，我国对部分纺织品征收的从量税一定程度上起到了调整纺织品出口结构的目的，这种方式应该得到借鉴。其次应鼓励厂商研发创新，通过税收、补贴手段对研发投入以及人才引进、劳动力技

第十章　研究结论与政策建议

能培训等进行引导。

三是拓宽进口市场，降低进口壁垒，加强进口。通过进口保护国内资源，为子孙后代留下发展的空间；通过进口先进的技术、设备，更好地为经济建设服务；通过进口，使国民的物质更丰富，生活更多彩。由此可见，加强进口不仅仅是缩小进出口差距，均衡贸易收支的需要。然而，目前扩大进口中面临的主要问题是，我们需要进口的高科技产品以及资源类产品往往面临国外的出口管制，进口消费类产品又面临高额的关税。为此，除了拓宽进口市场，建立多渠道的经济往来关系以及技术的引进、吸收、创新、互换来解决第一个问题之外，还需要考虑国民富裕后对物质的多样化需求，不断降低部分消费类产品的进口关税。

四是逐步放开资本和金融项目兑换，允许资本合法流出。有效利用国际资本是发展经济的必要手段，我国金融改革最终要走向资本项目的开放。事实上，近年来我国政策也放宽了直接投资外汇管制，支持中国企业海外并购，实行"走出去"发展战略；国家还逐步放宽了居民的持汇额度以及允许经常项目自由结汇，此举更是增强了居民个人以及企业使用外汇资金的自主性和便利性，降低了外汇储备一直以来增长的压力，有利于促进国际收支均衡。但无论是出国寻求更低的生产成本还是为了经营的全球化布局，无论是居民持汇还是企业持汇，都需要政府进一步给予投资渠道上以及投资便利性上等多方面的服务。

第三节　进一步展望

基于时间以及作者的研究能力等多方面的限制，本书存在一些不足以及需进一步深入研究之处：

第一，囿于国别进出口价格数据或者进出口国别金额、数量数据的可得性，本书在第四章实证部分只采用了2001～2008年的月度数据。也正因为获得数据的难度较大，现有的海量有关汇率与价格传导的文献中却少有针对国别的研究。然而，通过向海关总署有关人员咨询得知，我国海关针对进出口国别金额、数量乃至国别进出口产品的金额、数量进行常规统计。因此，获取更多的样本对汇率的国别进出口价格传导问题乃至产品的国别进出口价格传导问题进行研究将是笔者进一步努力的方向之一。

第二，本书用各国的消费者价格指数来代替我国出口的竞争者价格指数的做法虽然具有普遍性，但模糊了国内产品与进口产品的差异性，而国与国之间产品结构的差异性正是导致国际贸易的重要原因之一。因此，计算我国对一国出口与该国主要贸易伙伴对该国出口的结构相似度,采用与我国出口结构相似度较高的国家(地区)对该国的出口价格作为该国市场上的竞争者价格更为合适。

第三,本书选择的样本期内,人民币对主要贸易国家货币普遍处于升值的状态。因而,在实证分析中本书没有考虑汇率升贬值对贸易收支影响的非对称,这可能导致研究结果对汇率升值的解释较好而对贬值的解释较为牵强,反之亦然;本书也没有考虑汇率波幅对贸易收支影响的非对称性,其可能是没有发现汇率波动影响规律的原因。但考虑到非对称性增加的变量较多,适合总量分析,从国别视角研究的工作量太大。鉴于目前总量分析中已有少量成果,从国别视角分析不对称问题是今后值得研究的问题。

参考文献

[1] Adam C, Cobham D. Exchange rate regimes and international trade [J]. The Manchester School Supplement, 2007 (1): 44 - 63.

[2] Adams F G, Behrman J R. Commodity export and economy development: Commodity problem and policy in developing countries [J]. Lexington, 1982 (1): 7 - 14.

[3] Alexander S S. Effects of a devaluation on a trade balance [J]. International Monetary Fund Staff Paper, 1952 (2): 263 - 278.

[4] Alexander S S. Effects of a devaluation: A simplified synthesis of elasticities and absorption approaches [J]. The American Economic Review, 1959, 49 (1): 22 - 42.

[5] An J, Park B. External adjustment and trading partners' exchange rate regimes [J]. Japan and the World Economy, 2016 (37 - 38): 47 - 54.

[6] Aristotelous K. Exchange - rate volatility, exchange - rate regime, and trade volume: Evidence from the UK—US Export function (1889 ~ 1999) [J]. Economics Letters, 2001, 72 (1): 87 - 94.

[7] Atique Z, Ahmad M H, Zaman A. The supply and demand for exports of Pakistan: The polynomial distributed lag model (PDL) approach [J]. The Pakistan Development Review, 2003, 42 (4): 961 - 972.

[8] Bacchetta P, Vanwincoop E. Trade flows, prices, and the exchange rate regime [D]. Working Paper, Studienzentrum Gerzensee, 2000.

[9] Bacchetta P, Wincoop E V. Does exchange - rate stability increase trade and welfare? [J]. The American Economic Review, 2000, 90 (5): 1093 - 1109.

[10] Bahmani - Oskooee M, Brooks T J. Bilateral J - curve between U. S. and her trading partners [J]. Review of World Economics, 1999, 135 (1): 156 - 165.

[11] Bahmani - Oskooee M, Ratha A. Bilateral S - curve between Japan and her

trading partners [J]. Japan and the World Economy, 2007, 19 (4): 483 – 489.

[12] Baldwin R E, Frankel J A, Melitz J. The euro's trade effects [D]. European Central Bank Working Paper, No. 594, 2005 (6).

[13] Baldwin R E, Krugman P. Persistent trade effects of large exchange rate shocks [J]. The Quarterly Journal of Economics, 1989, 104 (4): 635 – 654.

[14] Barr D, Breedon F, Miles D, et al. Life on the outside: Economic conditions and prospects outside euroland [J]. Economic Policy, 2003, 18 (37): 575 – 613.

[15] Bickerdike C F. The instability of foreign exchange [J]. The Economic Journal, 1920, 30 (117): 118 – 122.

[16] Bouoiyour J, Rey S. Exchange rate regime, real exchange rate, trade flows and foreign direct investments: The case of Morocco [J]. African Development Review, 2005, 17 (2): 302 – 334.

[17] Branson W H, Katseli – Papaefstratiou L T. Currency basket and real effective exchange rates [J]. NBER Working Paper, No. 666, 1981.

[18] Campa J M. Exchange rates and trade: How important is hysteresis in trade? [J] European Economic Review, 2004, 48 (3): 527 – 548.

[19] Campa J M, Goldberg L S. Exchange rate pass – through into import prices [J]. The Review of Economics and Statistics, 2005, 87 (4): 679 – 690.

[20] Chen N, Juvenal L. Quality, trade, and exchange rate pass – through [J]. Journal of International Economics, 2016 (100): 61 – 80.

[21] Chou W L. Exchange rate variability and China's exports [J]. Journal of Comparative Economics, 2000 (28): 61 – 79.

[22] Clark P B. Uncertainty, exchange risk, and the level of international trade [J]. Western Economic Journal, 1973, 11 (9): 302 – 313.

[23] Cote A. Exchange rate volatility and trade: A survey [J]. Bank of Canada Working Paper, 1994 (5).

[24] Cushman D O. U. S. bilateral trade flows and exchange risk during the floating period [J]. Journal of International Economics, 1988, 24 (3 – 4): 317 – 330.

[25] Damaceanu R. The exchange rate regime and the international trade an interdisciplinary approach [J]. Managing Global Transitions, 2010, 5 (4): 355 – 369.

[26] Daniels J, Toumanoff P G, von der Ruhr M. Optimal currency basket pegs for developing and emerging economies [J]. Journal of Economic Integration, 2001, 16 (1): 128 – 145.

[27] Devereux M B, Enge L C, Storgaard P. Endogenous exchange rate pass-through when nominal prices are set in advance [J]. Journal of International Economics, 2004, 63 (2): 263-291.

[28] Dornbusch R. Exchange rates and prices [J]. American Economic Review, 1987 (77): 93-106.

[29] Dornbusch R. Devaluation, money, and nontraded goods [J]. The American Economic Review, 1973, 63 (5): 871-880.

[30] Dornbusch R. Exchange rates and fiscal policy in a popular model of international trade [J]. American Economic Review, 1975, 65 (12): 859-871.

[31] Edison H J, Vardal E. Optimal currency basket in a world of generalized floating: An application to the Nordic countries [J]. Internantonal Discussion Papers, No. 266, 1985 (10).

[32] Edwards S. Real exchange rates, devaluation, and adjustment exchange—rate policy in developing countries Cambridge [M]. MIT Press, 1989.

[33] Ethier W. International trade and the forward exchange market [J]. American Economic Review, 1973, 63 (3): 494-503.

[34] Feinberg R M. The effects of foreign exchange rate movements on U. S. domestic prices [J]. Review of Economics and Statisties, 1989, 71 (3): 505-511.

[35] Flanders M J, Tishler A. The role of elasticity optimism in choosing an optimal currency basket with application to Israel [J]. Journal of International Economics, 1981 (11): 395-406.

[36] Flanders M J, Helpman E. An optimal exchange rate peg in a world of general floating [J]. The Review of Economic Studies, 1979, 46 (3): 533-542.

[37] Fountas S, Aristotelous K. Does the exchange rate regime affect export volume? Evidence from bilateral exports in US-UK trade: 1900-1998 [J]. The Manchester School, 2003, 71 (1): 51-64.

[38] Franke G. Exchange rate volatility and international trading strategy [J]. Journal of International Money and Finance, 1991, 10 (2): 292-307.

[39] Frankel J, Rose A. An estimate of the effect of common currencies on trade and income [J]. The Quarterly Journal of Economics, 2002, 117 (2): 437-466.

[40] Frenkel J A. No single currency regimens is right for all countries of at all times [J]. NBER Working Paper, No. 7338, 1999.

[41] Frenkel J A, Rodriguez C A. Portfolio equilibrium and the balance of pay-

ments: A monetary approach [J]. The American Economic Review, 1975, 65 (4): 674 – 688.

[42] Gagnon J E, Ihrig J. Monetary policy and exchange rate pass – through [J]. International Journal of Finance & Economics, 2004, 9 (4): 315 – 338.

[43] Geraci V J, Prewo W. An empirical demand and supply model of multilateral trade [J]. The Review of Economics and Statistics, 1982, 64 (3): 432 – 441.

[44] Glick R, Wihlborg C. Exchange rate regimes and international trade: International trade and finance: New frontiers for research [M]. Cambridge University Press, 1997: 125 – 156.

[45] Goldstein MAKM. Income and price effects in foreign trade [J]. Handbook of International Economics, 1985, 2: 1040 – 1105.

[46] Han H. Choice of currency basket weights and its implications on trade balance [J]. International Review of Economics & Finance, 2000, 9 (4): 323 – 350.

[47] Harberger A C. Currency depreciation, income, and the balance of trade [J]. The Journal of Political Economy, 1950: 47 – 60.

[48] Haynes S E, Stone J A. Specification of supply behavior in international trade [J]. The Review of Economics and Statistics, 1983, 65 (4): 626 – 632.

[49] Hogan K, Melvin M, Roberts D J. Trade balance news and exchange rates: Is there a policy signal? [J]. Journal of International Money and Finance, 1991, 10 (3): S90 – S99.

[50] Hooper P, Kohlhagen S W. The effect of exchange rate uncertainty on the prices and volume of international trade [J]. Journal of International Economics, 1978, 8 (4): 483 – 511.

[51] Junz H, Rhomberg R R. Price competitiveness in export trade among industrial countries [J]. American Economic Review, 1973, 63 (5): 412 – 418.

[52] Kamada K, Takagawa I. Policy coordination in east Asia and across the pacific [J]. Bank of Japan Working Paper, No. 05 – E – 4, 2005 (6).

[53] Klaassen F. Why is it so difficult to find an effect of exchange rate risk on trade? [J]. Journal of International Money and Finance, 2004, 23 (5): 817 – 839.

[54] Klein M W, Shambaugh J C. Fixed exchange rates and trade [J]. Journal of International Economics, 2006, 70 (2): 359 – 383.

[55] Knetter M M. Price discrimination by US and German exporters [J]. American Economic Review, 1989, 79 (1): 198 – 210.

[56] Kroner K, Lastrapes W. The impact of exchange rate volatility on interna-

tional trade: Estimates using the GARCH – M model [J]. Discussion Paper, No. 90 – 19, 1990 (1).

[57] Krugman P. Pricing to market when the exchange rate changes [J]. NBER Working Paper, No. 1926, 1986.

[58] Laursen S, Metzler L A. Flexible exchange rates and the theory of employment [J]. The Review of Economics and Statistics, 1950: 281 – 299.

[59] Lemer A P. The economics of control [M]. New York: Macmillan, 1944.

[60] Liew K, Lim K, Hussain H. Exchange rate and trade balance relationship: The experience of ASEAN countries [J]. The Economic Journal, (1) 2003: 7 – 14.

[61] Lipschitz L, Sundararajan V. The optimal basket in a world of generalized floating [J]. IMF Staff Paper, 1980 (1): 80 – 100.

[62] Lopez – Cordova J E, Meissner C M. Exchange – rate regimes and international trade: Evidence from the classical gold standard era [J]. The American Economic Review, 2003, 93 (1): 344 – 353.

[63] Magee S P. Currency contracts, pass through and devaluation [J]. Brookings Papers on Economic Activity, 1973 (1): 303 – 325.

[64] Marazzi M, Sheets N. Declining exchange rate pass – through to U. S. import prices: The potential role of global factors [J]. Journal of International Money and Finance, 2007, 26 (6): 924 – 947.

[65] Marazzi M, Sheets N, Vigfusson R. Exchange rate pass – through to U. S. import prices: Some new evidence [J]. Board of Governors of the Federal Reserve System International Finance Discussion Paper, No. 833, 2005 (4).

[66] Marquez J, Schindler J W. Exchange – rate effects on China's trade: An interim report [J]. International Finance Discussion Papers, No. 861, 2006 (5).

[67] Marshall A. Money, credit and commerce [M]. London: Macmillan and Co., Limited, 1923.

[68] Menon J. The degree and determinants of exchange rate pass – through: Market structure, non – tariff barriers and multinational corporations [J]. The Economic Journal, 1996, 106 (435): 434 – 444.

[69] Miles M A. The effects of devaluation on the trade balance and the balance of payments: Some new results [J]. Journal of Political Economy, 1979, 87 (3): 600 – 620.

[70] Obstfeld M, Rogoff K. Risk and exchange rates [J]. NBER Working Paper, No. w6694, 1998 (8).

[71] Ogawa E, Ito T. On the desirability of a regional basket currency arrangement [J]. Journal of the Japanese and International Economies, 2002, 16 (3): 317 - 334.

[72] Omojimite B U, Akpokodje G. The impact of exchange rate reforms on trade performance in Nigeria [J]. Journal of Social Sciences, 2010, 23 (1): 53 - 62.

[73] Pesaran M H, Shin Y, Smith R J. Bounds testing approaches to the analysis of level relationships [J]. Journal of Applied Econometrics, 2001, 16 (3): 289 - 326.

[74] Qureshi M S, Tsangarides C G. Hard or pegs Africa choice of exchange rate regime and trade [J]. World Development, 2012, 40 (4): 667 - 680.

[75] Serenis D, Tsounis N. Does exchange rate variation effect African trade flows? [J] Procedia Economics and Finance, 2014 (14): 565 - 574.

[76] Robinson J. Essays in the theory of employment [M]. London: Macmillan and Co., Limited, 1937.

[77] Rose A K. Exchange rates and the trade balance: Some evidence from developing countries [J]. Economics Letters, 1990, 34 (3): 271 - 275.

[78] Rose A K. The role of exchange rates in a popular model of international trade: Does the "Marshall - Lerner" condition hold? [J]. Journal of International Economics, 1991, 30 (3 - 4): 301 - 316.

[79] Rose A K, Lockwood B, Quah D. One money, one market: The effect of common currencies on trade [J]. Economic Policy, 2000, 15 (30): 9 - 45.

[80] Rose A K, Yellen J L. Is there a J - curve? [J]. Journal of Monetary Economics, 1989, 24 (1): 53 - 68.

[81] Roy S S. Demand and supply factors in the determination of India's disaggregated manufactured exports: A Simultaneous error - correction approach [J]. Sciences Working Paper, 2007 (8).

[82] Taylor J B. Low Inflation, pass - through, and the pricing power of firms [J]. European Economic Review, 2000, 44 (7): 1389 - 1408.

[83] Turnovsky S J. A determination of the optimal currency basket: A macroeconomic analysis [J]. Journal of International Economics, 1982, 12 (3 - 4): 333 - 354.

[84] Yang J. Pricing to market in U. S. imports and exports: A time series and cross sectional study [J]. The Quarterly Review of Economics and Finance, 1998, 38 (4): 843 - 861.

[85] Yano T, Kosaka H. Trade patterns and exchange rate regimes: Testing the Asian currency basket using and international input – output system [J]. The Developing Economies, 2003, 41 (1): 3 – 36.

[86] Yoshino N, Kaji S, Suzuki A. The basket – peg, dollar – peg, and floating: A comparative analysis [J]. Journal of the Japanese and International Economies, 2004, 18 (2): 183 – 217.

[87] 安辉, 黄万阳. 人民币汇率水平和波动对国际贸易的影响——基于中美和中日贸易的实证研究 [J]. 金融研究, 2009 (10): 83 – 93.

[88] 巴曙松, 吴博, 朱元倩. 汇率制度改革后人民币有效汇率测算及对国际贸易、外汇储备的影响分析 [J]. 国际金融研究, 2007 (4): 56 – 62.

[89] 毕玉江, 朱钟棣. 人民币汇率变动对中国商品出口价格的传递效应 [J]. 世界经济, 2007, 30 (5): 3 – 15.

[90] 卜亚. "钉住一篮子货币"与"参考一篮子货币"比较研究 [J]. 生产力研究, 2007 (18): 45 – 47.

[91] 曾利飞. 企业最优定价策略与汇率传递效应研究 [J]. 财经研究, 2008, 34 (11): 134 – 143.

[92] 陈彪如. 人民币汇率研究 [M]. 上海: 华东师范大学出版社, 1992.

[93] 陈建梁, 梁志成. 钉住美元与钉住货币篮子汇率安排对我国的影响比较 [J]. 世界经济研究, 2005 (11): 44 – 52.

[94] 陈平, 王曦. 人民币汇率的非均衡分析与汇率制度的宏观效率 [J]. 经济研究, 2002 (6): 23 – 31.

[95] 陈学彬, 李世刚, 芦东. 中国出口汇率传递率和盯市能力的实证研究 [J]. 经济研究, 2007, 42 (12): 106 – 117.

[96] 陈学彬, 刘明学, 董益盈. 人民币实际汇率变动对我国贸易收支的影响——主要市场双边贸易收支的实证研究 [J]. 复旦学报 (哲学社会科学版), 2007 (6): 1 – 9.

[97] 储幼阳. 贬值的收缩性与人民币汇率制度 [J]. 金融研究, 2004 (6): 113 – 122.

[98] 戴翔, 张二震. 危机冲击、汇率波动与出口绩效——基于跨国面板数据的实证分析 [J]. 金融研究, 2011 (8): 47 – 56.

[99] 戴祖祥. 我国贸易收支的弹性分析: 1981 ~ 1995 [J]. 经济研究, 1997 (7): 55 – 62.

[100] 丁剑平. 人民币汇率制度的选择与调整空间的思考 [J]. 国际金融研究, 2002 (2): 56 – 60.

[101] 高铁梅. 计量经济分析方法与建模 [M]. 北京：清华大学出版社, 2009.

[102] 龚秀国. 2005年人民币汇率制度改革效应实证分析 [J]. 上海财经大学学报, 2006 (5)：69–75.

[103] 辜岚. 人民币双边汇率与我国贸易收支关系的实证研究：1997—2004 [J]. 经济科学, 2006 (1)：65–73.

[104] 谷宇, 高铁梅. 人民币汇率波动性对中国进出口影响的分析 [J]. 世界经济, 2007 (10)：49–57.

[105] 郭琨, 成思危. 人民币汇率指数研究 [J]. 管理评论, 2012 (9)：3–10.

[106] 何大安. 汇率传递效应与厂商决策行为——基于人民币升值背景下出口产品定价的理论分析 [J]. 学术月刊, 2012 (4)：65–72.

[107] 何凌云, 刘传哲, 唐安宝. "汇改"前后人民币汇率的国际收支调节作用比较 [J]. 经济体制改革, 2008 (5)：121–124.

[108] 贺力平. 人民币汇率体制的历史演变及其启示 [J]. 国际经济评论, 2005 (4)：36–39.

[109] 胡春田, 陈智君. 人民币是否升值过度？——来自基本均衡汇率 (1994~2008) 的证据 [J]. 国际金融研究, 2009 (11)：55–65.

[110] 黄锦明. 人民币汇改和升值对我国外贸的影响 [J]. 经济与管理研究, 2005 (9)：78–80.

[111] 黄净波. 中国对外贸易政策改革 [M]. 广州：广东人民出版社, 2003.

[112] 黄满盈, 高志存. 人民币汇率水平变动和波动对中美出口价格的传递效应研究 [J]. 统计研究, 2012 (2)：10–20.

[113] 黄万阳. 供给因素、结构变化、汇率与我国的双边贸易 [J]. 国际贸易问题, 2012 (10)：43–58.

[114] 贾男, 郑智峰, 聂卉芬. 汇改后人民币汇率的形成机制——基于一篮子汇率权重的估计 [J]. 宏观经济研究, 2010 (2)：53–58.

[115] 姜子叶, 范从来. 人民币汇率对进口价格的传递效应——基于2005年汇改以来的实证研究 [J]. 经济科学, 2013 (2)：56–69.

[116] 金洪飞, 万兰兰, 张翅. 国际金融危机对中国出口贸易的影响 [J]. 国际金融研究, 2011 (9)：58–68.

[117] 金永军, 陈柳钦. 人民币汇率制度改革评述 [J]. 国际金融研究, 2006 (1)：73–79.

[118] 鞠荣华,宗成峰,李福琴. 中国主要出口商品汇率传递的国别比较——以美国和日本为例 [J]. 山东大学学报 (哲学社会科学版),2009 (4): 48-55.

[119] 李成,蔡达建,刘佳. 对我国汇率制度变迁的经济绩效分析 [J]. 上海金融,2007 (7): 4-8.

[120] 李成,姜柳. 当前汇率制度对货币政策影响的效应分析 [J]. 上海金融,2007 (3): 4-8.

[121] 李广众,Lan P Voon. 实际汇率错位、汇率波动性及其对制造业出口贸易影响的实证分析——1978~1998年平行数据研究 [J]. 管理世界,2004 (11): 22-28.

[122] 李红岗,黄昊,叶欢. 实际有效汇率: 衡量方法与实践运用 [J]. 金融研究,2010 (7): 181-193.

[123] 李静萍. 宏观经济绩效分析视角下的汇率制度选择 [D]. 浙江大学硕士学位论文,2008.

[124] 李艳丽,彭红枫. 人民币汇率对出口价格的传递效应——考虑预期与结构变化的分析 [J]. 金融研究,2014 (10): 69-85.

[125] 李艳丽. 人民币汇率制度改革——基于制度变迁视角的研究 [D]. 武汉大学硕士学位论文,2009.

[126] 李艳丽,覃思. 汇率形成机制与汇率传递差异: 理论及中国的实证 [J]. 江汉论坛,2011 (8): 29-34.

[127] 李文军,张巍巍. 人民币汇率变动的贸易效应——基于分国别 (地区) 面板数据的分析 [J]. 数量经济技术经济研究,2010 (4): 34-47.

[128] 李晓峰,朱九锦. 汇率制度改革对人民币均衡汇率调整速度的影响 [J]. 经济经纬,2008 (3): 41-43.

[129] 李晓鹏. 人民币汇率制度改革的背景及展望 [J]. 金融论坛,2005 (8): 3-8.

[130] 李扬,余维彬. 人民币汇率制度改革: 回归有管理的浮动 [J]. 经济研究,2005 (8): 24-31.

[131] 李扬,余维彬. 稳步推进人民币汇率制度改革——结合国际经验的探讨 [J]. 财贸经济,2006 (1): 10-16.

[132] 李志斌. 人民币实际有效汇率调整及其波动率与中美贸易收支 [J]. 2009 (1): 107-113.

[133] 李众敏,吴凌燕. 人民币升值对中国经济的影响研究: 基于全球贸易分析模型的初步评估 [J]. 世界经济,2008 (11): 57-64.

[134] 厉以宁，秦宛顺. 中国对外经济与国际收支研究 [M]. 北京: 国际文化出版公司，1991.

[135] 梁立俊，游桂芬. 汇率变动与贸易余额——基于政策干预和预期因素的模型分析和实证研究 [J]. 国际经贸探索，2011（6）：17-25.

[136] 林文. 汇率传递视角下美元汇率对美国贸易收支的影响 [M]. 北京: 经济科学出版社，2011.

[137] 刘荣茂，何亚峰，黄烁. 人民币汇率波动对我国国际收支调节的有效性分析 [J]. 金融研究，2007（4）：30-40.

[138] 刘思跃，叶苹. 不同汇率制度下汇率传递时滞的实证分析——基于中国、日本、巴西、阿根廷四国数据 [J]. 经济评论，2011（4）：133-139.

[139] 刘尧成，周继忠，徐晓萍. 人民币汇率变动对我国贸易差额的动态影响 [J]. 经济研究，2010（5）：32-40.

[140] 刘园，韩斌. 人民币实际有效汇率和对外贸易收支的关系——基于中国与东盟5国贸易的实证研究 [J]. 当代财经，2012（11）：101-109.

[141] 卢向前，戴国强. 人民币实际汇率波动对我国进出口的影响：1994—2003 [J]. 经济研究，2005（5）：31-39.

[142] 鲁晓东，张晋. 人民币汇率与中国双边对外贸——基于"S曲线"假说的检验 [J]. 世界经济研究，2013（7）：27-32.

[143] 陆前进. 有效汇率指数编制探讨及人民币有效汇率指数测算 [J]. 新金融，2012（1）：17-22.

[144] 陆前进. 参考一篮子货币的人民币汇率形成机制研究——基于人民币有效汇率目标的分析 [J]. 财经研究，2010（4）：4-13.

[145] 陆前进. 人民币有效汇率指数和篮子货币最优权重的选取 [J]. 学海，2012（2）：30-37.

[146] 罗宏锋. 基于中国主要贸易伙伴双边数据的贸易收支弹性研究 [J]. 现代财经（天津财经大学学报），2008（6）：72-75.

[147] 马丹，许少强. 中国贸易收支、贸易结构与人民币实际有效汇率 [J]. 数量经济技术经济研究，2005（6）：23-32.

[148] 马光明. 人民币升值的特征及对出口贸易的影响与对策研究 [M]. 北京：对外经济贸易大学出版社，2012.

[149] 马淑琴，鲍观明. 汇率传递机制下出口商品策略定价能力研究——来自浙江的经验数据 [J]. 国际贸易问题，2010（5）：111-119.

[150] 马跃. 钉住透明性一篮子货币的困难和各国的经验分析 [J]. 世界经济，2007（4）：44-53.

[151] 麦金农，邹至庄，白宝玉等．国际著名学者关于人民币升值是非评说［J］．国际经济评论，2005（6）：5-9．

[152] 潘红宇．汇率波动率与中国对主要贸易伙伴的出口［J］．数量经济技术经济研究，2007，24（2）：73-81．

[153] 潘省初．计量经济学中级教程［M］．北京：清华大学出版社，2009．

[154] 裴平．国际金融学［M］．南京：南京大学出版社，2006．

[155] 彭斯达，熊梦婷．人口年龄结构对中美贸易收支失衡的影响研究［J］．国际贸易问题，2015（6）：72-81．

[156] 强永昌，吴兢，陈爱玮等．有关人民币汇率问题的对外贸易分析［J］．世界经济研究，2004（8）：4-9．

[157] 沈国兵，史晋川．加入世贸组织后我国人民币汇率制度的选择——基于汇率制度变迁理论的思考［J］．国际贸易问题，2003（5）：1-6．

[158] 施建淮，傅雄广，许伟．人民币汇率变动对我国价格水平的传递［J］．经济研究，2008（7）：52-64．

[159] 孙萌．人民币汇率制度的选择［D］．吉林大学博士学位论文，2010．

[160] 孙浦阳，靳舒晶，卞超．汇率调整是否能有效地改变贸易逆差呢？——从金融市场完善程度差异性的角度分析［J］．国际金融研究，2011（6）：25-33．

[161] 孙文莉．汇率的贸易收支效应的理论演进［J］．财贸研究，2006（4）：69-76．

[162] 孙亚南，刘科．IMF实际有效汇率方法论评介［J］．统计与决策，2004（11）：73-74．

[163] 唐国兴，徐剑刚．现代汇率理论及模型研究［M］．北京：中国金融出版社，2003．．

[164] 王爱俭．20世纪国际金融理论研究［M］．北京：中国金融出版社，2005．

[165] 汪建新，高运胜，常影．中国制造业出口产品价格汇率弹性估计：垂直专业化视角［J］．中国工业经济，2015（12）：67-82．．

[166] 王慧，刘宏业．人民币货币篮子的构成及协整分析［J］．经济问题，2007（8）：89-91．

[167] 王君萍，王慧．钉住货币篮子汇率制度在中国应用的研究［J］．经济问题，2009（8）：84-86．

[168] 王胜，李睿君．国际价格竞争与人民币汇率传递的实证研究［J］．金融研究，2009（5）：9-21．

[169] 王叙果. 现行人民币汇率制度成本收益的分析 [J]. 东北师大学报, 2005 (3): 65-68.

[170] 王雅琦, 戴觅, 徐建炜. 汇率、产品质量与出口价格 [J]. 世界经济, 2015 (5): 17-35.

[171] 王宇雯. 人民币实际有效汇率及其波动对我国出口结构的影响——基于 ARDL-ECM 模型的实证研究 [J]. 数量经济技术经济研究, 2009 (6): 53-63.

[172] 王自锋, 邱立成. 人民币汇率水平与波动程度对我国出口的影响 [J]. 中南财经政法大学学报, 2009 (4): 70-74.

[173] 王光伟. 国际收支与汇率经济学 [M]. 南京: 东南大学出版社, 2007.

[174] 威廉·姆森. 钉住一篮子货币如何运转? [J]. 国际经济评论, 2006 (1): 39-40.

[175] 魏巍贤. 人民币升值的宏观经济影响评价 [J]. 经济研究, 2006 (4): 47-57.

[176] 文争为. 人民币汇率变动对我国出口价格动态传递效应的实证研究 [J]. 经济评论, 2012 (4): 128-134.

[177] 文争为, 冉光和. 人民币汇率出口价格传递效应的行业差异实证研究 [J]. 重庆大学学报 (哲学社会科学版), 2014 (3): 48-54..

[178] 奚君羊, 李志军. 中国贸易收支的汇率弹性和收入弹性分析 [J]. 上海经济研究, 2011 (1): 54-58.

[179] 萧琛, 崔楠楠. 论汇率变动对出口价格的传递效应——中国、日本、东盟、德国经验数据比较研究 [J]. 国际经贸探索, 2011, 27 (4): 63-70.

[180] 小川英治, 姚枝仲. 论钉住一篮子货币的汇率制度 [J]. 世界经济, 2004, 27 (6): 3-10.

[181] 谢科进, 费新. 人民币汇率对一篮子货币参考程度的实证分析 [J]. 世界经济与政治论坛, 2006 (6): 41-45.

[182] 宿玉海, 于海燕. 人民币一篮子货币最优权重模型的构建 [J]. 国际金融研究, 2007 (7): 50-58.

[183] 许少强. 钉住一篮子货币——人民币汇率制度选择 [J]. 国际贸易, 2001 (5): 50-52.

[184] 许少强. 从国际收支成长理论分析人民币汇率调控 [J]. 复旦大学学报 (哲学社会科学版), 2003 (6): 83-88.

[185] 许少强, 李亚敏. 参考"一篮子"货币的人民币汇率预测——基于

ARMA 模型的实证方法 [J]. 世界经济文汇, 2007 (3): 30 - 40.

[186] 许统生, 张小伟, 饶晓辉. 出口市场多元化的经济增长长、短期效应——基于协整和误差修正模型的实证分析 [J]. 当代财经, 2008 (11): 107 - 111.

[187] 杨碧云. 汇率变化的贸易收支效应——基于汇率传导与贸易弹性的研究 [M]. 成都: 西南财经大学出版社, 2012.

[188] 杨帆. 人民币汇率制度历史回顾 [J]. 中国经济史研究, 2005 (4): 59 - 64.

[189] 杨丽华. 长三角高技术产业集聚对出口贸易影响的研究 [J]. 国际贸易问题, 2013 (7): 158 - 166.

[190] 杨长湧. 我国出口市场多元化战略的现状、影响及对策 [J]. 宏观经济研究, 2010 (6): 12 - 18.

[191] 姚大庆. 欧元汇率波动对欧元区进出口贸易影响的异质性及其原因研究 [J]. 世界经济研究, 2013 (5): 23 - 29.

[192] 喻桂华. 国际汇率制度演变及启示 [J]. 中国金融家, 2004 (12): 37 - 40.

[193] 袁申国, 郑雯. 人民币实际汇率波动对外向型企业进出口影响实证分析——基于行业层面比较 [J]. 国际经贸探索, 2015 (11): 88 - 103.

[194] 赵颖岚, 邓知博. 贸易收支弹性理论静态和动态影响实证研究——基于我国主要贸易伙伴国整体的数据 [J]. 经济问题探索, 2015 (4): 145 - 151.

[195] 叶永刚, 胡利琴, 黄斌. 人民币实际有效汇率和对外贸易收支的关系——中美和中日双边贸易收支的实证研究 [J]. 金融研究, 2006 (4): 1 - 11.

[196] 尹翔硕, 俞娟. 论汇率变动与贸易收支的决定因素——从日本的教训看人民币汇率问题 [J]. 世界经济研究, 2004 (2): 70 - 73.

[197] 印梅, 王光伟等. 基于 ADL 与 ECM 模型的出口供给弹性分析 [J]. 经济与管理, 2012 (2): 19 - 23.

[198] 印梅. 汇率变动、价格传导与江苏省外贸进出口——基于毕肯戴克—罗宾逊—梅茨勒条件的研究 [J]. 学术探索, 2012 (12): 69 - 73.

[199] 印梅. 人民币汇率变动、出口贸易及其影响因素的再检验 [J]. 南通大学学报 (哲学社会科学版), 2013 (3): 123 - 127.

[200] 余永定. 人民币汇率制度改革的历史性一步 [J]. 世界经济与政治, 2005 (10): 7 - 13.

[201] 余永定. 消除人民币升值恐惧症, 实现向经济平衡发展的过渡 [J]. 国际经济评论, 2003 (5): 5 - 11.

[202] 余永定,何帆. 亚洲金融合作 [R]. 中国社会科学院工作报告,2001.

[203] 岳柳汐,张志敏,李秀婷. 萨缪尔森生命周期理论与中国国际收支失衡分析 [J]. 宏观经济研究,2015 (6):144-151.

[204] 张伯伟,田朔. 汇率波动对出口贸易的非线性影响——基于国别面板数据的研究 [J]. 国际贸易问题,2014 (6):131-139.

[205] 张斌,何帆. 货币升值的后果——基于中国经济特征事实的理论框架 [J]. 经济研究,2006 (5):20-30.

[206] 张斌,何帆. 人民币升值的策略选择 [J]. 国际经济评论,2003 (5):12-16.

[207] 张春生,吴超林. 货币贬值对贸易收支影响的理论研究综述——新开放经济宏观经济学观点 [J]. 经济评论,2007 (6):152-157.

[208] 张辉. 汇率制度与国际贸易政策互动研究 [M]. 北京:中国金融出版社,2008.

[209] 张礼卿. 人民币汇率制度:现状、改革方向和近期选择 [J]. 国际金融研究,2004 (10):12-16.

[210] 张礼卿. 汇率制度变革 [M]. 北京:中国金融出版社,2005.

[211] 张明. 人民币贬值与我国贸易收支的关系研究——关于国际收支弹性理论的实证分析 [J]. 金融教学与研究,2001 (1):2-6.

[212] 赵大平. 人民币汇率变动的价格传递及其对中国贸易收支影响的理论和实证研究 [D]. 复旦大学博士学位论文,2007.

[213] 赵大平,汤玉刚. 贸易收支改善的汇率弹性条件与 ML 条件——兼论人民币汇率传递的贸易收支效应 [J]. 上海金融,2010 (2):63-70.

[214] 赵进文,高辉,褚云皓. 人民币参考篮子货币的测定与实证分析 [J]. 财经研究,2006,32 (1):20-35.

[215] 赵颖岚,邓知博. 贸易收支弹性理论静态和动态影响实证研究——基于我国主要贸易伙伴国整体的数据 [J]. 经济问题探索,2015 (4):145-151.

[216] 周逢民,张会元,周海等. 人民币实际有效汇率与中俄贸易收支实证研究 [J]. 金融研究,2009 (6):60-71.

[217] 周艳. 汇率变动、贸易失衡与政策选择:中国的经验 [D]. 厦门大学博士学位论文,2008.

[218] 邹平. 金融计量学 [M]. 上海:上海财经大学出版社,2005.

后 记

笔者初入工作岗位之时,广场协议造成的恶果尚未消散,西方各国又对人民币施加种种压力迫使人民币升值,国际贸易摩擦不断。随后的几年内,笔者惊讶于货币当局汇率市场化的决心,更惊讶于汇改后突飞猛进的贸易顺差,人民币汇率制度与贸易收支是一种怎样的关系,未来应该是一种怎样的关系。在阅读了大量的资料之后仍有意犹未尽之感,借做博士论文的契机产生了提笔的冲动。落笔之时,惶恐甚于释然,苦于笔者有限的知识储备、学术功底以及表达能力,仍有很多未尽之处,敬请各位专家、学者谅解。

感谢我的导师王光伟教授,从本书的选题到成稿再到修改给予我悉心的指导和巨大的鼓励。与老师相处的过程中,其博学睿智、严谨治学的学风,谦逊、温润、淡泊的为人处世态度令我受益终身,老师的学识、气度和风范永远是我学习的榜样。感谢苏大东吴商学院的老师们,在苏州大学求学期间,我有幸聆听到多位教授尤其是金融系各位导师的精彩授课,你们给予的指点和帮助让我受益良多。

在本书得以成型、出版的过程中,得到过许多博士同学、同门的鼓励和指点,在这里向你们说声谢谢,认识你们是我的荣幸,共同学习和生活让我们结下了深厚的友谊;感谢单位的领导和同事,感谢你们在我四年的求学过程中给予的支持和帮助;感谢我的父母和爱人,谢谢你们无私的奉献,谢谢我女儿对我的理解,你们的爱是我继续努力的精神支柱。